한국의 경제학자들

이정환 지음

한국의 경제학자들

장하준 김상조
이병천 김성구
김상봉 장하성
김정호

이건희 이후
삼성에 관한 7가지 시선들
한국 자본주의의
미래를 진단한다

생각
정원

| 프롤로그 |

욕망하면서 혐오하는 그 이름, 재벌

장하준 교수가 2014년 7월《장하준의 경제학 강의》라는 책을 내면서 여러 언론과 인터뷰를 했는데 그때 가장 이슈가 됐던 게 바로 "필요하다면 삼성 특별법이라도 만들자"는 대목이었습니다. 삼성 3세들에게 경영권을 인정해주는 대신 경영을 잘못하면 정부가 인수하는 방안을 검토해보자는 이야기였는데요. 상속세를 주식으로 받아 국민연금이 실질적인 최대주주가 되도록 하자는 파격적인 아이디어를 내놓기도 했습니다.

 삼성그룹은 경영권을 인정해준다는 대목에서는 솔깃해 하면서도 경영권을 박탈당할 수도 있다는 이유로 가능성이 없다며 일축하는 분위기입니다. 주류 경제학자들도 냉소적인 반응이 지배적입니다. 일단 총수 일가에 지분 이상의 경영권을 보장해준다는 게 시장 논리에 맞지 않고 애초에 경영권 위협이라는 게 과장돼 있다고 보는 의견이 다수입니다. 경제개혁연대 등은 여전히 지배구조 개선이 3세 승계보다 우선이라는 입장이고요.

재벌 개혁 논쟁은 성장과 분배 담론을 넘어 한국 경제의 성격과 역사 발전 단계를 규정하는 논쟁으로 확산되고 있는데요. 워낙 뜨겁고 첨예한 이슈인데다 한국 경제학의 역사에서 이만큼 흥미로운 논쟁이 또 있었나 싶을 정도로 이름깨나 있는 경제학자들이 모두 뛰어들고 있습니다. 이론과 현실의 모호한 경계를 넘나들면서 반론에 반론을 이어가고 그 과정에서 논리가 꼬이거나 밑천이 드러나기도 하고요.

서로를 "진보의 탈을 쓴 신자유주의자"라거나 "명망을 좇는 기회주의자"라거나 "투기자본의 앞잡이"라고 비난하기도 하고 공연히 꼬투리를 잡거나 좀 더 공부하고 오라며 면박을 주는 모습도 볼 수 있습니다. 정작 삼성은 뒤로 물러나 있는데 삼성을 어떻게 할 것인가를 두고 그야말로 백가쟁명의 논쟁이 벌어지고 있습니다. 당사자들은 발끈할 일이지만 지켜보고 있으면 지적 아드레날린이 솟구칩니다.

이 책에서 우리는 삼성그룹과 이건희 회장의 못된 짓을 늘어놓으려는 게 아닙니다. 이건희 회장의 뛰어난 경영 능력을 칭송하려는 것도 아니고 그를 끌어내리려는 것도 아니고요. 삼성그룹이 한국 경제에 얼마나 큰 영향을 미치고 있는지를 굳이 여기서 다시 읽을 이유도 없습니다. 이런 이야기들은 이미 넘쳐납니다. 넘쳐나니까 중요하지 않다는 이야기가 아니라 좀 더 본질적이고 구조적인 이야기를 끌어낼 필요가 있겠다는 생각을 했습니다.

외국 금융자본과 국내 산업자본의 이분법

사실 저는 꽤 오랫동안 장하준 교수의 그늘에 있었던 것 같습니다. 장하준 교수는 제가 경제부 기자 생활을 하는 내내 큰 방향을 잡도록 도와주셨고, 존경하는 선생님이며, 여전히 많은 도움을 주시고 있습니다. 제가 장하준 교수의 사회적 대타협론에 대해 기사를 쓴 게 벌써 10년도 더 전 일이 됐는데요. 한국 사회는 아직 그 지점에 머물러 있습니다. 장하준 교수가 논쟁을 촉발시키면 반론이 쏟아지고 그 다음에는 동어반복의 확대 재생산이 끊임없이 이어지죠.

저 역시 신자유주의에 대한 막연한 반감과 함께 성장 이데올로기의 압박 사이에서 꽤 오랜 시간 갈팡질팡하며 허우적거렸습니다. 한동안 외국 투기자본과 주주 자본주의 때문에 성장의 한계를 맞고 있다는 문제의식으로 취재를 하고 기사를 썼는데요. 2006년 《투기자본의 천국 대한민국》이라는 책을 쓰면서 외국 자본과 국내 자본의 이분법이 적절하지 않다는 걸 깨닫게 됐습니다. 재벌 체제를 그 대안으로 모색하는 것도 한계가 분명하고요.

외국인 주주들의 압박에 시달리는 재벌을 내세워 주주 자본주의와 맞서게 만들자는 발상은 참신했지만 이제 와서 돌아보면 무망하고 허망하기 짝이 없습니다. 삼성은 주주 자본주의와 맞서기보다는 오히려 적극적으로 결탁했죠. 노동자들을 탄압하면서 주가를 끌어올렸고 주주들에게 두둑한 배당을 줬고요. 이건희 회장은 사회적 대타협보다는 정부 관료와 국회의원들을 각개 포섭하고 매수해 리스크를 줄이는 전략을 선택했습니다.

한때 삼성의 아킬레스건이었던 출자총액제한제도(이하 출총제)나 금융산업 분리 등은 몇 차례 규제 완화를 거쳐 이미 사문화된 상태입니다. 숨겨놨던 이건희 회장의 차명 주식들은 특검 덕분에 모두 실명 전환됐고 엄청난 상속세를 물어야겠지만 상속세를 다 내고도 이재용 후계 구도가 크게 흔들릴 것 같지 않습니다. 삼성의 목줄을 죄기는커녕 삼성이 정부의 목줄을 죄고 정책을 좌지우지하는 상황입니다.

정말 무서운 것은 무소불위의 권력을 확보한 삼성이 하나의 사회적 가이드라인 역할을 한다는 겁니다. 삼성전자서비스 위장도급 논란과 노동조합 탄압은 단순히 이 회사 노동자들만의 문제가 아닙니다. 삼성전자 집단 백혈병 사태 역시 마찬가지고요. 명백한 불법 행위를 정부가 외면하고 방조하고 언론도 쉽사리 건드리지 못합니다. 삼성이 버티면 거대한 법의 구멍이 생겨나고 다른 기업들도 그 치외법권 지대에 안주하게 되는 거죠.

노무현 전 대통령 시절부터 청와대 386 참모들이 삼성경제연구소 사람들을 불러다 개인 과외를 받았다는 건 공공연한 비밀입니다. 삼성에서 건넨 보고서가 버젓이 정부 정책 과제로 제목만 바꿔 채택되는 경우도 있었고요. 특검 과정에서 일부 드러나긴 했지만 수많은 정부 관료와 국회의원들이 삼성에서 부정기적으로 떡값을 받으면서 삼성의 로비스트 역할을 하고 있습니다. 이명박 정부와 박근혜 정부로 넘어오면서 정부와 삼성의 유착은 더욱 견고해졌죠.

삼성 관계자들이 건넨 출처불명의 문건이 국회의원들 사이에 오가는가 하면 노골적으로 특정 법안을 막으려고 로비를 하는 경우도 있었습니다. 이건희와 상속권 분쟁을 벌였던 CJ 이재현 회장을 겨냥해 CJ 그룹에 유리한 방송법 개정안을 저지하려 했다는 의혹이 제기됐고 실제로 단말기 유통 진흥법은 삼성의 반대로 국회에 계류돼 있습니다. 영리병원 도입 역시 삼성의 작품이라는 게 공공연한 비밀로 통하죠.

상대방이 없는 사회적 대타협론

물론 이건희 회장의 약점은 여전히 많습니다. 과거의 죄를 묻기는 어렵겠지만 순환출자 고리를 끊고 금융산업 분리 원칙을 제대로 적용하고 부당 내부거래를 철저히 규제하면 이재용 부회장이 이건희 왕국을 그대로 물려받는 건 불가능합니다. 지금부터라도 과도한 비과세·감면을 정리하고 부당 노동행위를 엄격하게 처벌하면 삼성전자의 이익도 크게 줄어들 수밖에 없습니다. 결국 정부의 의지 문제고 한국 사회의 컨센서스의 문제입니다.

저는 한국 사회가 이건희 왕국을 무너뜨릴 수 있는 힘이 있다고 믿습니다. 무너뜨리자는 이야기가 아니라 그 힘을 이용해야 한다는 겁니다. 이건희나 이재용에게 사회적 대타협 따위를 기대하기보다는 불법과 부정으로 세운 그들의 왕국이 지속가능하지 않다는 사실을 일깨워줄 필요가 있습니다. 특혜를 남발하면서 가망 없는 삼성의 선의에 목매기보다는 삼성부터 달라져야 한다고 강력하게 요구해야 합니다.

결론은 이겁니다. 삼성을 버릴 각오를 해야 삼성을 넘어설 수 있고 삼성을 넘어서야 비로소 우리 사회의 변화를 모색할 수 있습니다. 그러려면 우리는 어떤 사회를 꿈꾸는가부터 이야기를 시작해야겠죠. 이 책은 한국 사회가 삼성과 공존하는 방식에 대한 고민에서 출발했지만 다양한 층위의 관점과 주의·주장을 펼쳐놓고 비교·분석하면서 우리 사회가 어떤 가치를 우선순위에 둬야 하는지에 대한 문제제기에 더 큰 비중을 뒀습니다.

1장에서는 재벌 개혁의 7가지 스펙트럼을 개괄합니다. 아쿠타가와 류노스케의 〈라쇼몽〉처럼 하나의 현상이 얼마나 다른 각도와 다른 맥락으로 인식될 수 있는지 그리고 그런 관점의 차이가 어떤 문제의식을 끌어내는지 비교하고 앞으로 전개될 이야기의 큰 방향을 읽으면 될 것 같습니다. 왼쪽과 오른쪽이 한 바퀴 돌아 연결되는 지점이나 주주 자본주의의 양면성, 신자유주의의 딜레마 등 사고를 뒤흔드는 재미있는 논쟁이 많습니다.

2장부터 8장까지는 경제학자들을 한 명씩 살펴봅니다. 장하준 교수와 김상조 교수의 논쟁을 기본으로 깔고 여기에서 파생되는 주제들을 펼쳐가면서 난도질을 할 것입니다. 7명의 경제학자들이 대표선수로 등장하지만 이들을 카테고리로 수많은 경제학자들이 논쟁에 참여하고 있습니다. 상아탑의 논의를 현실 경제에 끌어내 접목시키고 생산적인 논의를 촉발시키는 작업이 될 거라고 기대합니다. 읽어보면 아시겠지만 그야말로 불꽃이 튑니다.

그리고 9장에서는 이건희 왕국의 현실을 살펴보고 10장에서는 이재용 후계 구도의 진행 상황을 살펴봅니다. 이를테면 이건희의 삼성 사용설명서와 이재용의 삼성 사용설명서가 되겠죠. 이 대목에서 이론과 현실의 괴리를 실감하게 될 겁니다. 그리고 책 속의 책 개념으로 부록에서는 이재용 후계 구도의 8가지 변수들을 정리해 봤습니다. 방대한 자료를 축약해 골치 아픈 사안을 최대한 알기 쉽게 핵심을 뽑고 의미를 짚었습니다.

본격적으로 이야기를 시작하기 전에 프롤로그에서 몇 가지 정리할 부분이 좀 있습니다. 2014년 7월 삼성에버랜드가 제일모직으로 이름을 바꿨습니다. 이에 앞서 3월에는 제일모직이 패션 사업부문을 에버랜드에 넘기고 첨단소재 사업부문을 삼성SDI에 넘기고 합병했죠. 그러니까 원래 있던 제일모직은 사라졌고 에버랜드가 제일모직으로 바뀐 건데요. 독자 여러분들이 헷갈리기 쉬울 듯해서 본문에는 둘을 병기하거나 시점을 기준으로 에버랜드로 쓴 곳도 있습니다.

 신자유주의라는 단어가 워낙 남발된 탓에 정확한 의미 전달이 안 되는 경우가 많죠. 신자유주의 반대라고 내지르기는 쉽지만 정확히 그 신자유주의가 뭔지 제대로 개념 정립이 안 돼 있습니다. 이 책에서는 5장 김성구 교수의 정의대로 영미권 신자유주의를 신자유주의로 통칭하기로 합니다. 국가의 개입을 배제하는 것 같지만 실제로는 끊임없이 시장의 실패를 보완해줄 것을 요청하는 모순된 신자유주의 말이죠.

 등장인물이 너무 많아 별도로 인명노트를 마련했습니다. 호칭에 대해서는 할 말이 많은데요. 영어에서는 처음에 풀 네임과 직책을 적고 그 다음에는 성만 적으면 되겠지만 한국어에서는 보통 성과 직책을 계속 반복해서 적죠. "김 교수는~", "김 교수는~" 하고 말이죠. 이 책처럼 등장인물이 많은 경우는 오히려 헷갈립니다. 그래서 이 책에서는 처음부터 끝까지 이름과 직책을 같이 적는 걸로 통일했습니다. 어디를 펴도 내용을 따라잡을 수 있도록 말이죠.

 참고로 이 책에서 새로운 실험을 해봤는데요. 이 책의 원고는 모든 문단이 원고지 기준으로 정확히 평균 1.2매씩입니다. 최소 1.0, 최장 1.3매를 넘지 않습니다. 글의 리듬감을 살리기 위한 최적의 문단 길이를 찾기 위해서인데요. A4용지 기준으로는 기본 폰트로 한 장에 8문단, 정확히 원고지 10매씩이 됩니다. 각각의 문단이 독립된 주제와 완결된 구조를 갖되 리듬감을 잃지 않도록 구성했습니다.

마지막으로 감사의 글입니다. 제가 2013년에 강수돌 선생님과 함께 썼던 《한국 경제의 배신》은 마감이 너무 늦어지는 바람에 편집자가 머리말도 받지 않고 후다닥 출판을 해버렸습니다. 그래서 감사의 글도 싣지 못했죠. 그래서 이 책에서는 최대한 다 담아보려고 합니다. 먼저 생각정원 민신태 군의 무지막지한 원고 독촉이 아니었으면 이 책은 1년 뒤에나 나왔을지도 모릅니다. 민 군의 탁월한 기획력에도 경의를 표합니다. 김명효 님도 고생 많으셨어요.

저의 기자 생활에 큰 방향을 잡아주신 장하준 선생님과 제가 사숙하는 김상조 선생님, 김성구 선생님, 전성인 선생님께는 온 마음을 담아 감사의 인사를 드립니다. 물론 이 책에 등장하신 다른 선생님들께도 차마 이 지면에 다 담기가 어려울 정도로 감사한 마음입니다. KBS 이강택 선배와 아직 발족한 지 얼마 안 됐지만 '삼성을 생각하는 언론인 모임'에서 나눈 여러 가지 고민에서 이 책이 출발했습니다.

이 책을 쓰는 데 아무런 도움도 안 됐지만 월요모임의 술 친구들, 박용성과 김종화도 왠지 여기 한 줄 걸쳐줘야 할 것 같고요. 물론 〈미디어오늘〉 식구들도 늘 고맙습니다. 〈슬로우뉴스〉 친구들에게도 격려와 감사의 말씀을 전합니다. 사루비아다방 김인민 대표 부부에게는 이 책이 나온 뒤에 제가 고기와 술을 쏘겠습니다. 그리고 회현어린이집의 김진숙 선생님을 비롯해 아기새싹반 선생님들께도 특별한 감사의 말씀을 전합니다.

어머니 손주연 여사와 장모님 박감태 여사, 그리고 천안의 신도 화평 가족들에게도 이 자리를 빌려 감사와 신뢰의 인사를 전합니다. 무엇보다도 아내 이경숙과 딸 이선유가 큰 힘이 됐습니다. 오랜 친구이자 기자 선배인 아내는 이 책의 방향과 문제의식, 세부 논리 구조를 잡는 데 많은 도움을 줬습니다. 이 책이 나올 무렵에 돌을 맞을 딸은 건강하게 자라주는 것만으로도 엄청난 기쁨과 위안을 주고 강력한 동기 부여도 됐습니다.

차례

프롤로그 _욕망하면서 혐오하는 그 이름, 재벌 · 4

part 1
한국 경제, 어디에서 와서 어디로 가고 있나
_ 재벌 개혁 논쟁의 7가지 스펙트럼

재벌 빵집 문 닫으면 영세 자영업자들이 살아나나 · 27
주주 자본주의 또는 주주 행동주의를 넘어 · 29
삼성전자가 적대적 인수합병을 당할 가능성이 있나 · 32
한국 경제를 지배하는 박정희의 망령 · 35

part 2
이건희·이재용, 쫓아내지 말고 부려먹자
_ 장하준의 삼성 사용설명서

과잉 투자가 문제? 과잉 투자 때문에 이만큼 성장했다 · 43
재벌과 싸우지 말고 초국적 금융자본과 싸워라 · 45
재벌과 투기자본, 무엇을 선택할 것인가 · 48
국적자본을 주주 자본주의에서 독립시켜야 한다 · 51
삼성 잡고 복지국가로 가자 · 53
혜택은 이건희가, 책임은 삼성그룹 계열사들이? · 55
이건희가 뭐가 아쉬워서 협상 테이블에 나오겠나 · 58
주주 자본주의를 경제민주화로 포장하지 마라 · 60
재벌 말로 까지 마라, 당신은 이렇게 돈 벌어봤나 · 62
정경유착을 잘해야 경제가 성장한다 · 64
사다리 걷어차기, 자기네들은 다 했던 것들 · 66

part 3
지배구조 개선이 천민 자본주의 극복의 첫걸음
_ 김상조의 삼성 사용설명서

이해관계자 자본주의, 한국에선 오히려 더 위험하다	• 73
관료를 믿느니 시장에 맡겨두는 게 낫지	• 75
1인 1표와 1원 1표가 공존하는 경제민주화	• 78
주주 자본주의가 아니라 총수 자본주의다	• 80
개혁에 관심 없는 장하준은 '수구 진보'	• 83
우리가 다시 정권 잡아도 장하준은 안 된다	• 84
재벌의 독식, 경제력 집중이 문제의 핵심	• 86
주주 행동주의, 국내 기관 투자자들이 나서라	• 89
이해관계 충돌 은폐하는 민족주의 정서의 함정	• 91
나는 신자유주의자가 아니라 구자유주의자	• 93
출총제 때문에 투자 못 한다고? 새빨간 거짓말!	• 97
낙수효과? 한 번도 입증된 적 없다	• 100
순환출자, 가공의 자산으로 만든 재벌의 권력 기반	• 103
금융산업 분리만 잘해도 이건희는 쓰러진다	• 105
법대로 합시다? 그 법은 누가 만드나	• 108
나를 빼고 경제민주화를 논한다고?	• 110
누구나 이야기하는 경제민주화	• 113
재벌 개혁의 아이콘, 이미지만 빌려 쓰고 팽하다	• 115
한겨레가 가장 좋아하는 취재원	• 117
혼자 대학 가서 성공했으면 동생들 돌봐야지	• 120
재벌 특혜, 얼마를 토해내게 해야 할까	• 123

part 4
주주가치 위에 군림하는 재벌가치, 두고 볼 수 있나
_ 이병천의 삼성 사용설명서

재벌과 금융자본이 공존하는 잡종 신자유주의	• 132
재벌 보고 싸우라 하라고? 이미 신자유주의와 한 몸	• 136
발렌베리처럼? 스웨덴 짝사랑은 이제 그만	• 141
찰츠요바덴 협약, 제대로 알고나 부러워하자	• 143
빅딜을 노릴 게 아니라 정치적 비전을 보여달라	• 147
국민연금을 삼성전자 백기사로 이재용 경영권 보장?	• 149
쌈짓돈 국민연금을 보는 5가지 시선	• 153
수익성과 공익성, 두 마리 토끼를 쫓는 연기금 사회주의	• 155
지주회사가 대안이라고? LG · SK를 보라	• 157
지주회사 전환, 재벌들이 더 좋아한다	• 159
외부 주주의 위협이 건강한 기업 만든다	• 161

part 5
국가 권력을 장악한 독점자본, 사회화 투쟁이 필요하다
_ 김성구의 삼성 사용설명서

국가에 손 벌릴 수밖에 없는 신자유주의의 태생적 한계	• 170
위기의 해법이면서 원인이 된 가짜 자유주의	• 172
시장에 맡기자는 이데올로기적 기만	• 175
엇나간 경제민주화 논쟁, 재벌들이 더 좋아한다	• 178
재벌과 타협하지 말고 장악하고 통제하라	• 181
장하준이나 김상조나 결국 같은 소리를 하고 있을 뿐	• 185
국가와 자본의 공생관계, 자본이 곧 권력이다	• 188
사회 공동체를 약탈하는 초국적 자본으로서의 재벌	• 190

part 6
왕의 목을 쳐라, 노동자들이 주인이 될 수 있다
_ 김상봉의 삼성 사용설명서

주인 없는 주식회사, 먼저 차지하는 게 임자?	• 200
전문 경영인 위에 군림하는 무소불위의 독재적 창업자	• 202
주인 없는 기업에서 주인 행세하는 월급 사장	• 204
주주 자본주의의 돌연변이, KT	• 207
왕의 목을 쳐라	• 210
자주관리 기업의 행복한 고민, 임금을 올릴까 배당으로 받을까	• 212
죽어서 뼈를 묻더라도 공장을 포기하지 않겠다더니	• 216
노동자들이 감히 회사를 인수한다고?	• 219
모두를 만족시키며 케이크를 자르는 방법	• 222

part 7
한국에만 있는 재벌, 한국식 주주 행동주의로 맞서자
_ 장하성의 삼성 사용설명서

3년 안에 다 털어먹고 나간다	• 232
물에 빠진 외환은행 건져놨더니 "번 돈 다 토해내라"	• 234
만국의 주주들이여 단결하라	• 235
지배구조도 개선하고 돈도 벌고?	• 237
국부 유출 걱정되면 더 많이 투자하라	• 241
장하성 펀드의 외로운 싸움, 사방이 적이었다	• 244
주주가치 극대화 논리의 태생적 한계	• 247

part 8
다른 대안 있나, 재벌에 증오와 질투를 거둬라
_ 김정호의 삼성 사용설명서

구조 자체를 문제 삼는 나라는 한국밖에 없다	• 259
론스타에 먹히느니 재벌의 사금고가 낫지 않나	• 262
한국은 신자유주의 되려면 아직 멀었다	• 265
총수도 좋지만 주주들도 좋다	• 268
이게 낙수효과가 아니면 무엇인가	• 271
국가가 못 한 책임, 왜 기업에 요구하나	• 274
삼성에서 이재용 쫓아내면 다른 대안 있나	• 277
주주 자본주의로 재벌을 보호할 수 있나	• 281

part 9
군림하되 통치는 하지 않는 절대군주의 카리스마
_ 이건희의 삼성 사용설명서

일화로 읽는 이병철·이건희 이야기	• 288
유명한 그 한마디. "마누라 자식 빼고 다 바꿔"	• 289
호통경영·격노경영, 어디서 감히 말대꾸를	• 291
무한반복해서 듣는 회장님 말씀에 세뇌될 정도	• 294
옳으신 말씀만 넘쳐나는, 기업회의인지 국무회의인지	• 297
잘되면 회장님 덕분, 실패하면 임원 책임	• 299
반도체 올인 지시했던 이건희의 뚝심	• 301
민주주의 위태롭게 하는 맘몬의 목에 고삐를	• 304
자살한 이건희 회장 매부의 수상쩍은 기부	• 308
드러난 게 전부가 아니다	• 310

part 10

날로 먹는 재테크, 실력 검증 안 된 황태자
_ 이재용의 삼성 사용설명서

일본 유학 시절, 저절로 불어난 종잣돈	• 321
잘나가는 회사, 빚내서 회장 아들에게 지분 밀어주기	• 323
이재용 부회장의 돈줄, 삼성SDS의 기업 가치는 30조 원	• 327
회장 아드님 회사에 거래 밀어주기, 단가는 묻지 마	• 330
이재용 작품 만들려다 안 되니 계열사에 떠넘기기	• 334
상속도 시작하기 전에 이미 실권 장악	• 336
순환출자의 마법, 900배로 뻥튀기 된 에버랜드	• 338

부록

이재용 후계 구도 시나리오의 8가지 변수

상속세 65%, 최대 6조 원은 어떻게	• 348
불가능한 특명, 제일모직을 지주회사로	• 350
삼성 지배구조의 또 다른 아킬레스건, 삼성물산	• 353
김칫국부터 마시는 중간금융지주회사	• 355
정권 따라 오락가락, 금융산업 분리 원칙	• 358
보험업법 개정안이라는 폭탄	• 361
전자와 생명, 둘 중에 하나만 가질 수 있다면	• 363
결국 이건희가 바라는 대로 갈 가능성이 크다	• 366

에필로그 _ 신자유주의의 희생양에서 초국적 자본으로 변신한 재벌	• 368
책 속 인명노트	• 374
참고문헌	• 380

part 1

한국 경제, 어디에서 와서 어디로 가고 있나

재벌 개혁 논쟁의 7가지 스펙트럼

재벌을 움직여서 고용 없는 성장과

양극화를 해결할 수 있다고 믿는 건

재벌이 하는 대로 내버려두면

저절로 경제가 살아날 거라고 믿는 것만큼이나

허망한 일이다.

2012년 1월 이부진 호텔신라 사장이 베이커리 전문점 아티제 사업을 철수하기로 했다는 소식이 전해지자 영국의 〈파이낸셜타임스〉가 이런 기사를 내보냈습니다. "대기업 회장의 딸들이 취미로 빵집을 경영하며 국민의 일자리를 빼앗아서는 안 된다는 정치권의 비판은 핵심을 놓치고 있다. 본질은 국가가 영세 자영업의 구조조정과 진정한 사회 안전망을 제공하는 것인데 한국 정치권은 이 민감한 문제를 외면하고 있다."

이 신문은 "중요한 선거를 앞둔 시점에서 정치인들은 재벌의 빵집 철수를 큰 성과라고 생각하겠지만 한국의 유권자들 가운데 이를 납득하는 사람은 많지 않을 것"이라고 지적했습니다. 신라호텔의 빵집 진출은 비난받을 일이지만 이미 골목상권을 장악한 대형 할인마트와 대기업 프랜차이즈 빵집들의 문제를 해결하지 않는 이상 근본적인 해법이 될 수 없으며 근본적으로 재벌 대기업 중심의 성장 정책을 전면 재고해야 한다는 지적이죠.

재벌 빵집이라는 현상만 이슈가 됐을 뿐 재벌을 둘러싼 구조적인 문제와 해법은 제대로 이야기되지 않았습니다. 사실 동네 빵집이 어려운 건 재벌 빵집이 아니라 파리바게뜨나 뚜레주르 같은 프랜차이즈 빵집들 때문이고 더 근본적으로는 동네마다 빵집이 너무 많고 서비스업 단가가 낮기 때문입니다. 당장 재벌이 빵집 사업을 접는다고 해서 동네 빵집이 살아나지는 않는다는 걸 누구나 알고 있는데 말이죠.

한국은 전체 취업자 가운데 자영업자 비중이 31.3%나 됩니다. 일본은 13%, 미국은 7.0%, 독일은 11.7%, 프랑스는 9.0%, 경제개발협력기구OECD 평균은 15.8%죠. 소매업체가 인구 1,000명에 12.7개꼴이고 음식점은 12.2개꼴입니다. 자영업자들 가운데 월 매출 400만 원 이하가 58%, 이들의 월 평균 순이익은 149만 원, 순이익 100만 원 이하가 58%에 이르고 적자를 내는 곳도 27%나 됩니다.

우리나라는 취업자 3분의 1이 정규직, 3분의 1은 비정규직, 3분의 1은 자영업자인 기형적인 고용 구조를 형성하고 있죠. 4대 재벌그룹이 국내총생산에서 차지하는 부가가치 비중은 20%에 육박하지만 고용 비중은 2.1%에 지나지 않습니다. 우리나라 취업유발계수 평균은 매출 10억 원에 8.7명인데 30대 그룹은 1.03명밖에 안 됩니다. 기업의 성장과 고용창출의 선순환 구조가 깨진 지 오래 됐다는 이야기죠.

재벌 개혁은 여전히 한국 경제의 중요한 화두입니다. 한국 사회의 어느 누구도 건전한 상식을 가진 사람이라면 재벌 총수 일가의 탈법과 불법 행위를 눈감아주자고 말하지는 않습니다. 재벌 개혁이 절실한 과제라는 사실을 부정할 수는 없지만 재벌 개혁만 하면 양극화가 해소되고 일자리가 늘어나고 성장률도 높아질 것처럼 선전하는 것은 너무나도 뻔한 정치적 말장난입니다.

재벌을 건드려서 고용 없는 성장과 양극화를 해결할 수 있다고 믿는 건 재벌이 하는 대로 내버려두면 저절로 경제가 살아날 거라고 믿는 것만큼이나 허망한 일이죠. 장하준 교수와 김상조 교수의 오랜 논쟁이 계속 겉도는 것도 이런 이유에서라고 생각합니다. 재벌과의 타협을 이야기하는 동안 재벌은 정치권을 구워삶아 제도를 바꿔버렸습니다. 재벌 규제 이슈는 변죽만 울리는 이데올로기 논쟁으로 변질됐고요.

지난 대통령 선거 때 반짝 유행했던 경제민주화라는 키워드를 한마디로 요약하면 시장에 대한 민주적인 통제라고 정리할 수 있을 겁니다. 자유방임의 시장이 민주주의를 위협해서는 안 된다는 문제의식에서 출발해서 필요하다면 정치가 경제에 적극적으로 개입해야 한다는 의미일 텐데요. 정치의 개입이나 민주적인 통제 모두 양날의 칼이고 이중적인 측면이 있습니다.

재벌 개혁도 중요하지만 고용 없는 성장과 소득 불평등 문제를 해결하지 못하는 경제민주화는 의미가 없습니다. 복지 전망이 없는 경제민주화는 거짓이며 비정규직 문제를 돌보지 않는 경제민주화는 위선이고 기만입니다. 순환출자 금지나 출총제 부활, 금융산업 분리 강화 등에 못지않게 중요한 것이 최저임금 인상과 비정규직의 정규직화, 그리고 노동자의 경영 참여 확보입니다.

노동자들의 열악한 현실을 방치하면서 재벌만 개혁하면 이들의 살림살이가 나아질까요? 재벌의 이익을 억제하면 죽어가던 중소기업들이 살아날까요? 학자들의 갑론을박과 정치인들의 요란한 구호, 언론의 호들갑보다 더 무섭고 끔찍한 것은 진보 진영의 무기력과 방관입니다. 재벌은 때려잡아야 하고 성장보다는 분배가 우선이고 관치금융은 사라져야 하는 등등 교과서적인 답변을 줄줄 외는 수준에 그치고 있었죠.

재벌 빵집 문 닫으면
영세 자영업자들이 살아나나

지난 10여 년 동안 계속됐던 재벌 개혁 논쟁을 7가지 스펙트럼을 정리해보겠습니다. 우리는 이 스펙트럼의 왼쪽에 장하준 교수를, 오른쪽에 김상조 교수를 놓고 더 양쪽 극단으로 김성구 교수와 장하성 교수를 놓을 수 있습니다. 그리고 가운데 부분에 이병천 교수를 놓고요. 김상봉 교수를 김성구 교수와 비슷하게 놓을 수 있을 겁니다. 그리고 자칭 타칭 신자유주의자들 또는 재벌주의자들은 맨 오른쪽에 놓으면 되겠죠.

왼쪽부터 김성구-김상봉-장하준-이병천-김상조-장하성-김정호, 이런 순서가 될 텐데요. 누가 더 왼쪽이냐 오른쪽이냐보다는 국가와 사회의 시장 개입을 어느 정도 요구하느냐 또는 시장의 자유를 어느 수준까지 허용하느냐의 척도로 이해하면 될 것 같습니다. 기업의 성장과 이익 배분, 그리고 국민 경제에 대한 관점의 차이 등도 반영되어 있습니다. 거칠고 모호한 분류지만 쟁점을 파고들면서 각각의 차이를 드러내는 방식으로 해법에 접근해보겠습니다.

장하준 교수는 재벌과의 타협을 제안합니다. 재벌을 깨서 얻는 게 뭐냐고 반문하기도 합니다. 재벌이 있으니까 그나마 반도체에도 투자하고 휴대전화에도 투자해서 이 정도 성장한 것 아니냐는 이야기죠. 이건희 회장의 뛰어난 경영 능력을 말하는 게 아닙니다. 금융

자본이 실물 경제를 장악하면서 기업의 장기 투자가 사라지고 있다고 보기 때문입니다. 장하준 교수는 재벌 시스템이 주주 자본주의의 대안이 될 수 있다는 입장입니다.

참여연대 소액주주 운동을 이끌었고 재벌 저격수라 불리는 김상조 교수가 보기에는 황당무계한 소리일 수밖에 없습니다. 재벌 덕분에 이만큼 먹고살게 된 것 아니냐는 주장에 김상조 교수는 오히려 재벌의 경제력 집중이 한국 경제를 무너뜨린다고 반박합니다. 재벌 시스템이 양극화의 원인이고 오히려 성장을 가로막는다는 겁니다. 김상조 교수는 기관 투자자들이 좀 더 적극적으로 나서서 주주 행동주의를 실천해야 한다고 주장합니다.

두 사람은 재벌과의 빅딜을 두고도 거세게 충돌합니다. 장하준 교수는 재벌 총수의 경영권을 보장해주는 대신 재벌이 사회적 책임을 다하도록 거래를 할 수 있을 거라는 입장인데 김상조 교수는 그런 거래는 가능하지도 않고 의미도 없다는 입장이죠. 장하준 교수는 국가가 재벌을 통제해야 한다고 주장하는데 김상조 교수는 국가의 개입을 부정하고 철저하게 시장 원리로 재벌을 통제해야 한다고 주장하는 의견 차이가 있습니다.

참여연대 소액주주 운동을 두고도 극단적으로 입장이 엇갈리는데요. 장하준 교수는 주주가치 극대화의 논리가 자칫 단기 실적에 매몰돼 장기적인 성장의 발목을 잡을 수 있다고 경고합니다. 재벌 주도의 성장 전략이 여전히 유효하다는 주장이죠. 그러나 김상조 교수는 재벌의 경제력 집중이 더 심각한 문제고 주주들이 직접 총수의 횡포에 맞서야 한다고 주장합니다. 주주 행동주의가 경영자와 이사회를 압박하는 외부 통제장치가 돼야 한다는 겁니다.

주주 자본주의 또는
주주 행동주의를 넘어

논쟁의 외연을 조금 더 넓혀서 보면 이병천 교수는 장하준 교수의 주주 자본주의 비판에 동의하면서도 재벌 시스템이 이미 신자유주의와 결탁했다고 보고 장하준 교수와도 거리를 둡니다. 신자유주의의 공세에 맞서 재벌을 지켜내자는 주장이 애초에 논리적 모순이라는 겁니다. 재벌이 추구하는 건 주주가치가 아니라 재벌가치라는 비판도 나오고요. 실제로는 주주가치와 재벌가치가 충돌하는 경우가 많다는 이야기죠.

극단적으로 도식화해보면 장하준 교수는 재벌이 주주가치에 복무하지 못하도록 국민 경제에 결속시켜야 한다는 입장인데 이병천 교수는 재벌은 이미 주주가치 따위는 관심도 없고 신자유주의와 결탁해 스스로 재벌가치를 추구하고 있다고 반박합니다. 이병천 교수가 이해관계자 자본주의를 대안으로 제시하는 것과 달리 김상조 교수는 오히려 주주가치를 구현하는 게 재벌 개혁의 핵심이라고 보는 것도 중요한 차이입니다.

좀 더 왼쪽으로 관점을 넓혀보면 김성구 교수는 국가 개입을 배제한 자유방임의 신자유주의라는 건 애초에 가능하지 않다고 주장합니다. 국가독점자본주의 이론에 따르면 신자유주의와 결탁한 독점자본은 국가를 축출하는 게 아니라 끊임없이 국가의 개입을 요구하고 의존합니다. 이런 관점에서 보면 국가가 재벌을 통제해야 한다거나 재벌을 해체해 시장으로 통제해야 한다거나 하는 주장이 우습게 들리겠죠.

김성구 교수는 국가가 자본에 종속돼 있다고 보기 때문에 재벌을 통제해야 사회를 바꿀 수 있다는 논리를 폅니다. 국가 권력을 주무르고 있는 재벌과의 타협이라니, 가능할 리가 없죠. 그렇다고 재벌 해체를 요구하지도 않습니다. 김성구 교수는 독점화는 자본주의의 역사적 경향이고 반독점 정책으로 재벌을 극복할 수는 없다는 논리를 폅니다. 오히려 신자유주의적 시장 개입이 독점자본의 생존 방식이라는 겁니다.

김상봉 교수는 아예 논의의 프레임을 뛰어넘어 그렇다면 주식회사의 주인은 누가 돼야 하느냐는 문제를 집중적으로 파고듭니다. 장하준 교수는 총수의 책임 경영이 오히려 효율적이라고 보고 있고 김상조 교수는 주주 행동주의와 이사회를 통한 통제에서 답을 찾습니다. 김상봉 교수는 애초에 이사회는 주주들을 대표할 수 없다는 문제의식에서 출발해 자본의 소유권과 기업의 경영권을 분리해야 한다고 주장합니다.

　김상봉 교수는 주주에게는 배당금과 기업 자산에 대한 잔여 청구권을 주고 경영권은 노동자에게 주자는 파격적인 제안을 끌어냅니다. 삼성전자의 노동자들이 투표로 이사회를 구성하고 여기에서 대표이사를 선출하면 그때도 이건희나 그의 아들이 회장이 될 수 있을까요. 언뜻 황당무계하게 들리기도 하지만 주주 자본주의의 문제를 일거에 해결할 수 있습니다. 문제는 실현 가능성이겠죠. 김상봉 교수는 왕의 목을 쳐야 한다고 독려합니다.

　장하성 교수는 김상봉 교수와 상극의 논리를 펼칩니다. 장하성 교수에게 주주가 의결권을 행사해야 한다는 건 의심할 여지가 없는 확고한 원리입니다. 장하준·장하성 둘은 사촌지간인데 이 둘의 이념적 스펙트럼은 극과 극이죠. 아예 직접 주주 행동주의의 전사로 나서기도 했죠. 이론과 현실이 다르다는 교훈을 얻었겠지만 여전히 한국은 아직 제대로 된 시장 경제를 해보지도 못했다고 주장합니다.

　그리고 맨 오른쪽에는 김정호 교수나 윤창현 교수 등이 있습니다. 역시 극단적으로 요약하면 순환출자든 금융산업 분리든 손대지 말고 잘나가는 기업들을 제발 그냥 내버려두라는 주장입니다. 총수의 전횡 덕분에 이만큼 성장할 수 있었던 것 아니냐는 논리죠. 국가가 못한 책임을 왜 성공한 대기업에게 떠넘기느냐고 비판하기도 합니다. 심지어 낙수효과는 이미 충분하다는 주장도 나옵니다. 뭘 얼마나 더 바라느냐는 겁니다.

삼성전자가 적대적 인수합병을 당할 가능성이 있나

장하준 교수는 끊임없이 재벌과의 타협을 주장하지만 정작 재벌주의자로 불리는 김정호 교수 같은 사람들은 장하준 교수를 비판합니다. 장하준 교수가 말하는 타협이라는 게 국가의 개입과 재벌의 사회적 통제를 전제로 깔고 있기 때문이죠. 그리고 무엇보다도 주주 자본주의를 강력히 비판하기 때문입니다. 장하준 교수가 재벌 옹호론자로 불리면서 정작 진보 진영에서는 좌파 신자유주의자라고 비난을 받는 것도 이런 이유에서일 겁니다.

주주 자본주의를 주제로 놓으면 장하준 교수와 이병천 교수가 비교적 입장을 공유하고 그 건너편에 김상조 교수와 장하성 교수, 그리고 김정호 교수까지 전선을 이룹니다.

그런데 재벌 개혁을 주제로 놓으면 장하준 교수와 김정호 교수가 손을 잡고 그 건너편에 김상조·장하성 교수와 함께 이병천 교수까지 합류하게 됩니다. 국가의 개입이 주제가 되면 김성구 교수와 장하준 교수가 김상조·장하성에 김정호 교수까지 가세한 연합전선과 맞서게 되고요.

삼성전자가 적대적 인수합병을 당할 수 있다고 보느냐고 물으면 장하준 교수와 김정호 교수는 그렇다고 대답하겠지만 김상조 교수는 그럴 가능성은 거의 없다고 답할 겁니다. 김상조 교수의 경우 외국 투기자본의 공격에 맞서 이건희 회장의 경영권을 보호해줄 필요가 있느냐는 질문이 애초에 성립하지 않는 거죠. 장하성 교수는 한 술 더 떠 소버린의 적대적 인수합병 위협이 SK그룹을 건강하게 만들었다고 믿는 입장입니다.

장하준 교수는 주주 자본주의적 압박이 단기 실적에 매몰될 위험을 경계하지만 김상조 교수는 오히려 전문 경영인의 횡포를 막기 위해서는 주주들의 외부 통제가 필수적이라고 주장합니다. 장하성 교수는 좀 더 적극적으로 주주 행동주의 또는 펀드 행동주의를 설파하고 있죠. 장하성 교수의 펀드 행동주의는 장하준 교수가 말하는 국민연금의 의결권 행사와 전혀 다른 맥락이고 진보 진영 일부에서 이야기하는 연기금 사회주의와도 전혀 다른 개념입니다.

김상조 교수는 가진 것만큼 의결권을 행사하는 지주회사를 재벌 체제의 대안이라고 주장하는데 송원근 교수는 지주회사 체제에서도 총수의 전횡이 사라지지 않으며 부당 내부거래도 많다는 사실을 지적합니다. 지주회사야말로 주주 자본주의의 총아라는 거죠. 장하준 교수도 1주 1표는 경제민주화가 아니라고 선을 긋습니다. 홍기빈 소장 같은 경우는 지주회사 체제를 주주 자본주의의 가장 진화된 단계라고 규정합니다.

김상조 교수가 순환출자를 규제하고 금융산업 분리를 엄격히 적용해야 한다고 주장하는 것과 달리 김정호 교수는 그런 규제는 한국에만 있다고 반박합니다. 물론 재벌 역시 한국에만 있는 기형적인 기업 지배구조라는 반론이 뒤따르죠.

신장섭 교수는 한국적 특수성은 있지만 내부거래 자체를 부정적으로 봐서는 안 된다고 주장합니다. 순환출자 역시 정부가 지주회사를 금지하면서 나타난 과도기적 지배구조라고 설명합니다.

장하준 교수는 좀 더 적극적으로 이재용 부회장의 후계 구도를 사회적으로 용인하는 법을 찾아야 한다고 제안합니다. 주인 없는 주식회사는 무방비 상태로 주주 자본주의에 노출된다는 게 장하준 교수의 우려입니다. 김상조 교수는 주인 없는 주식회사가 오히려 합리적으로 굴러간다고 믿습니다. 전문 경영인 체제에서도 주주들의 외부적 통제와 이사회의 내부적 통제로 합리적인 경영이 가능하다고 보는 거죠.

김상조 교수나 장하준 교수나 기업집단법 도입이 시급하다는 데는 의견이 일치합니다. 둘 다 법적 실체를 둬서 권한과 책임을 부여하자는 취지지만 김상조 교수가 책임 쪽을 강조한다면 장하준 교수는 권한에 더 의미부여를 하고 있습니다.

이병천 교수는 이사회에 노동자의 참여를 제도화하자는 아이디어를 내놓고 있지만 구체적인 실현 방안까지 나가고 있지 않습니다. 어느 쪽이나 원론을 넘어 구체적인 실행 단계의 전략이 부족하다는 느낌입니다.

한국 경제를 지배하는
박정희의 망령

김상봉 교수는 주인 없는 주식회사에서 주인은 누구나 될 수 있다는 논리를 펼칩니다. 지분이 5%도 안 되는 이건희 회장이 삼성그룹 전체를 장악하거나 지분이 단 한 주도 없는 이석채 전 회장이 KT를 주무르기도 하고요. 노동자들이 직접 지분을 인수해 주인이 된 키친아트 같은 회사도 있습니다. 김상봉 교수는 노동자들이 경영권을 행사해야 한다고 주장하는데 김정호 교수 같은 사람들은 그런 상황에서는 주주들이 모두 떠날 거라고 일축합니다.

국가의 개입 범위를 두고도 첨예하게 충돌합니다. 김상조 교수는 관치 금융을 극도로 혐오하는데 장하준 교수는 금융을 시장에 맡겨둬서는 안 된다는 입장이죠. 관치도 관치 나름이겠지만요. 김상조 교수는 무능력한 관료보다는 시장에 맡겨두는 게 효율적이라고 보는데 장하준 교수는 국가 권력이 금융을 통제해야 한다고 주장합니다. 주주 자본주의를 보는 입장 차이가 사사건건 충돌하는 양상이죠.

좀 더 근본적으로 국가와 자본의 권력 관계를 보는 관점도 극과 극으로 엇갈립니다. 스스로를 구자유주의자로 규정한 김상조 교수는 철저하게 국가의 개입을 배제합니다. 신자유주의자라고 자처하는 김정호 교수 같은 사람들도 마찬가지고요. 그러나 김성구 교수는 애초에 자본주의는 국가의 개입 없이는 지속가능하지 않다는 입장입니다. 장하준 교수는 시장에 맞서는 국민국가라는 개념을 설정하고 자본의 국적성을 강조합니다.

김상조 교수와 김정호 교수를 같은 선에서 비교하기는 애매하기도 합니다. 김상조 교수가 법치주의를 강조하는 것과 달리 김정호 교수는 법 위의 자본을 상정하고 있기 때문이죠. 둘 다 국가 개입을 배제하는 것 같지만 김정호 교수 등 신자유주의자들은 국가를 기득권 가유지·강화의 수단으로 활용하면서도 그 모순을 인정하지 않으려고 하죠. 장하준 교수의 국민국가와도 간극이 크죠.

박정희 전 대통령에 대한 평가도 극과 극으로 엇갈립니다. 장하준 교수는 박정희 전 대통령의 자립적 자본주의 시스템을 긍정적으로 평가해야 한다는 입장입니다. 성장을 추구했지만 전통적인 시장주의와는 거리가 멀다는 이야기죠. 오히려 과도하게 시장에 개입하고 침해하는 경우가 많았죠. 장하준 교수는 박정희 체제가 경제적으로 성공했다면 민주주의가 아니었기 때문이 아니라 자유주의가 아니었기 때문이라고 지적합니다.

민주주의도 중요하지만 자유주의와 싸우는 게 더 절실하다는 이야기가 될 텐데요. 달리 말하면 문제는 많지만 그래도 성장은 했으니 그 정도 문제는 넘어갈 수 있는 것 아니냐는 이야기가 되겠죠. 이런 논리는 재벌 개혁 이슈에도 그대로 적용됩니다. 시장주의가 성장을 막고 있다는 문제의식은 성장을 하려면 시장에 맞서 싸울 주체가 필요하다는 논리로 이어집니다. 재벌에게 기대거나 엘리트 관료의 혁신에 의존할 수밖에 없는 거죠.

김상조 교수는 박정희 체제는 근본적으로 지속 불가능한 시스템이었고 독점자본으로 성장한 재벌이 정부 개입을 거부하면서 박정희 체제의 성공 조건을 해체했다고 분석합니다. 근본적인 인식의 차이가 크죠. 재벌 주도의 경제 성장이 달콤했다고 하더라도 그게 다시 재연될 수는 없다는 현실적인 판단일 텐데요. 장하준 교수의 파격적인 제안과 비교하면 재미는 떨어지지만 부정하기는 어렵죠. 시니컬하지 않으려고 다시 생각해 봐도 마찬가지입니다.

전반적으로 장하준 교수가 이슈를 던지고 장하준 교수를 중심으로 논쟁이 확산되는 경향이 있지만 무게중심이 이렇게 쏠린 건 한국의 경제학자들이 그만큼 실물 경제에서 동떨어진 탁상공론에 매몰돼 있었기 때문일 수도 있습니다. 이 말은 거꾸로 한국 사회가 이론적 성찰 없이 주요 경제 현안에 주먹구구식 접근을 계속해왔다는 이야기도 될 수 있을 거고요. 어떻게든 여기서 논쟁을 계속 이어나가고 좀 더 발전된 논의를 끌어내야 한다고 생각합니다.

● **장하준**_영국 케임브리지대학교 경제학과 교수

part 2

이건희·이재용, 쫓아내지 말고 부려먹자
장하준의 삼성 사용설명서

재벌보다 주주 자본주의가 더 위험하다.

필요하다면 빅딜이라도 해서

성장 동력을 만들어야 한다.

한국 사회에서 장하준이라는 이름이 갖는 울림은 매우 큽니다. 세계적 석학이라는 평가가 늘 따라붙고 영국 케임브리지대 교수라는 타이틀도 후광을 더합니다. 실제로 출간하는 책마다 베스트셀러가 됐죠. 그의 한마디 한마디에 언론이 주목합니다. 영어로 쓴 책이 해외는 물론이고 국내에도 번역되고 어쩌다 그가 국내에 들어오면 인터뷰 기사가 쏟아집니다. 〈조선일보〉와 〈한겨레〉에 동시에 비중 있게 인터뷰가 실리는 것도 독특한 현상입니다.

장하준 교수는 복잡한 경제현상을 직설적으로 알기 쉽게 풀어내면서도 경쾌하고 인사이트가 풍성하게 담긴 글을 씁니다. 이 정도 대중적 인기와 진보·보수 양쪽에서 폭넓은 지지를 확보한 경제학자는 장하준 교수가 거의 유일하다고 할 수 있습니다.

숱한 비판과 논쟁을 불러일으켰지만 아직까지 장하준 교수의 주장은 난공불락인 것처럼 보이기도 합니다. 장하준 교수는 늘 논쟁의 중심에 서 있고 이슈를 주도합니다.

장하준 교수는 직설적으로 한국 경제의 딜레마를 파고듭니다. 《무엇을 선택할 것인가》에서는 "(참여연대 등이 요구한 재벌 개혁은) 한국 대기업들을 외국 자본에 넘겨 자칫 국민 경제가 해체될 수도 있는 위험하기 짝이 없는 도박"이라고 비판하기도 했죠. 소액주주 운동이 신자유주의의 한국판 버전이라는 건데요. "무조건 대자본은 다 나쁜 놈이라며 때려 부수자고 말하면 문제 해결이 불가능하다"고 지적하기도 했습니다.

2012년에 출간된《무엇을 선택할 것인가》는 2005년에 출간된《쾌도난마 한국경제》와 그 이듬해에 출간된《국가의 역할》의 계보를 잇는 책이라고 할 수 있을 텐데요. 특히《쾌도난마 한국경제》는 참여연대 등이 선도했던 소액주주 운동을 정면으로 비판해 신선한 충격과 논쟁을 불러일으켰습니다. 이 책이 출간된 2005년만 해도 소액주주 운동이 곧 재벌 개혁이고 재벌 개혁이 곧 진보로 받아들여지던 시절이었죠.

그런데 장하준 교수는 놀랍게도 참여연대를 "신자유주의의 앞잡이들"이라는 거친 표현까지 써가면서 호되게 비판했습니다. 공교롭게도 소액주주 운동을 주도했던 장하성 교수는 장하준 교수의 사촌 형이죠. 재벌 개혁을 둘러싼 두 사람의 주장은 극과 극으로 엇갈립니다. 장하성 교수는 뒤에 다시 살펴보기로 하고요. 장하준 교수는 한국 경제의 고질적인 문제는 재벌이 아니라 신자유주의라고 주장합니다.

과잉 투자가 문제?
과잉 투자 때문에 이만큼 성장했다

흔히 비판하는 것처럼 재벌의 과잉 투자가 문제가 아니라 오히려 한국 경제가 지난 50년 동안 과잉투자 때문에 성장해왔다는 게 장하준 교수의 주장인데요. 삼성전자와 포스코를 비롯해 반도체나 철강, 자동차, 조선 등 한국 경제의 전략 산업들이 재벌의 선도적인 모험 투자 덕분에 가능했다는 거죠. 다시 말해 국가의 지원을 받는, 또는 국가 권력과 유착된 재벌이라서 그런 압축적인 고도 성장을 견인할 수 있었다는 이야기입니다.

그런데 국제통화기금IMF 외환위기 이후 신자유주의 개혁이 진행되면서 단기 실적을 좇는 주주 자본주의가 확산됐습니다. 주주가치 극대화라는 목표가 서면 설비 투자를 늘리기보다는 현금을 쌓아두고 부채 비율을 낮춰 배당과 자사주 매입을 늘리도록 기업을 압박하게 됩니다. 이런 환경에서는 당연히 일자리가 줄어들고 장기적인 성장성도 훼손될 수밖에 없다는 게 장하준 교수의 주장입니다.

실제로 주식시장이 기업의 자금 조달 창구가 되기보다는 오히려 기업 보유 현금을 빨아들이는 블랙홀로 변질됐다는 지적이 많았죠. 주식시장의 취지를 생각하면 뭔가 본말이 전도된 것 같기도 합니다. KDB대우증권에 따르면 이미 2002년부터 한국 주식시장은 기업공개IPO나 유상증자 등 주식시장에서 조달한 돈보다 더 큰 비용을 현금 배당과 자사주 매입 등으로 주식시장에 토해내고 있습니다. 상장 유지 비용이라고도 하죠.

2012년 기준으로 한국 주식시장에서 기업들이 조달한 자금은 1조 4,600억 원인데 자사주 매입과 현금배당으로 빠져나간 돈은 무려 13조 6,000억 원이나 됐습니다. 미국도 증시 조달 자금은 2,520억 달러였는데 주주 환원 금액은 6,650억 달러나 됐고요. 한국투자증권 김학균 연구원에 따르면 "상장 유지 비용이 큰 것도 문제지만 애초에 증시에서 조달하는 자금의 절대 규모가 크지 않다는 게 더 큰 문제"라고 지적합니다.

과거에는 주가가 높을 때 증자를 하면 좋은 조건으로 자금을 조달할 수 있었죠. 주가가 뛸 때마다 증자 규모가 늘어나곤 했는데 언젠가부터 유상증자는 어려운 기업들이나 하는 것이라는 인식이 확산됐습니다. 유상증자를 하면 주식 수가 늘어나기 때문에 기존 주주들 입장에서는 주식 가치가 희석되고 주가가 떨어지게 됩니다. 장기적으로 그렇게 확보한 자금으로 주주가치를 높일 수도 있겠지만 당장 주가에는 도움이 안 된다고 생각하는 거죠.

김학균 연구원은 "높은 주가에도 기업들이 자금 조달을 하지 않는 건 딱히 투자할 곳이 마땅치 않기 때문으로 분석된다"면서 "결국 한국 경제의 성장을 이끌 만한 마땅한 동력이 없다는 고민이 투영되고 있는 것으로 해석할 수 있다"고 설명합니다.

2012년 말 기준으로 금융회사를 제외한 국내 상장 제조업체들

보유현금만 69조 원에 이릅니다. 물론 이런 상황이 주가에는 도움이 됩니다. 장기적인 성장성을 희생한 대가가 아닐까 하는 걱정이 될 뿐이죠. 한국은 선진국형 안정 성장 국면에 접어들었다고도 볼 수 있고 좀 더 냉정하게 보면 과거와 같은 고성장 시기는 이미 끝났다고 평가할 수도 있다고 김학균 연구원은 설명합니다. 과소투자의 저성장 국면에 접어들었다는 서글픈 이야기죠. 주식시장이 블랙홀이 되고 있는 건 미국도 비슷한 상황이지만 미국은 증시자금의 절대 규모가 계속 늘어나고 있습니다. 한국보다는 상황이 더 낫다고 할 수 있습니다.

재벌과 싸우지 말고
초국적 금융자본과 싸워라

장하준 교수는 "삼성전자 같은 큰 상장 회사들은 시장 개혁 이전까지만 해도 영업이익 대비 주주 배당률이 2% 수준이었는데 최근에는 50%에 이르는 경우도 있다"면서 "삼성전자의 배당 성향이 과거처럼 낮은데도 적대적 인수합병의 시도가 없다면 한국은 아직 주주 자본주의가 아니라는 판단이 옳겠지만 현실은 그렇지 않다"고 지적합니다. "이미 주주 자본주의 논리에 완전히 포섭돼 있다"는 분석입니다.

물론 적대적 인수합병의 위협이 과장되어 있다는 지적도 있었죠. 실제로 2003년 SK를 빼고 공격 받은 기업이 또 어디 있느냐는 지적도 있었고요. SK는 좀 특별한 경우였죠. 그러나 장하준 교수의 주장에 따르면 주가가 떨어지고 배당을 적게 주면 언제라도 인수합병의 시도가 있을 수 있다는 겁니다. 이를테면 이건희 회장이 자리를 지키기 위해서라도 배당을 늘리고 주주 중심 경영을 할 수밖에 없다는 이야기인데요.

개념 정리를 위해 다시 설명하면 주주 자본주의는 주주가치 극대화를 경영의 중심에 두는 미국식 자본주의를 일컫는 말입니다. 노동자들과 고객, 거래기업, 채권자, 정부, 사회일반에 이르기까지 이해관계자 모두의 이해를 반영하는 이해관계자 자본주의와 대비되는 개념이라고 할 수 있을 텐데요. 주주 자본주의 체제에서는 기업의 이윤을 극대화하는 것을 넘어 주주들에게 최대의 배당과 시세차익을 안겨주는 것이 경영 목표가 됩니다.

여기서 좀 더 들어가면 펀드 자본주의는 펀드 중심의 주주 자본주의를 말합니다. 소액주주보다는 불특정 다수 가입자들의 이해를 대변하는 펀드가 기업 지배구조의 중심으로 자리 잡고 기업 경영에도 적극적으로 참여해야 한다고 주장합니다. 펀드 행동주의는 여기서 한발 더 나아가 사외이사나 감사 선임을 요구하고 부실 경영의 책임을 추궁하고 경영진을 교체하는 등 좀 더 적극적인 경영 참여가 필요하다는 입장입니다.

주주 자본주의의 창시자라고 불리는 밀턴 프리드먼은 일찌감치 "기업의 유일한 책임은 주주들을 위해 가능한 많은 돈을 버는 것"이라고 주장했습니다. 다분히 극단적인 논리지만 주주 자본주의는 신자유주의 금융 세계화의 핵심 이데올로기라고 할 수 있습니다. 전체 경제 차원에서는 고용 없는 성장과 성장의 둔화, 기업 차원에서는 설비 투자 부진, 금융 차원에서는 공공성 약화, 국민들 차원에서는 실업과 양극화의 구조적 원인으로 꼽혀왔습니다.

장하준 교수는 "소액주주 운동이 주주 자본주의를 뿌리내리는 데 결정적 역할을 했다"고 비판합니다. 주주의 이익을 극대화하는 과정에서 소액주주와 대주주가 결탁하게 되고 단기 이익을 좇아 성장의 발목을 잡게 된다는 이야기인데요. 그래서 장하준 교수는 "노동운동의 주적은 재벌이 아니라 초국적 금융자본과 시장 근본주의가 되어야 한다"고 주장합니다. 파격적이고 참신하지만 어딘가 위험천만하고 아슬아슬한 주장이었죠.

장하준 교수의 주장은 거대담론과 매너리즘에 매몰돼 공부하지 않는 게으른 좌파들에게 지적 충격을 안겨줬습니다. 김대중 전 대통령과 노무현 전 대통령 등 상대적으로 진보적 성향의 대통령이 집권하던 시절, 그리고 IMF 극복이 최대 과제였던 시절, 진보적 의제 설정에 실패하고 정부 주도의 구조조정과 노동법 개악 등에 전면적으로 맞서지 못했던 무력했던 시절이었으니까요. 무엇보다도 다들 경제를 잘 몰랐고요.

재벌과 투기자본,
무엇을 선택할 것인가

장하준 교수는 재벌을 쫓아내면 그 자리를 초국적 투기자본이 차지할 수밖에 없다는 전제를 깔고 주장을 풀어 나갑니다. 애초에 이 전제가 성립하느냐를 두고도 논란이 많았죠. 장하준 교수는 결국 재벌과 초국적 투기자본, 둘 중에 무엇을 선택할지를 묻고 있는 건데요. 재벌을 앞장 세워 초국적 투기자본의 공격을 막는 게 한국 경제가 성장을 지속할 수 있는 유일한 대안이라는 게 장하준 교수의 결론입니다.

《장하준, 한국경제 길을 말하다》라는 책에서는 이런 이야기를 하기도 했습니다. "깨끗한 자본이란 것은 없습니다. 지금 상황에서 그래도 누구하고 어떻게 판을 짜야 더 많은 국민에게 도움이 될 것인가 하는 생각에서, 저는 그래도 생판 모르는 외국 금융자본보다는 우리나라 재벌들하고 타협하는 게 더 쉽고 의미 있을 거라는 얘기를 하는 거지, 제가 그걸(재벌이 나쁜 짓을 많이 했다는 걸) 몰라서 하는 얘기가 아니거든요."

《무엇을 선택할 것인가》에서 장하준 교수와 대담자로 참여한 정승일 대표는 이렇게 묻기도 했습니다. "삼성그룹을 해체한다는 게 뭘 의미하죠? 삼성전자나 삼성생명을 그룹에서 떼어내 매각한다는 말이잖아요? 그러면 누가 그 회사의 주인이 되죠? GM 같은 다국적 기업들 아니면 론스타 같은 사모펀드, 그것도 아니면 다른 재벌이 인수하는 게 현실 아닙니까. 이런 새 주인을 맞는 게 이른바 진보고 민주주의인가요?"

장하준 교수는 심지어 재벌에서 분리된 하이닉스반도체나 쌍용자동차의 사례를 들면서 이 기업들이 재벌 체제 안에 남아 있었다면 지금처럼 설비투자의 타이밍을 놓쳐 경쟁에서 도태되는 일도 없었을 것이라고 주장합니다. 잘못된 재벌 개혁의 결과로 껍데기만 남게 됐다는 건데요. 장하준 교수는 심지어 "재벌의 그룹 구조가 주주 자본주의의 압력에 대한 일종의 보호막 역할을 하는 셈"이라고 주장하기도 했습니다.

저는 장하준 교수를 여러 차례 인터뷰하고 기사를 썼는데 그때마다 많은 아이디어를 얻었습니다. 제가 2006년에 썼던《투기자본의 천국 대한민국》에 추천사를 써주시기도 했죠. 언젠가 "한국 사회에 다시는 대우그룹 같은 모험 투자를 하는 기업 집단은 나올 수 없다"고 말씀하시던 게 기억납니다. 흔히 대우그룹이 은행 대출을 끌어 쓰다가 못 갚아서 망한 걸로 알고 있지만 IMF 이전까지만 해도 기업 금융과 모험 투자가 한국 경제의 성장 동력이었죠.

IMF 이후 기업들의 부채비율이 많이 낮아지고 재무 건전성도 개선됐지만 한국 경제의 역동성은 크게 떨어졌습니다. 현금을 쌓아두고 있으면서도 새로운 공장을 짓거나 기술을 개발하는 데 머뭇거리는 기업들도 많습니다. 이미 고도 성장의 시기를 지나왔기 때문일 수도 있지만 주주가치 극대화라는 명분으로 단기 실적을 강조하는 문화가 자리를 잡았기 때문이라는 게 장하준 교수의 주장입니다.

장하준 교수와 정승일 대표 모두 직설적이면서도 강한 표현을 쓰는 데다 상황을 과장하는 측면도 있지만 재벌이 주주 자본주의와 맞선다는 분석은 재벌 개혁 논쟁의 중요한 쟁점입니다. 이를테면 이건희 회장이나 그 뒤를 이어받을 이재용 부회장은 삼성전자의 10년 뒤나 20년 뒤를 내다보고 투자하겠지만 삼성전자의 주주들 대부분은 당장 올해 실적이 안 좋을 것 같으면 주식을 내다 팔 사람들이 대부분이죠. 그게 금융시장의 냉혹한 현실입니다.

물론 주주들은 주가가 꾸준히 오르고 배당을 두둑이 받으면 별다른 불만을 갖지 않습니다. 그러나 계속해서 주가가 곤두박질치고 배당이 줄어들면 경영진을 교체하려는 시도가 있을 수도 있습니다. 최악의 경우 적대적 인수합병으로 주주총회에서 표 대결이 벌어져 경영권을 박탈당할 가능성도 배제할 수 없죠. 이건희 회장이 충분한 우호 지분을 확보하고 있지 못한 상황에서는 계속해서 주주들의 눈치를 볼 수밖에 없을 거라는 이야기입니다.

장하준 교수는 삼성이 노동자들을 탄압하고 중소기업을 착취하는 것도 주주 자본주의의 단기 실적주의 때문이라고 분석합니다. 비정규직 노동자들의 처우를 개선하면 단기적으로 기업 실적이 나빠지겠죠. 협력업체들 납품 단가를 올려주면 주주들에게 배당을 많이 줄 수 없게 됩니다. 재벌과 주주 자본주의가 결탁하는 지점이 바로 여기입니다. 재벌과 주식시장의 큰 손들, 기관 투자자들과 초국적 금융자본의 이해가 맞물리는 지점이죠.

국적자본을 주주 자본주의에서 독립시켜야 한다

자본의 파업이라는 이야기도 여기에서 나옵니다. IMF 이전에는 기업들이 은행에서 대출 받아 공장을 짓고 인력도 채용하며 경제 성장을 주도했는데 대우그룹이 몰락하고 한국 경제 전반적으로 혹독한 구조조정을 거치면서 부채 비율을 낮추고 현금을 가득 쌓아두는 게 기업들의 절박한 경영 목표가 됐습니다. 매출이 아니라 이익이 성장 지표가 됐고, 실제로 이익도 늘어났지만 경제의 역동성은 크게 위축됐습니다.

그 결과 소수의 대기업 정규직 노동자들을 뺀 나머지 노동자들의 삶은 더욱 열악해졌습니다. 기업의 성장이 일자리 창출로 연결되지 않는 상황이 계속되고 있습니다. 오히려 노동자들을 착취해서 이익을 늘리고 그렇게 늘어난 이익이 배당과 자사주 매입 등으로 계속해서 자본시장으로 빠져나가고 있습니다. 이 악순환의 고리를 끊어야 할 텐데요. 장하준 교수의 사회적 대타협론은 바로 이 지점에서 출발합니다.

장하준 교수가 재벌을 주주 자본주의에서 독립시켜야 한다고 주장하는 것도 이런 이유에서 이해할 수 있습니다. 총수 일가의 우호 지분이 적더라도 경영권 위협에서 자유롭게 해주면 좀 더 책임 있는 경영이 가능할 것이라는 계산에서죠. 물론 그냥 경영권을 보장해주는 게 아니라 사회적 타협이 필요합니다. 경영권을 보장해주는 대가로 국민 경제에 기여하도록 하는 약속을 받아내야 한다는 게 장하준 교수의 대타협론입니다.

《장하준, 한국경제 길을 말하다》에서는 이런 이야기를 하기도 합니다. "경영권의 안정이 중요한 것이지 특정 인물의 경영권 승계 여부는 부차적인 문제라는 거죠. 저놈들 미우니까 '적의 적은 나의 친구'라는 논리로 외국 금융자본들이 들어와서 그것을 해체하고 잡아먹고 하는 것을 즐긴다는 것은 말이 안 되죠. 최태원 잡혀가고, 이재용 쩔쩔 매고 할 때는 당장 기분은 좋을지 모르지만, 주식시장의 메커니즘을 통해서 자기 생활이 고달파지는데요."

경영권 위협 때문에 적극적인 투자를 못 하고 생산성이 떨어지니까 노동자들의 피땀을 짜내고 있다는 게 장하준 교수의 문제의식인데요. 이렇게 가면 한국 경제 전체적으로 생산성이 떨어져 글로벌 경쟁에서 도태되고 기업이 망하면 한국 경제도 망한다는 겁니다. 장하준 교수는 그래서 자본과 노동이 함께 해법을 찾아야 한다고 주장합니다. 경영권 불안을 해소하고 경쟁력을 회복하고 일자리 문제도 해결하는 대타협이 가능할 거라는 거죠.

문제는 자본과 노동이 뭘 어떻게 주고받느냐는 겁니다. 뭘 줄 건지는 오히려 명확한데 뭘 받아낼 건지가 명확하지 않습니다. 이를테면 이건희 회장에게 차등의결권이나 황금주, 포이즌필 같은 경영권 보호 장치를 허용할 수도 있겠죠. 이재용 부회장이 내야 할 상속세를 깎아줄 수도 있을 것이고 뒤에서 좀 더 자세히 설명하겠지만 금융산업 분리 규제를 파격적으로 완화해줄 수도 있을 겁니다.

그렇다면 삼성에게 그 대가로 뭘 받아낼 수 있을까요. 장하준 교수는 "복지국가를 중심 축으로 해서 중소기업 부문의 업그레이드 전략을 짜야 한다"고 제안합니다. "산업 구조 자체가 고도화되지 않으면 아무리 대기업의 중소기업 약탈을 정부가 규제한다 해도 상황이 본질적으로 나아지지 않는다"는 논리인데요. 장하준 교수는 그래서 '요람에서 무덤까지'의 복지 천국 스웨덴을 대안 모델로 제시합니다. 역시 논란이 많은 부분입니다.

삼성 잡고
복지국가로 가자

장하준 교수의 설명을 좀 더 들어볼까요. "스웨덴은 연대임금제를 통해 한계기업들을 정리하면서 국가 전체의 산업 고도화를 이뤄낸 바 있습니다. 같은 일을 하는 노동자에게는 같은 임금을 준다는 것이 연대임금의 원칙인데 이 제도를 시행하면 생산성이 낮은 한계기업들은 퇴출될 수밖에 없어요. 반면에 생산성이 높은 기업들은 더 성장하게 됩니다. 그 과정에서 노동자들의 임금 격차가 좁혀져 양극화도 줄어들고요."

장하준 교수가 내놓은 대안은 언뜻 그럴듯하지만 실현 가능성은 높지 않습니다. 이른바 한계기업들을 정리하려면 정부가 무더기 해고와 대량 실업 사태를 감당할 의지와 능력이 있어야 합니다. 엄청난 사회적 충격을 감내할 만한 사회적 합의도 전제되어야 하고요. 경영권을 보장해주는 대가로 재벌에게 그 비용을 부담하게 할 수도 있겠죠. 그러나 그 과정에서 주가가 폭락할 거고요. 이건희 회장 등이 과연 그런 거래를 받아들일지도 의문입니다.

재벌을 감싸고 돈다는 비난을 의식한 듯 장하준 교수는 《무엇을 선택할 것인가》에서는 "재벌에게 경영권 방어 장치를 허용한다면 반드시 그 대가를 받아야 한다"면서 "그 대가로 제안할 수 있는 건 생산기지의 해외 이전 제한, 설비 및 연구개발 투자 확대, 미래형 신산업 투자, 그리고 복지국가 건설 및 부자 증세 협조 등이 있을 수 있다"고 제시하기도 합니다. 역시 추상적이고 모호하다는 생각이 들죠.

장하준 교수는 〈프레시안〉 인터뷰에서 이렇게 말하기도 했습니다. "삼성과 같은 재벌을 사회적으로 통제할 방법을 찾아야 한다는 겁니다. 이를테면 경영권 세습을 용인할 테니 노동조합을 인정하라,

또 비리 사학재단에 임시 이사를 정부가 임명하는 것처럼 이사회의 40% 정도를 정부와 노동조합, 시민단체 등에 할당해 사회의 감시를 받아라, 그리고 이런 체제 아래서 10년 후에 그 경영권 세습의 결과를 평가하자, 이런 요구를 할 수 있지 않을까요."

정승일 대표는 좀 더 구체적인 제안을 내놓기도 했습니다. "지금 한국의 재벌 총수들은 권리는 있고 책임은 없는 황제경영을 하고 있는데 차라리 황제경영을 합법화하는 대신 책임도 확실히 지우자는 거예요. 기업집단법 같은 걸 만들어 재벌의 경영권은 안정시켜주자, 대신에 그에 상응하는 법적 책임은 물론이고 연구개발 투자와 노동권 보장, 부자 증세 등도 반드시 받아내도록 하자는 거죠."

혜택은 이건희가, 책임은 삼성그룹 계열사들이?

그러나 사실 이 정도로는 많이 약합니다. 혜택은 이건희 회장 일가가 보고 그 책임은 삼성그룹 계열사들이 나눠 부담하라는 건데 그게 바람직한 방향인지도 의문이고요. 다른 주주들이 가만히 있겠습니까. 연대임금제 역시 한국 현실에는 요원한 그림의 떡이 될 가능성이 큽니다. 삼성만 움직인다고 되는 일이 아니기 때문이죠. 삼성의 돈을 받아 신성장 산업에 투자를 한다고 한들 그게 얼마나 될까요? 10조 원? 20조 원? 그 정도면 거래해볼 만할까요?

우선 삼성이 그 정도를 쉽게 내놓을 것 같지도 않지만 사실 돈 몇 푼보다 중요한 것은 사회적 합의입니다. 장하준 교수가 주장하는 것처럼 주주 자본주의가 한국 경제의 최대 위험이라면 주주 자본주의에 맞서는 방향으로 경제 전반의 시스템을 바꿔야겠죠. 이를테면 연대임금제를 도입하려면 삼성뿐만 아니라 전국의 모든 기업들과 그 기업의 노동자들이 한꺼번에 동의해야 합니다. 아무리 이건희 회장이라지만 그 정도 영향력이 있을까요.

뒤에서 좀 더 자세히 살펴보겠지만 스웨덴에서 재벌 총수 일가와 노동자 계급의 대타협으로 경영권을 인정해주는 대신 고용 창출과 복지국가 건설을 위한 사회적 책임을 다하도록 합의를 끌어냈다는 장하준 교수 등의 주장은 상당 부분 왜곡된 것입니다. 이를테면 이건희 회장과 민주노총의 대타협이 아니라 전국경제인연합회 또는 한국경영자총협회와 민주노동당의 대타협의 성격으로 이해하는 게 맞습니다.

한국 사회에 알려진 것과 달리 찰츠요바덴 협약의 쌍방 주체는 고용자연합회SAF와 노동조합총연맹LO였고 이들을 협상 테이블에 불러 모은 건 사회민주당이었습니다. 장하준 교수가 말하는 빅딜과는 거리가 있죠. 애초에 이 자리에서는 발렌베리 가문의 경영권 인정 등은 의제로 언급조차 되지 않았습니다. 경영권 인정해줄 테니 뭐 내놓아라, 이런 식의 대타협은 있지도 않았다는 이야기입니다.

이에 대한 것은 4장에서 다시 살펴보겠습니다.

저는 스웨덴의 사회적 합의 시스템을 취재하러 2004년과 2006년 두 차례 스웨덴에 다녀온 적이 있습니다. 한 번은 정승일 대표도 동행했었는데요. 스웨덴의 복지국가 시스템은 물론 높은 소득세율 때문이지만 강한 노동운동과 사회적 연대, 그리고 국가 주도의 성장 정책이 근본 동력이라고 할 수 있습니다. 노동자 대표들이 기업 대표들과 협상해서 파업을 접고 산별 노조로 전환하기로 했고 국가가 완전 고용을 보장하는 사회적 합의가 이뤄진 거죠.

부실한 기업들이 문을 닫게 만들려면 해고된 노동자들을 정부가 책임져야 합니다. 단순히 실업급여를 두둑이 주는 걸 넘어 산업 고도화와 노동자 재교육을 통해 끊임없이 고용을 창출하고 경제 전반의 노동 생산성을 높여야 합니다. 핵심은 임금을 깎아서 생존하기 보다는 임금을 올릴 수 없는 기업들을 도태시키는 데 있습니다. 국민들이 세금을 더 많이 내게 만들려면 그만큼 더 벌게 해줘야 선순환이 시작된다는 거죠.

주목할 대목은 스웨덴도 복지국가 시스템이 하늘에서 뚝 떨어진 게 아니라는 겁니다. 사회민주당이 대중적 지지를 확보하기까지는 상당한 시간과 시행착오가 필요했습니다. 노사 대타협도 어느 날 갑자기 저절로 이뤄진 게 아니라 양쪽이 서로 위협을 느낄 정도로 대등한 권력을 확보했기 때문에 가능했고요. 정치적 영향력을 확보한 노동운동 진영이 자본을 압박해 대등한 타협을 끌어냈다는 사실도 중요한 교훈입니다.

그런데 한국은 어떤가요. 노동조합 조직률은 10%를 밑돌고 산별 노조는 정치적 존재감이 크지 않습니다. 질 좋은 일자리가 급격히 줄어들고 있는데 노동자 계급은 분열돼 있고 진보 정당은 궤멸되다시피 한 상황입니다. 노동자 정치 세력화는 정말 요원해 보입니다. 그런데 무엇으로 자본가 계급을 압박할 수 있을까요. 사회적 대타협을 하려면 협상의 상대방이 있어야 할 텐데 이건희 회장이 뭐가 아쉬워서 그런 협상 테이블에 나오겠느냐는 이야기입니다.

이건희가 뭐가 아쉬워서 협상 테이블에 나오겠나

장하준 교수의 주장과 달리 이건희 회장은 주주 자본주의를 두려워하기보다는 주주 자본주의와 적극적으로 손을 잡은 것처럼 보이기도 합니다. 노동자들을 탄압하고 하청 업체들을 쥐어짜면서 주가를 끌어올렸죠. 덕분에 배당이 좀 적긴 하지만 주주들은 이건희 회장의 경영에 크게 불만이 없는 상태입니다. 장하준 교수는 우리가 삼성을 지켜줘야 한다고 말하지만 정작 삼성 총수 일가는 딱히 위협을 느끼지 않는 것처럼 보이죠.

물론 이건희 회장의 고민이 없는 건 아닙니다. 후계 구도 관련 이슈는 2007년 삼성 특별검사 이후 대부분 면죄부를 받은 상태지만 재산 상속은 여전히 심각한 문제입니다. 상속세를 제대로 내면 이재용 부회장 등의 지분이 반 토막 날 수도 있기 때문이죠. 상속세를 줄여준다거나 상속세를 내고도 지배력이 흔들리지 않도록 해준다면 타협의 지점을 찾을 수는 있겠지만 그 정도로 절박해 보이지는 않습니다.

이건희 회장은 그동안 사회적 대타협보다는 정부 관료와 국회의원들을 각개 포섭하고 매수해 리스크를 줄이는 전략으로 버텨왔습니다. 그게 비용은 적게 들면서 효과는 확실했기 때문이죠. 결국 이건희 일가는 아무것도 양보하지 않았지만 원하는 것을 거의 다 얻었죠. 장하준 교수의 사회적 대타협론은 이건희 일가를 압박해서 끌어낼 확실한 수단이 없다면 막연한 탁상공론에 그칠 수도 있습니다.

9장에서 다시 구체적으로 살펴보겠지만 이재용 부회장의 상속 프로젝트는 이미 마무리 단계에 접어들었습니다. 이미 삼성그룹의 헤게모니가 이재용 부회장을 중심으로 재편돼 있는 상태죠. 당장 이건희 회장이 세상을 뜬다 해도 이재용 부회장이 그 자리를 고스란히 물려받는 데 딱히 걸림돌은 없습니다. 몇 가지 중요한 변수가 있기는 하지만 삼성 안팎의 분위기를 보면 이재용 부회장은 아직 상황을 낙관하고 있는 것 같습니다.

주주 자본주의를 경제민주화로 포장하지 마라

장하준 교수의 아이디어는 정승일 대표가 2013년에 쓴 《굿바이 근혜노믹스》에서 좀 더 구체화됩니다. 정승일 대표는 장하준 교수의 이론에 살을 붙이는 작업을 함께해왔지만 단독 인터뷰 형식의 이 책에서 좀 더 신랄하고 시원시원하게 주류 경제학자들을 비판합니다. 정승일 대표는 김상조 교수 등을 겨냥해 "주주 자본주의 방향의 재벌 개혁과 금융 개혁을 경제민주화라는 명목으로 정당화하는 데 앞장섰다"고 독설을 쏟아냅니다.

장하준 교수의 삼성 특별법에 대한 아이디어도 좀 더 구체화되어 있습니다. 독일에서는 기업의 창업자가 경영권 주식을 자식에게 상속할 경우 세금 공제율이 85~100%에 이르는데요. 사실상 상속세를 거의 안 낸다는 이야기죠. 한국은 30억 원이 넘으면 50%, 경영권이 포함되면 최대 65%를 내야 합니다. 한국에서도 상속세를 감면해주는 조건으로 사회적 의무를 준수하도록 하는 거래가 가능할 거라는 게 정승일 대표의 주장입니다.

정승일 대표가 여전히 사회적 대타협론에 미련을 버리지 못하는 건 이건희·이재용 일가가 물러날 경우 그 자리를 주주 자본주의가 차지하게 될 거라고 보기 때문입니다. "금산분리 강화해서 삼성생명이 가진 삼성전자 지분을 날려버리고 상속증여세법 제대로 적용해서 총수 지분 날려버리고 기관 투자자들 의결권을 강화하고 소액 주주 권한도 강화하면 남는 게 뭘까요. 주식 펀드들의 절대적인 지배권이 확립되는 것뿐입니다."

정승일 대표는 "개혁론자들이 주장하는 재벌 개혁은 경제민주화가 아니며, 오히려 생산수단의 사적 소유를 통한 노동자 착취와 시장의 무정부성 같은 경제민주화의 핵심적 사안들로부터 주의를 분산시키는 반민주적 행위"라고 비판합니다. "주주 자본주의 원리에 따른 재벌 개혁은 수익성 및 주주이익 지상주의와 이에 따른 고용 없는 성장과 비정규직 양산, 인건비와 하청 단가의 삭감, 청장년 실업과 빈곤층의 만연 등을 낳게 된다"는 거죠.

장하준 교수 등과 《쾌도난마 한국경제》와 《무엇을 선택할 것인가》 등을 집필했던 이종태 〈시사인〉 기자는 한 강연회에서 "신자유주의가 태양계라면 금융 자본주의는 태양계의 핵심인 태양"이라면서 "비정규직 노동자의 노조 설립이나 최저임금 인상, 하청기업의 집단교섭권 부여, 공정거래위원회 강화, 소비자 권리 강화 등의 재벌 규제 방안 역시 금융 자본주의를 규제하지 않고는 해결할 수 없다고 본다"고 밝히기도 했습니다.

장하준 교수의 주장은 단순 명쾌합니다. 재벌 체제에 문제가 없는 건 아니지만 재벌보다 금융 자본주의가 한국 경제를 망치는 훨씬 더 위험한 요인이라고 보는 겁니다. 그래서 재벌 규제 역시 금융 자본주의 규제의 큰 틀에서 이뤄져야 한다는 거죠. 금융 자본주의 주도의 재벌 개혁이 더 위험하다고 보기 때문입니다. 그래서 재벌과 타협하고 재벌을 내세워 금융 자본주의에 맞서도록 해야 한다는 주장도 나오는 것이죠.

장하준 교수를 비판하는 사람들은 재벌 개혁에 딴죽을 건다며 "재벌의 하수인"이라는 표현까지 서슴지 않습니다. 물론 장하준 교수도 참여연대의 소액주주 운동을 "신자유주의의 앞잡이"라고 비판했었죠. 장하준 교수는 재벌 옹호론자라는 비판을 감수하면서 계속해서 질문을 던져왔습니다. 재벌을 해체하고 공정한 시장 질서를 도입하는 게 과연 최선인가, 공정한 시장 질서라는 게 과연 국가적으로도 이로운 것일까 하는 질문 말이죠.

재벌 말로 까지 마라, 당신은 이렇게 돈 벌어봤나

장하준 교수와 함께 《주식회사 한국의 구조조정 무엇이 문제인가》라는 책을 썼던 신장섭 교수도 장하준 교수처럼 재벌주의자라는 딱지를 달고 다닙니다. 김우중 전 대우그룹 회장을 인터뷰해 《김우중과의 대화》라는 책을 펴내기도 했죠. 《한국 경제, 패러다임을 바꿔라》라는 책을 보면 장하준 교수의 아이디어 상당 부분이 신장섭 교수와 공명을 일으키고 있다는 사실을 확인할 수 있습니다. 역시 인

사이트와 발상의 전환으로 가득 찬 책입니다만 논쟁의 여지도 많습니다.

신장섭 교수는 먼저 재벌이 한국에만 있는 특수한 사업 조직이라는 건 편견이라고 지적합니다. 물론 옥스퍼드 사전에는 '재벌chaebol'이 "한국의 대기업 형태, 가족 경영을 중심으로 폐쇄적인 소유와 경영, 지배가 특징"이라고 풀이되어 있습니다. 흔히 대기업 집단 또는 복합기업을 'conglomerate'라고 쓰는데 그러니까 재벌은 한국판 대기업 집단이라는 의미로 쓰입니다. 가족 소유라는 게 다를 뿐 대기업 집단 자체는 보편적인 현상이라는 이야기입니다.

일본에는 미쓰이나 미쓰비시, 스미모토 같은 자이바쓰[財閥] 기업들이 2차 세계대전 직후 해체된 뒤 게이레쓰[系列] 형태로 남아 있습니다. 도요타나 히타치그룹도 수직 계열화된 대기업 집단이고요. 미국과 유럽에는 콘체른과 트러스트 구조의 대기업 집단이 많습니다. 프랑스의 패션 브랜드 루이뷔통은 LVMH그룹 계열사죠. 크리스챤디올과 태그호이어, 지방시, 겐조, 갤랑 등의 명품 브랜드가 모두 LVMH그룹 소속입니다.

이탈리아에는 피아트그룹이 있고 독일에는 지멘스그룹이나 보쉬그룹이 있습니다. 미국에도 듀폰이나 포드는 아직도 창업자 일가가 경영에 관여하고 있습니다. GM의 쉐보레나 폰티악, 캐딜락, 뷰익 등은 모두 독립된 회사였는데 지금은 독립된 사업부 체제로 굴러갑니다. 개발도상국에는 재벌식 경영이 보편화되어 있습니다. 중국에는 시틱그룹이나 레노버그룹이 있죠. 말레이시아에는 르농그룹, 필리핀에는 아얄라그룹, 멕시코에는 카르소그룹이 있습니다.

정경유착을 잘해야 경제가 성장한다

대기업 집단이라는 게 과거에나 가능했고 지금은 개발도상국에나 있는 것 아니냐고 생각할 수도 있겠지만 신장섭 교수는 오히려 개별 기업이 전문적인 경영을 한다고 생각하는 게 편견이고 착각일 수 있다고 지적합니다. 재벌 체제가 일탈이 아니라는 겁니다. "개별 기업들이 시장을 통해 외부거래를 한다면 그룹경영은 위계를 통해 내부거래를 한다"는 논리인데요. 오히려 내부거래가 범위의 경제라는 이점을 활용할 수 있기 때문에 효율적이라는 겁니다.

내부거래가 재벌 체제의 장점이다? 심지어 가족 경영이 전문 경영보다 효율적이라고도 말합니다. 신장섭 교수의 주장은 낯설고 파격적인 걸 넘어 의구심까지 불러일으킵니다. 이 사람도 재벌주의자인 건가. 그렇지만 신장섭 교수를 뒤에 살펴볼 윤창현 교수 등 우파 경제학자들과 같은 선에 놓고 보기는 어렵습니다. 시장주의자들이 국가의 개입을 배제하는 것과 달리 신장섭 교수는 시장과 정부의 이분법을 벗어나자고 제안하기 때문입니다.

"우리의 경제 의식에는 시장이 효율적이고 정부는 그렇지 않다는 생각이 부지불식간에 자리잡고 있습니다. 공기업은 원칙적으로 민영화해야 하는데 어쩔 수 없는 것들만 정부가 소유해야 한다는 편견도 있습니다. 현실을 들여다보면 시장이 효율적일 때도 있고 정부가 효율적일 때도 있습니다. 시장이 실패할 때도 있고 정부가 실패할 때도 있고요. 중요한 것은 시장과 정부가 현실에서는 항상 맞물려 있다는 사실을 인정하는 겁니다."

이를테면 신장섭 교수는 "정경유착을 잘해야 경제 발전이 빨라진다"고 주장합니다. 내부거래는 나쁜 것, 정경유착도 나쁜 것, 금융과 산업은 분리돼야 하고, 경제력 집중도 해소돼야 하고, 그렇게 흑백논리로 재단하는 게 현실에서는 도움이 안 된다는 겁니다. "원칙적으로는 정경유착을 뿌리 뽑는 게 맞지만 경제인들의 사익 추구가 공익의 범위에서 이뤄질 수 있도록 하는 책임은 정치인과 관료들이 지는 게 맞다"는 지적은 핵심을 찌릅니다.

유착이라는 표현 때문에 강한 거부감이 들긴 하지만 시장이 혼자서 작동하지 않고 항상 정부의 정책과 연동된다는 사실을 감안하면 정경유착을 완전히 뿌리 뽑는다는 것도 불가능하다는 데 동의할 겁니다. 정부 규제가 특정 이익집단의 이해관계에 따라 고무줄처럼 적용되고 변형되는 게 오히려 문제라는 거죠. 정치와 경제를 분리할 게 아니라 정부가 시장에 좀 더 주도적으로 개입하되 공공성의 기준이 있어야 한다는 이야기입니다.

정승일 대표도 비슷한 이야기를 했죠. "여러 업종에 걸친 계열사들을 거느린 기업집단은 일본과 독일, 스위스, 프랑스, 스웨덴 등 어디에서도 흔히 볼 수 있는 현상이고 비정상이 아닐뿐더러 반드시 축소시키거나 해체하려 애쓸 필요가 없다"는 겁니다. 정경유착이나 도덕적 해이는 사라져야 할 병폐지만 기업그룹의 장점은 살리되, 총수 일가의 법률적 도덕적 무책임성의 문제를 해결하는 데 초점을 맞춰야 한다는 이야기입니다.

사다리 걷어차기, 자기네들은 다 했던 것들

장하준 교수가 쓴 《사다리 걷어차기》를 보면 선진국들은 보호 관세와 정부 주도의 산업 정책으로 성장을 이뤘으면서 후진국들에게는 자유 방임과 시장 경제를 강요합니다. 자기네들이 딛고 올라온 사다리를 걷어찬다는 이야기인데요. 신장섭 교수도 비슷한 이야기를 합니다. "글로벌 스탠더드라는 것도 세계 경제의 헤게모니를 쥐고 있는 집단들이 자신들의 이해를 관철시키는 데 바람직하니까 만들어놓고 따라오도록 요구하는 것"이라는 겁니다.

신장섭 교수는 가족 경영이 전문 경영보다 경영 성과가 좋은 이유를 2가지로 정리합니다. 첫째, 가족 경영은 좀 더 장기적인 안목에서 사업을 할 수 있습니다. 반면 전문 경영인은 임기 안에 실적을 내야 하죠. 30년을 내다보는 경영과 3년 안에 성과를 내야 하는 차이죠. 둘째, 가족 경영은 주주가 경영자와 신뢰 관계를 형성하고 감시감독을 하는 데 드는 비용을 크게 줄일 수 있습니다. 경영자가 곧 주주니까 주주 중심 경영이 가능하다는 이야기죠.

물론 가족 경영의 문제가 없는 건 아닙니다. 제왕적 경영으로 전문 경영인의 사기를 떨어뜨리거나 검증을 거치지 않고 가족이라는 이유로 무능력한 창업자의 아들이나 손자가 최고 경영자가 되는 경우도 있겠죠. 신장섭 교수는 "가족 경영과 전문 경영은 각각 장단점이 있지만, 전반적으로 가족 경영의 성과가 더 좋다"면서 "한국에서는 실증이 제대로 없는 상태에서 전문 경영을 유도하는 게 바람직하다는 도그마가 자리 잡고 있는 것 같다"고 말합니다.

● **김상조**_ 한성대학교 무역학과 교수, 경제개혁연대 소장

part 3

지배구조 개선이
천민 자본주의 극복의 첫걸음

김상조의 삼성 사용설명서

주주 자본주의보다 총수 자본주의가 더 문제다.

무능력한 관료에 기대할 건 없고

시장에 맡겨두는 게 효율적이다.

김상조 교수는 장하준 교수가 "신자유주의의 앞잡이들"이라고 비난했던 바로 그 소액주주 운동을 주도했던 참여연대 핵심 브레인 가운데 한 명이었습니다. 장하준 교수와는 접근 방식이 전혀 다릅니다. 장하준 교수가 주주 자본주의를 한국 경제의 최대 위험 요인이라고 보는 것과 달리 김상조 교수는 오히려 주주 자본주의가 제대로 작동해야 경제민주화를 이룰 수 있다는 입장입니다.

경제민주화라는 개념을 두 사람이 전혀 다르게 사용하고 있다는 걸 발견할 수 있는데요. 장하준 교수는 "주주 자본주의 관점에서는 국민과 경제 전체가 불행해지는 경영이라 하더라도 주주들만 행복하면 된다"고 비판합니다. 그런데 김상조 교수는 "한국 재벌은 주주 자본주의가 아니라 천민 자본주의"라고 규정하고 "재벌을 주주 자본주의라는 논리로 옹호하거나 비판해서는 안 된다"고 주장합니다.

정승일 대표는 "재벌 개혁은 경제민주화와 무관하다"면서 "재벌은 경제 성장을 위한 시스템이었고 그런 경제 성장 자체는 경제민주화와 어긋난다고 볼 수 없다"고 지적한 바 있습니다. 장하준 교수도 "박정희가 시장주의와 거리를 뒀기 때문에 시장주의를 민주주의로 착각하고 고집하고 있는 게 아닌가 하는 생각이 든다"고 말하기도 했습니다. 경제민주화라는 이름으로 재벌 개혁과 주주 자본주의를 도입하려는 시도에 반대한다는 입장이죠.

물론 김상조 교수도 주주 자본주의가 아무런 문제가 없는 전가의 보도라고 주장하지는 않습니다. "주주가 기업의 잉여에 대한 독점적 권리를 주장하기 위해서는 전제 조건으로 여타 이해관계자들의 법적·계약적 권리가 충실히 보장되어야 한다"고 여지를 남겨두는데요. 주주 자본주의와 이해관계자 자본주의가 대립되는 개념이 아니고 어느 한 쪽이 옳다고 보기 어렵다는 이야기입니다.

김상조 교수는 "흔히 주주 자본주의는 주주의 이익만 고려하기 때문에 도덕적으로 정당하지 못하다고 비판하는데 이 말은 반만 맞고 반은 틀리다"고 지적합니다. 주주 자본주의라고 해서 주주가 모든 걸 다 갖는다는 의미가 아닌 것처럼 이해관계자 자본주의 역시 권리에 따른 책임을 감수해야 한다는 건데요. 경영에 참여하고 책임을 공유하게 되면 이해관계자로서의 권리를 양보해야 하는 상황이 있을 수도 있고요.

"투명성과 책임성의 원칙이 확립되어 있지 않은 상태에서 이해관계자들을 배제한 주주 자본주의는 천민 자본주의가 될 뿐이고 연대의 원리에 기초한 이해관계자 자본주의는 좋은 게 좋은 정실 자본주의가 될 뿐"이라는 지적도 흥미롭습니다. 논점을 약간 뭉뚱그리는 느낌인데요. "주주 자본주의와 이해관계자 자본주의 가운데 어느 쪽을 선택하든 개인의 가치관·세계관의 문제지만 선택하는 것과 제대로 작동시키는 건 별개의 문제"라는 이야기입니다.

이해관계자 자본주의,
한국에선 오히려 더 위험하다

김상조 교수의 구분에 따르면 보수 진영에서는 감세와 작은 정부의 당위성, 개방에 따른 국민경제 전체의 이익, 노동시장 유연화를 요구하는데 여기까지는 전형적인 영미식 주주 자본주의 모델이라고 할 수 있겠죠. 그런데 금융산업 분리가 아니라 결합을 요구하고 자본시장보다 은행의 역할이 더 중요하다고 강조하고 외국 자본의 위협에 맞서 경영권 방어 장치가 필요하다고 주장할 때는 유럽식 이해관계자 자본주의 모델을 끌어들입니다.

문제는 필요에 따라 주주 자본주의와 이해관계자 자본주의를 뒤섞고 있지만 이런 이질적인 구성요소를 하나의 체제로 통합하는 원리가 없다는 거죠. 실행 가능성도 낮고요. 김상조 교수는 "여기에 답을 내놓지 못한다면 보수가 아니라 일말의 기득권도 내려놓지 않겠다는 수구일 뿐"이라고 지적합니다. 이런 비판은 장하준 교수 등에게도 적용할 수 있습니다. 제도적 상호 보완성에 대한 고민이 부족하다는 거죠.

김상조 교수는 2012년에 출간한 《종횡무진 한국경제》에서 장하준 교수의 사회적 대타협론을 정면으로 비판한 바 있습니다. 김상조 교수는 이 책에서 "내가 대타협 주장에 선뜻 동의하지 못하는 이유는 그 목적지가 틀려서가 아니라 거기에 도달할 현실적인 방법을 찾기가 어렵기 때문"이라고 설명합니다. 재벌을 압박해서 타협을 끌어낸다 하더라도 나중에 말을 바꾸면 제재할 수단이 없다는 이야기입니다.

애초에 한국의 재벌 총수 일가가 노동자들을 협력 파트너로 인정할 거라고 기대하기가 어렵다는 이야기죠. 김상조 교수의 표현에 따르면 "정치인과 관료들을 구워삶아 그 알량한 규제마저 없애버리는 쪽을 선택해왔기 때문"입니다. 출총제니 금융산업 분리니 하는 규제가 직접적인 위협이 안 된다는 이야기죠. 그리고 "더 큰 문제는 한국의 노동운동 진영이 재벌 총수의 일탈 행위를 제재할 힘을 갖추지 못했다는 데 있다"는 겁니다.

IMF 이후 기업 구조조정을 보는 관점도 다릅니다. "재벌을 해체하면 해외 투기자본 좋은 일만 시키게 된다"는 장하준 교수의 주장과 달리 김상조 교수는 "기업 지배구조 개선이 제대로 안 된 것이 문제"라는 입장입니다. "정부가 커튼 뒤에서 채권 은행의 팔을 비트는 방식으로 개입했고 지배구조 개선의 기본 원칙인 투명성과 책임성을 훼손하는 결과를 가져왔다"는 지적인데요.

스웨덴 모델에 대해서도 시니컬한 반응을 보입니다. 김상조 교수는 경제개혁연대 논평에서 "스웨덴의 상위 50대 기업의 설립년도를 살펴보면, 1970년 이후 신설된 기업이 하나도 없다"면서 "이런 경직된 구조 또는 역동성의 상실이 스웨덴 경제의 심각한 문제로 지적되고 있다"고 지적한 바 있습니다. 스웨덴 모델은 인구 900만

명의 스웨덴 규모에서나 가능한 모델일 뿐 한국은 경제력 집중을 억제할 필요가 있다는 이야기입니다.

관료를 믿느니
시장에 맡겨두는 게 낫지

김상조 교수가 유종일 교수, 홍종학 교수 등과 2007년에 함께 쓴《한국경제 새판짜기》는 형식이나 내용으로 볼 때《쾌도난마 한국경제》에 대항해서 만든 책이라고 할 수 있습니다. 사회적 대타협론을 정면으로 반박한 부분이 눈길을 끄는데요. 홍종학 교수는 "국가기구와 관료기구의 공공성이 담보되지 않는다면 장하준 교수 등이 제시한 대안은 사회민주주의로 가는 게 아니라 국가사회주의로 귀결될 수 있다"고 경고하기도 했습니다.

홍종학 교수는 "재벌에게 당근을 준다면 그에 걸맞은 통제 수단도 확보해야 한다"면서 "스웨덴 모델이라는 것도 대기업 체제를 인정하는 대신 무거운 세금을 물리고 경영 투명성을 보장하는 체제가 됐기 때문에 가능했다"고 강조한 바 있습니다. 결국 정치적 조건이 갖춰져야 사회적 대타협도 가능할 거라는 이야기입니다. 스웨덴은 노동조합 가입률이 85%에 육박했죠. 한국은 10%도 채 안 됩니다.

"스웨덴에서 사회민주주의 정부가 등장하면서 재벌도 협상 테이블에 나올 수밖에 없게 됐죠. 협상을 안 하겠다고 하면 큰일이 날 테니까요. 정부가 사기업을 모두 국유화하겠다고 할 수도 있으니까요. 스웨덴 같은 경우도 사실은 정치적 상황이 변했기 때문에 가능했던 것 아니겠습니까. 사회민주주의가 등장하면서 덜컥 겁이 난 겁니다. 국유화를 받아들여야 하는 상황보다는 사유재산을 유지하면서 사회적 협약을 통해 주고받는 게 낫겠다는 계산이었겠죠."

김상조 교수는 "장하준 교수 등은 개별 경제 주체들의 단기적 이해충돌이 벌어지는 현실을 은폐하고 정부가 이를 권위주의적으로 조정하던 단계가 지났다는 사실을 간과하고 있다"고 지적합니다. 같은 글에서 "기업집단의 장점 이면에 숨어 있는 이익 향유의 주체와 손실 부담의 주체가 달라지는 문제에 관한 경제적 또는 사회적 통제 장치를 어떻게 만들 것인가를 고민해야 한다"고 강조합니다. 또한 "장하준 교수가 구상하는 모델은 정부가 산업정책을 설계하고 은행을 통해 집행함으로써 정부가 재벌을 비롯한 대기업의 경영에 사전적 조정자와 사후적 감시자 역할을 하는 시스템인데 이런 전제 조건 가운데 가장 결여돼 있는 게 관료 시스템"이라고 지적합니다. "과연 한국의 관료 시스템이 시장보다 뛰어난 능력을 갖추고 국민의 신뢰를 받을 수 있는 공공성의 담지자인지 의문"이라는 이야기죠.

결국 관료를 믿느니 시장에 맡겨두는 게 낫다는 이야기가 될 텐데요. 이 지점에서도 근본적인 관점의 차이를 발견할 수 있습니다.

김상조 교수는 "경제 주체들의 이해 충돌을 정부가 권위주의적으로 조정하던 단계는 이미 지났다"고 규정합니다. 홍종학 교수도 "IMF 외환위기 때도 민주화의 결과 비민주적이고 비시장적인 방식으로 기업의 부실 문제를 해결할 수 없다는 사실이 입증됐다"면서 "이제 다시는 과거로 돌아갈 수 없다"고 못을 박습니다.

흥미롭지 않습니까. 김상조 교수 등은 정부의 개입과 민주화를 상반되는 개념으로 쓰고 있습니다. 정부의 개입 없이 시장에 맡겨두면 그게 민주화라는 건데요. 결국 민주화의 주체를 시장으로 보고 있다는 이야기가 됩니다. 이들은 국가에 대한 강한 불신을 드러내면서도 시장의 효율에 대해서는 아무런 의심도 하지 않습니다. 시장 근본주의까지는 아니겠지만 시장원리가 늘 최선이라는 도그마를 부정할 의지가 없는 것처럼 보입니다.

흥미로운 대목은 경제적·사회적 통제 장치를 이야기하면서도 그게 국가 권력은 아니라고 못을 박고 있다는 겁니다. 유종일 교수도 "이해관계의 권위주의적인 조정이 불가능해졌다는 게 외환위기의 한 측면"이라면서 "외환위기 이후 개혁의 가장 중요한 축이 시장적인 방법에 의한 부실 처리 메커니즘을 확립하는 것이었다"고 강조합니다. 정부는 물러나 있고 시장에 맡겨두면 다 해결된다는 겁니다. 시장을 잘 굴러가게 만드는 게 정부의 역할이라는 거죠.

1인 1표와 1원 1표가 공존하는
경제민주화

장하준 교수는 정부의 주도적인 개입과 산업 정책으로 주주 자본주의를 극복해야 한다고 주장하는데 김상조 교수와 김기원 교수 등은 외부 통제 장치를 강화하는 게 재벌 체제를 극복하는 유일한 대안이라고 주장합니다. 기업 지배구조 개선은 시장에 맡기고 정부는 물러나서 개입하지 말고 감독만 하라는 건데요. 김상조 교수가 말한 외부 통제 장치 가운데 하나가 소액주주 운동이고 이를 확대한 게 주주 행동주의라고 할 수 있습니다.

김상조 교수는 "기관 투자자들이 상당한 지분을 장기간 보유하면서 경영진에 압력을 가하는 주주 행동주의를 실현할 때 비로소 이사회 중심의 내부 통제 장치가 효과적으로 작동할 수 있다"고 지적합니다. 심지어 "적대적 M&A를 활성화해서 시장 규율을 강화해야 한다"는 주장도 서슴지 않습니다. 주주 자본주의가 늘 옳은 건 아니라고 말하면서도 기본 바탕에 주주 자본주의를 깔고 이야기를 풀어 나갑니다. 금융위원회와 공정거래위원회 등 감독 기구에 의한 행정 규율이나 주주 대표 소송 등을 통한 사법 규율도 강조하지만 시장 규율이 기본이고 행정 규율이나 사법 규율은 시장의 한계나 실패를 보완하는 역할입니다. 김상조 교수는 "1997년 이래 경제개혁연대의 소액주주 운동이 지배구조 개선의 필요성에 대한 인식을 확산시키는 데 크게 기여했다"고 스스로 평가합니다. 이 지점에서 장하준 교수와 김상조 교수의 차이가 확연하게 드러나죠.

두 사람의 논쟁에서 우리는 주주 자본주의를 둘러싼 근본적인 인식의 차이를 발견할 수 있습니다. 김상조 교수는 "법으로 보장된 소수 주주권이라는 가장 자본주의적인 운동 수단을 활용해 자본에 내재된 문제점을 예리하게 비판할 수 있게 됐다"고 의미를 부여하지만 장하준 교수는 "주주 자본주의가 자리 잡으면 기업의 장기 투자가 어려워지고 장기적 목표보다는 경영권 방어에 더 힘을 써야 하는 상황이 된다"고 비판합니다.

김상조 교수는 2007년 참여사회연구소에서 펴낸 《세계화 시대 한국 자본주의》에 실린 글에서 장하준 교수의 소액주주 운동 비판에 입장을 밝힌 바 있습니다. 김상조 교수는 "다양한 이해관계자 가운데 소액주주는 기업 지배구조 개선을 위해 장기적으로 헌신할 유인이 가장 취약한 주체"라며 "소액주주 입장에서는 목소리를 내기보다는 주식을 팔고 탈출하는 게 보다 합리적인 행동이기 때문"이라는 사실을 인정합니다.

이름이 소액주주 운동일 뿐 참여연대가 주도했던 소액주주 운동에서 소액주주들은 주체로 나서지 못했고 배당을 늘리라는 등의 요구로 주식시장의 큰손들, 기관 투자자들과 외국계 펀드들이 훨씬 더 큰 혜택을 봤던 게 사실입니다. 경제민주화라고 포장을 했지만 1원 1표의 시장원리와 주주 자본주의를 한국 경제에 뿌리내리는 결과를 불러왔다고 평가할 수 있습니다. 돈 많은 사람이 더 많은 권리를 갖는 걸 경제민주화라고 부르기는 좀 애매하죠.

그러나 김상조 교수는 "주주 행동주의의 가치를 이념적인 이유에서 거부하는 것은 진보의 주요한 수단을 버리는 결과를 가져올 것"이라고 반박합니다. 주주 행동주의를 자본 권력에 맞서는 진보의 도구로 활용하라는 말일 텐데요. "주주 행동주의를 근본적으로 부정하는 것은 금융 자유화 및 금융 세계화의 시대적 조류에 역행하는 것인 만큼 그 논리의 정당성 여부를 떠나 일국적 노력만으로 한계가 있을 수밖에 없다"고 강한 소신을 드러냅니다.

김상조 교수는 "외환위기 이후 10여 년 동안 진행된 영미식 주주 자본주의 모델에 입각한 기업 지배구조 개선 노력이 실패했다고 평가하더라도 이것이 곧 유럽대륙식 이해관계자 자본주의 모델 또는 그 어떤 제3의 모델을 기반으로 한 개혁 모델이 더 나은 결과를 가져왔을 것임을 보장하지는 못한다"고 강조합니다. "지배구조 개선은 혁명revolution이 아니라 진화evolution의 문제"라는 거죠.

주주 자본주의가 아니라 총수 자본주의다

이쯤에서 김기원 교수의 주장도 눈여겨 볼 필요가 있습니다. 한국은 주주 자본주의가 아니라 총수 자본주의라는 게 김기원 교수의 주장인데요. "장하준 교수가 삼성 문제를 헛짚었듯이 참여연대 활동도 제대로 따져보지 않고 비판하고 있다"고 불편한 감정을 드러냈습니다. 〈프레시안〉기고에서는 "장하준 교수는 국가와 재벌이 짝짜꿍이 되었던 박정희 시대가 정치적 독재 빼고는 너무나 좋은 시대였다고 생각하는 것 같다"고 냉소적인 평가를 쏟아내기도 했습니다.

그는 장하준 교수가 한국 현실, 특히 재벌에 대해 잘 모른다고 면박을 주기도 했는데요. 장하준 교수가 2011년 인터뷰에서 경영권 세습을 인정할 테니 노동조합을 인정하고 이사회에 정부와 노동조합, 시민단체 등을 참여시키라고 주장한 것과 관련, 이미 삼성 특검 이후 경영권 세습 문제는 끝났다는 거죠. 김기원 교수는 "노조 인정 등등 다 좋은 말씀인데 우선 상황 파악부터 제대로 했으면 좋겠다"고 쏘아붙입니다.

김기원 교수는 소액주주 운동에 대한 공격에도 불편한 심기를 드러냅니다. 장부 조작하고 회사 돈 빼돌리는 총수를 고발하는 시민단체 활동이 뭐가 잘못됐다는 말이냐는 건데요. "소액주주들이 배당금을 높이도록 요구한다고 하지만 적어도 한국에선 소액주주가 그럴 힘도 없고 배당금보다 주가차익에 훨씬 관심이 많다"고 항변하기도 합니다. "일반 주주들 압력 때문에 노동자를 대량 해고한 사례는 찾기 힘들다"는 반박도 설득력이 있죠.

물론 참여연대가 주주총회를 앞두고 우호 지분을 모을 때 외국계 펀드가 참여한 적은 있었지만 그게 뭐 비난 받을 일이냐고도 반박합니다. 정체 불명의 외국 자본이 국내 기간산업을 주무르는 건 문제가 있지만 모든 외국 자본을 마녀사냥해서는 안 된다는 게 김기원 교수의 주장입니다. 그는 "시장과 주주를 우상숭배해선 곤란하겠지만 그렇다고 그들을 우습게 보거나 죄인 취급해서도 곤란하다"고 선을 긋습니다.

김기원 교수가 2011년 창비주간논평에 쓴 글도 화제가 됐습니다. "장하준 교수는 소액주주들이 배당금을 높이도록 요구한다고 하지만 적어도 한국에선 소액주주가 그럴 힘도 없고 배당금보다 주가차익에 훨씬 관심이 많다"는 거죠. 주가가 빠질 것 같으면 그냥 팔고 떠나면 되니까요. 배당성향이 높아졌다고 하지만 사실 1970년대에는 더 높았고 주주 자본주의 때문에 노동자들을 착취하는 게 아니라 과거에는 더 함부로 노동자들의 목을 쳤죠.

김기원 교수는 "장하준 교수는 참여연대 공격에서 재벌들과 보조를 맞췄다"면서 "아마도 참여연대가 외국 자본과 한통속이 아닌가 하는 의심이 작용한 것 같은데 이는 장하준 교수가 삼성 문제를 헛짚었듯이 참여연대 활동을 제대로 따져보지 않은 결과"라고 비판합니다. 참여연대가 소액주주들의 위임장을 모을 때 외국 자본이 참여한 적은 있지만 그게 비난할 일이냐고도 반박합니다. 모든 외국 자본을 마녀사냥해서는 안 된다는 거죠.

개혁에 관심 없는 장하준은 '수구 진보'

김기원 교수는 오히려 "민족주의 감정을 악용해 부패하거나 무능한 재벌 총수의 문제를 덮어서는 안 된다"고 강조합니다. 총수의 문제를 덮으면 오히려 재벌의 부도 확률을 높여 외국 자본에 기간산업을 넘기는 잘못된 결과를 초래할 수도 있다는 거죠.

또한 진보와 보수라는 기준과 별개로 개혁과 수구라는 구분이 필요하다고 제안합니다. 진보와 보수를 국가와 시장의 역할을 보는 관점의 차이로 구분한다면, 개혁과 수구는 시장의 투명성과 공정경쟁, 그리고 국가의 민주성과 효율성을 보는 입장 차이로 구분할 수 있겠습니다. 김기원 교수가 보기에 장하준 교수는 진보지만 정작 개혁에는 관심이 없는, 오히려 수구에 가깝다는 비판입니다. 직접적으로 "수구 진보"라는 표현까지 씁니다.

김기원 교수는 "시장만능주의와 주주 자본주의를 프로크루스테스의 침대(그리스 신화에 나오는 무자비한 강도. 길 가는 사람을 잡아다 쇠침대에 눕혀 침대 길이보다 짧으면 다리를 늘이고, 길면 잘라버렸음—편집자 주)처럼 다루는 단순한 환원론으로부터는 올바른 해법이 나올 수 없다"고 지적합니다. 재벌 개혁이 결과적으로 주주 자본주의를 강화하는 측면이 있다고 하더라도 이런 이유로 재벌 개혁을 시장만능주의로 매도하거나 재벌 개혁을 포기하고 재벌과 손을 잡아서는 안 된다는 가이드라인을 제시하고 있는 것이죠.

김기원 교수는 삼성을 소인국의 걸리버로 비유하기도 했습니다. "다른 소인국과 전쟁할 때는 큰 역할을 하지만 술에 취하거나 나쁜 마음을 먹으면 국가 전체에 커다란 위협이 된다"는 이야기입니다. 걸리버는 추방할 수 있지만 삼성은 추방할 수도 없다는 게 차이죠. 그래서 김기원 교수는 "술에 취하지 않게 하는 일 못지않게 삼성이 나쁜 마음 먹지 않게 하는 일도 중요하다"고 강조합니다. 삼성의 덫에서 벗어나야 한다는 겁니다.

우리가 다시 정권 잡아도
장하준은 안 된다

기대치 않게 정태인 원장도 김상조 교수를 두둔하고 나섰습니다. 정태인 원장은 노무현 전 대통령 시절 청와대 경제수석비서관을 지냈죠. 정태인 원장의 조언은 직설적입니다. "혹시 우리가 다시 정권을 잡더라도 '경영권 보장해줄 테니 세금을 왕창 내서 복지국가 만드는 걸 도와달라'는 장하준 교수의 제안은 일언지하에 거절당할 겁니다. 현재의 제도에서도 재벌들은 충분히 경영권을 방어할 수 있고 또 실제로 그렇게 위협받고 있는 상황도 아닙니다."

정태인 원장이 장하준 교수에게 보내는 공개 편지가 〈프레시안〉

에 기고 형식으로 실렸습니다. 정태인 원장이 "이해 당사자론자인 나와 주주 이론을 채택한 김상조 교수 사이에 현재의 운동 방향에 대한 이견은 조금도 없다"고 밝히는 대목도 재미있습니다. "경제민주화 운동과 복지국가 운동이 같이 가야 한다는 데 한국 대부분의 경제학자들이 동의한다"면서 "추상적인 이론으로 이런 합의를 갈라놓으려 하는 건 지극히 어리석은 일"이라고 못을 박기도 하죠.

정태인 원장은 "나도 노무현 정부에 들어갈 때 막연하지만 스웨덴 모델을 꿈꿨고 지금도 유효하다고 생각한다"면서도 "스웨덴에서 한 일 하나하나를 도입한다고 스웨덴 모델처럼 되는 것도 아니고 삼성이 발렌베리처럼 생동한다거나 민주노총이 스웨덴 노동조합총연맹처럼 커지고 연대임금 같은 획기적이고 상상력 넘치는 연대사업을 할 거라고 가정하는 건 환상"이라고 단호하게 선을 긋습니다.

"한국은 스웨덴처럼 타인과 정부에 대한 신뢰가 높은 사회가 아닙니다. 재벌이 합리적 계산 하에 먼저 임금의 중앙 교섭을 제안하는 상황은 꿈도 꿀 수 없습니다. 수탈할 수 있는데도 타협하는 자본이란 지구상 어디에도 존재하지 않습니다. 극한의 경쟁 속에서도, 나와 내 아이만은 살아남을 수 있다는 헛된 꿈에서 이제 막 깨어난 일반 시민들이 시장 만능주의·주주 자본주의와 재벌의 연관을 직시하게 할 때만 우리가 꿈꾸는 복지 국가도 가능해질 겁니다."

"아무리 이론적으로 뛰어나도 한국과 영국 사이의 커다란 간극을 메울 수 없다"는 대목에서는 잘 모르면 너무 나서지 말라는 냉소적인 분위기도 읽힙니다. 정태인 원장은 〈프레시안〉에 보낸 《무엇을 할 것인가》 서평에서 "장을 넘길 때마다 이맛살이 찌푸려졌다"면서 "어떻게 김상조가 신자유주의자란 말인가? 토빈세(단기성 외환거래에 부과하는 세금-편집자주)의 도입을 긍정적으로 생각하고 한미자유무역협정FTA에 반대하는 시장 만능론자가 있을까? 앞뒤가 안 맞는 경우도 많다"고 지적합니다.

정태인 원장은 "소액주주 운동은 집단 행동의 딜레마에 속하기 때문에 실패할 운명이었다고 할 수 있는데, 한 줌도 안 되는 지식인들의 헌신적인 노력으로 그야말로 혁혁한 성과를 거뒀다"고 평가합니다. 물론 소액주주 운동이 주주 이익 극대화라는 주주 자본주의의 한계에 갇힌 측면도 있지만 이 때문에 케인스주의자인 김상조 교수 등을 신자유주의자로 매도해서는 안 된다는 이야기입니다.

재벌의 독식, 경제력 집중이 문제의 핵심

김상조 교수는 《종횡무진 한국경제》에서 "재벌 정책의 초점이 경제력 집중 억제에서 지배구조 개선으로 옮겨온 데는 의도한 것은 아니지만 나에게도 책임이 있다"고 털어놓기도 했습니다. 소액주주 운동의 주주가치 극대화라는 목표가 지나치게 부각되면서 오해를 불러일으킨 측면이 있지만 여전히 지배구조 개선 못지않게 경제력 집중 억제 역시 중요한 재벌 개혁의 화두라고 생각하고 있다는 이야기겠죠.

그의 주장은 장하준 교수 등이 경제력 집중이 뭐가 문제냐는 반응을 보이는 것과도 대조됩니다. 정승일 대표는 "재벌 그룹의 존재가 경제적 효율성 측면에서 긍정적이라면 굳이 해체하거나 축소시킬 필요가 없다"고 주장하고 있죠. "경제력 집중이 문제가 아니라 집중된 경제력을 어떻게 사회적으로 통제할 것인지가 중요한 문제"라는 이야기일 텐데요. 심지어 "출자총액제한은 빈대 잡자고 초가삼간을 태우는 꼴"이라고 비판하기도 합니다.

김상조 교수는 "재벌이 생산성 향상을 기반으로 국내외 시장에서 점유율을 높여 나가는 것 자체는 비판의 대상이 아니라 오히려 칭찬 받아 마땅하다"면서도 "재벌의 경제력 집중이 시장 지배력 남용의 결과이거나 이를 부추길 가능성이 있다면 이야기는 전혀 다르다"는 입장입니다. 재벌의 경제력 집중이 중소기업의 존립을 위협하고 성장을 가로막아 국민경제의 지속가능한 성장을 위한 선순환 구조를 깨뜨릴 수 있다고 보는 거죠.

장하준 교수 등이 이야기한 자본 파업에 대해서도 견해가 다릅니다. 산업금융이 제 역할을 하지 못하기 때문에 기업의 모험 투자가 줄어들었다는 게 장하준 교수의 주장이라면 김상조 교수는 도덕적 해이가 만연한 상황을 받아들이지 않을 만큼 금융 시스템의 원리가 변했다는 논리로 맞섭니다. 관치 금융의 시대가 끝났기 때문에 투명성과 책임성이 담보되지 않은 상황에서는 금융기관이 나서지 않을 거라는 이야기입니다.

장하준 교수와 김상조 교수 모두 성장은 좋다, 다만 통제가 필요하다는 이야기를 하고 있는데 강조하는 포인트가 서로 다르다는 걸 알 수 있습니다.

장하준 교수는 재벌의 발목을 묶거나 섣불리 힘을 빼기보다는 재벌이 한국 경제의 성장을 견인하도록 추동해야 한다는 입장이라면 김상조 교수는 재벌의 경제력 집중을 규제해야 양극화를 해소하고 경제의 나머지 부분이 성장할 수 있다고 믿는 쪽입니다.

김상조 교수는 "기업 집단이 갖는 장점, 이른바 시너지 효과와 위험 공유 기능은 학자들도 모두 인정하고 있다"면서도 "위험 공유라는 동전의 뒷면에 위험 전가라는 역기능이 있다는 사실을 간과해서는 안 된다"고 지적합니다. 좋은 말로 표현할 때 위험 공유지만 기업 경영이 투명하지 못할 때 위험의 전가가 됩니다. 성장의 효과가 컸을 때는 사회적으로 어느 정도 용납될 수 있었고 성장의 동인이 되기도 했지만 지금은 시대가 달라졌다는 이야기죠.

주주 행동주의,
국내 기관 투자자들이 나서라

김상조 교수는 《종횡무진 한국경제》에서 "나에게 개혁의 방법론에 대해 질문하는 사람이 많은데 그때마다 사실 속으론 뜨끔하다"면서 "언제나 고민을 하고 있지만 정답을 자신할 수 없는 예측 불허의 상황이 계속 전개되고 때로는 내 제안이 너무 근본적이고 경직돼 있지 않나 하는 의문이 들기도 하고, 반대로 너무 온건하고 타협적이지 않나 하는 염려가 생기기도 한다"고 털어놓고 있습니다.

"재벌과 금융 부분 개혁 방안에 확신을 갖고 있다고 하더라도 그것이 재정과 노동, 복지, 언론, 환경, 통일 등의 부분에 어떤 파급 효과를 미칠 것인지 섣부른 예측조차 할 능력이 없다"고 한계를 인정하는가 하면 "지난 10여 년간 진행된 이른바 영미식 주주 자본주의 모델 중심의 지배구조 개선 노력이 후하게 평가되어도 여전히 갈 길이 먼 상황에서 헤매고 있으며, 박하게 평가하자면 정상 궤도를 이탈해 사실상 실패에 이르렀다"고 평가하기도 합니다.

김상조 교수는 한국의 경제학자들 가운데 가장 현실 참여적이면서도 엄격하고 체계적인 논리 전개로 해법을 제시했다고 인정받고 있습니다. 숱한 적을 만들지만 그 적들까지도 김상조 교수를 존중하는 것은 그의 학문적 진정성을 믿기 때문입니다. 홍기빈 소장은 "진보 진영 학자들이 흔히 빠지곤 하는 결함, 즉 미리 정해져 있는 논리와 주장의 틀을 그대로 활용하는 손쉽지만 무책임한 모습을 찾아보기가 힘들다"고 평가하기도 했습니다.

김상조 교수는 "한국에서는 대부분의 기관 투자자가 피투자 기업과 직간접적인 이해관계로 얽혀 있기 때문에 소극적 투자자의 위상을 벗어나지 못하고 있다"면서 "기관 투자자의 적극적 행동을 통한 기업 지배구조 개선은 아직도 갈 길이 멀다"고 답답함을 드러내고 있습니다. 장하준 교수는 정확히 이 지점에서 "기관 투자자들이야말로 주주 자본주의의 핵심적 이해관계자들이라고 할 수 있다"고 반박하고 있는데 말이죠.

김상조 교수는 다만 "국내 기관 투자자가 적극적 주주로 행동 특성을 갖추지 않는 한 한국의 주주 행동주의는 외국 자본에 의해 주도될 수밖에 없다"면서 "외국인 투자자들의 주주 행동주의를 제한하거나 외국 자본에 대한 대항마로 국내 기관 투자자를 육성하는 방안을 생각할 수 있다"고 제안합니다. 여기에 "감시 대상인 산업자본에서 독립된 감시자로서 금융자본을 확립하는 것이 최소한의 조건으로 전제되어야 한다"고 덧붙입니다.

김상조 교수는 외국계 금융자본과 국내 기관 투자자는 다르다고 가정하고 있는데 고객들 돈을 받아 투자해서 이익을 내고 돌려줘야 하는 건 국내나 외국이나 똑같습니다. 외국계 금융자본의 약탈에 맞서 국내 기관 투자자들에게 적극적 주주로서 행동하도록 요구하고 장기적 헌신을 기대하는 게 가능할까요. 외국인 투자자들의 주주 행동주의는 위험하지만 국내 기관 투자자들의 적극적 주주 행동주의는 바람직하고 장려돼야 한다?

김상조 교수는 좀 더 나가서 "우리사주 조합과 노동조합도 주주 행동주의의 주체가 돼야 한다"고 주장합니다. 1%(자본금 1,000억 원 이상 법인의 경우는 0.5%)의 지분만 있으면 사외이사 후보를 추천할 수 있으니 적극적으로 노동자 경영 참가라는 사회적 권리를 행사하라는 이야기인데요. 이 말은 노동자 경영 참여를 요구하려면 주식을 사고 다른 주주들과 동등하게 1원 1표의 권리 행사를 하라는 이야기가 됩니다.

이해관계 충돌 은폐하는
민족주의 정서의 함정

김상조 교수는 "문제는 참여연대가 시장 외부에서 주입한 주주 행동주의의 원리를 시장 내부에서 스스로의 이익을 위해 발전시켜 나갈 새로운 주체를 형성하는 것"이라고 강조하고 있습니다. 적극적 주주로서의 국내 기관 투자자와 기업의 가장 중요한 내부 이해관계자로서의 노동조합이 나서야 한다는 이야기인데요. 이해관계자 자본주의를 주주 자본주의에 대등한 개념이 아니라 주주 자본주의에 종속되는 개념으로 보고 있다는 걸 알 수 있습니다.

김상조 교수는 "특히 한국은 재벌과 국가, 노동조합 등 어느 누구도 자신의 의도를 상대방에게 관철할 수 있는 헤게모니를 갖지 못하면서도 상대방의 의도를 언제라도 좌절시킬 수 있는 비토권만 갖는 상황이 계속되고 있다"고 지적합니다. 민족주의 정서가 한국 사회 역동성의 가장 중요한 원천이지만 이런 정서가 국내적 이해관계의 충돌을 은폐해서는 안 된다는 이야기입니다.

그는 단기적 투기자본의 이동을 제약하는 장치 등 외국 자본에 대한 규제 도입에 반대하지 않지만 금융 자유화 및 금융 세계화의 시대적 조류에 역행해서는 안 된다는 입장을 분명히 하고 있습니다. 국가 주도 산업정책의 필요성을 인정하면서도 그 메커니즘은 어디까지나 시장 기구를 직접 이용하거나 최소한 시장에서 생산되는 정보를 적극 활용하는 방식이어야 한다는 입장이죠.

이해관계자 자본주의와 민족주의적 정서의 결합을 경고한 대목도 눈길을 끕니다. "민족주의 정서가 확산되면 외국 자본에 대항해 국내 자본의 이익을 보호하는 게 공통의 이익이라는 가정을 전제하면서 오히려 이해관계자들 간 충돌의 의미를 부차화하고 이해관계자 자본주의의 성립을 오히려 방해할 가능성이 크다"는 이야기입니다. 그리고 "그 결과가 개인의 이기심에 의존하는 시장 근본주의의 강화로 나타나게 된다"는 건데요. 이를테면 1999년 워크아웃에 들어간 대우자동차를 국유화하자는 제안이 나왔는데 노동조합과 채권 금융기관, 다른 자동차 회사들의 반발로 무산되고 결국 해외에 매각할 수밖에 없는 운명이 됐죠. 이해관계의 충돌을 조정할 수 있는 수단과 경험이 없었기 때문이라는 게 김상조 교수의 분석입니다. 김상조 교수는 "이해관계자 자본주의가 대안이 되려면 오히려 이해관계의 충돌을 드러낼 필요가 있다"고 강조합니다.

김상조 교수는 이해관계자 자본주의를 배격하지는 않습니다. 다만 주주 자본주의와 이해관계자 자본주의를 선악으로 구분해서는 안 된다는 입장이죠. 장하준 교수가 재벌이 아니라 시장 근본주의와 맞서라고 제안하는 것과 달리 김상조 교수는 장하준 교수의 민족주의적 접근이 오히려 국내 이해관계의 충돌을 은폐하고 결과적으로 시장 근본주의로 흐를 수 있다고 경고하고 있습니다. 창과 방패의 대결처럼 정말 팽팽하지 않습니까.

나는 신자유주의가 아니라 구자유주의자

김상조 교수는 2006년 장하성 교수가 장하성 펀드를 만들자 참여연대와 결별하고 경제개혁연대로 떨어져 나옵니다. 김상조 교수는 〈오마이뉴스〉와 인터뷰에서 참여연대 시절 가장 힘들었던 때가 소버린 사태 때였다고 털어놓은 바 있습니다. 소액주주 운동이 결과적으로 해외 투기자본을 도왔다는 누명을 쓰게 된 게 안타까웠다는 이야기인데요. 동시에 장하준 교수 등의 사회적 대타협론에 대해서도 불만을 털어놓고 있습니다.

"우리 사회가 민족주의적 성향이 강화되는 방향으로 갈 것이란 생각은 했는데요. 그런데 진보 진영의 민족주의가 국가주의에 이용되고 이를 뒤집어 보수 진영에서는 이른바 국적 자본을 키워야 한다는 논리로 이용하지 않았습니까. 주주 자본주의가 신자유주의와 가깝다고 비판하지만 유럽식 이해관계자 자본주의라는 것도 국가주의가 될 가능성이 많고, 섣불리 사회적 대타협을 시도하면 중상주의로 흐를 가능성이 높습니다."

김상조 교수는 《종횡무진 한국경제》에서 "한국 경제의 문제는 신자유주의의 과잉 및 구자유주의의 결핍에 있다"고 규정합니다. 신자유주의의 과잉은 너무나도 당연한 문제 제기지만 법치주의와 공정경쟁 질서 확립 등 구자유주의적 과제 역시 절실한데 보수나 진보나 이를 방기하고 있다는 지적이 참신하죠. 김상조 교수는 "신자유주의를 극복하면서 동시에 구자유주의를 확립하는 게 이 시대 한국의 개혁·진보 진영의 과제"라는 결론을 내립니다.

홍기빈 소장은 〈시사인〉에 기고한 《종횡무진 한국경제》와 《무엇을 선택할 것인가》 서평에서 "김상조 교수는 단순히 어떤 이념적 편견이나 선입견을 가지고 똑같은 문제를 던져 똑같은 해답을 계속 반복하는 진짜 신자유주의의 교조주의자들과는 전혀 다르다"면서 "흔히 오해하는 것과 달리 김상조 교수는 재벌 개혁의 방향 또한 단순히 주주 권리의 강화만으로 해결될 수 있다고 보지 않는다"고 평가하고 있습니다. 그러나 그는 "김상조 교수가 정치·경제 모델의 원리로 구자유주의를 제시하는 대목에서 당혹감을 느꼈다"고 털어놓고 있는데요. 구자유주의라니 뜬금없긴 하죠. 홍기빈 소장은 "김상조 교수가 희구하는 최소한의 법과 제도의 질서가 자리 잡고 공정·공평의 경쟁이 가능한 자본주의는 구자유주의가 우상으로 내건 자유시장에서 우러나온 것이 아니라 그것을 규제하고 조정하는 가운데서 출현했다"고 지적합니다.

홍기빈 소장의 표현에 따르면 "김상조 교수가 꿈꾸는 고전적 자유주의는 가상으로 그려낸 자연법의 세계, 온갖 불법과 탈법, 폭력을 구사하면서 비즈니스에 골몰했던 공장주들과 로스차일드 가문, 미국의 날강도 귀족들이 날뛰던 세계"였는데 말이죠. 사실 김상조 교수처럼 냉철하고 논리적인 사람이 "낡은 19세기 그림책에나 나오는 구자유주의 질서(홍기빈 소장의 표현)"를 연모한다고 밝힌 대목은 대부분의 독자들에게도 당혹스러운 일입니다.

뒤에서 다시 살펴보겠지만 김성구 교수는 "국가의 개입을 부정하는 한국의 짝퉁 신자유주의는 신자유주의라기보다는 구자유주의의 복원 또는 부활에 가깝다"고 규정합니다. 김상조 교수를 직접적으로 겨냥해 짝퉁 신자유주의자라고 비난하기도 했죠. 그런데 재미있게도 김상조 교수는 스스로를 구자유주의자로 규정합니다. 신자유주의의 개념이 뒤죽박죽이지만 김성구 교수의 구분에 따르면 김상조 교수야말로 한국적 신자유주의자라고 할 수 있을 겁니다.

김상조 교수를 직접 겨냥한 표현은 아니지만 장하준 교수는 《국가의 역할》에서 "만약 신자유주의자들이 최소 국가 수준을 제외한 모든 집단적 행위를 사실상 금지하는 방향으로 법률을 개정하는 것이 가능하다고 믿고 있다면 지나치게 천진한 것이고, 그렇게 믿고 있지도 않으면서 그런 주장을 끊임없이 내놓는다면, 그것은 그들이 대중적 담론 뒤에 은밀한 정치적 의제를 숨기고 있는 것"이라고 비판하기도 했습니다.

홍기빈 소장은 장하준 교수 등에 대해서도 "자유주의든 마르크스주의든 모든 이념과 도그마의 선입견을 벗어나고자 하는, 굳이 이름 붙이자면 경제적 현실주의라고 할 만하다"고 평가하면서도 "무언가 빠져 있다는 공허감을 느낀다"고 털어놓고 있습니다. 제조업 폄하와 탈산업 담론의 허구성을 비판하고 있지만 정작 1970년대식 경제성장 모델이 여전히 유효한지 의문이고 정작 국민들을 설득하고 포섭할 가치와 이념이 명확하지 않다고 보기 때문입니다.

또한 그는 금융 자본주의의 프로파간다에 의해 부당하게 왜곡 폄하된 국가 주도 산업정책이나 기업집단 체제의 역할과 의의를 재검토해야 한다는 장하준 교수의 주장에 동의하면서도 "금융 자본주의의 수익성과 자본가치 극대화를 대체할 경제의 조직 및 운영 원리가 명확히 나타나지 않았고 당연히 다수 대중의 민주적 합의를 얻어내지도 못한 상태"라고 지적합니다. 다분히 공상적인 아이디어라는 지적이죠.

다만 홍기빈 소장은 장하준 교수와 김상조 교수가 새로운 정책과 제도, 그리고 이를 담아낼 새로운 정치경제 모델이 필요하다는 최소한의 문제의식은 같다는 데 의의를 두고 있습니다. 신자유주의에 대한 수세적 비판이 아니라 대안적 모델을 구상하는 단계까지 왔다는 평가인데요. 홍기빈 소장이 《비그포르스, 복지 국가와 잠정적 유토피아》에서 제안한 것처럼 현실에 뿌리를 둔 잠정적 유토피아를 그려내는 단계까지는 가지 못한 상태라고 할 수 있겠습니다.

출총제 때문에 투자 못 한다고?
새빨간 거짓말!

다시 쟁점으로 돌아가서 재벌 개혁 이슈의 현안을 살펴보겠습니다. 김상조 교수는 경제민주화의 과제를 재벌 개혁과 양극화 해소로 나누고, 재벌 개혁이 경제민주화의 전부는 아니지만 적어도 경제민주화의 출발점이 돼야 한다고 주장합니다. 재벌 저격수라는 별명에 걸맞게 순환출자 금지나 출총제, 금융산업 분리 등 재벌 그룹의 아킬레스건이 될 이슈를 주도해왔다고 해도 지나친 말이 아닙니다.

좀 복잡하고 딱딱한 주제지만 중요한 쟁점이니까 짧게 요약해보겠습니다. 출총제는 회사 돈으로 다른 회사 주식을 사는 걸 제한한다는 말입니다. 총수 일가가 자기 돈이 아니라 회사 돈으로 다른 회사를 우회 지배하고 문어발식으로 사업을 확장하는 걸 막기 위해서인데요. 자산 규모가 6조 원이 넘는 대기업 집단 계열사의 경우 순자산액의 25% 이상을 다른 회사 주식에 투자하지 못하도록 제한하는 제도였습니다. 나중에 40%까지 완화되기도 했죠.

정권이 바뀔 때마다 쟁점으로 떠올랐던 출총제는 파란만장한 역사가 있습니다. 1986년 처음 도입될 때만 해도 자산 규모 4,000억 원 이상인 기업이 대상이고 출자제한 비율이 순자산액의 40%였는데 1995년에 이 비율이 25%로 축소됩니다. 출자제한 기준이 더 엄격해진 거죠. 그러다가 IMF 외환위기 직후인 1998년에 폐지됩니다. 경제가 어려우니 기업들 투자를 제한해서는 안 된다는 명분이었죠. 그러다가 2000년에 순자산액의 25%로 다시 부활합니다.

그런데 출총제 때문에 투자를 못 하겠다는 이야기가 계속 나오자 예외 규정이 늘어나고 졸업 기준이 추가되면서 계속 완화되다가 2007년에는 자산 규모 10조 원 이상 기업 집단으로 한정해 순자산액의 40%까지 허용하기로 물러섭니다. 이미 유명무실하다는 비판이 많았는데 2009년에 최종적으로 폐지됩니다.

2012년 대통령 선거 때 경제민주화가 화두가 되면서 출총제가 다시 쟁점으로 떠오릅니다. 문재인 민주통합당 후보는 출총제를 부활시키겠다는 공약을 내걸었는데 박근혜 새누리당 후보는 기업들 투자 의지를 꺾을 수 있다며 반대했죠. 박근혜 후보는 출총제 부활에는 반대, 순환출자는 기존 순환출자는 허용하되 신규 순환출자만 금지하겠다고 공약을 내걸었습니다. 금융산업 분리도 강화하겠다고 했고요. 자세한 내용은 뒤에 다시 살펴보겠습니다.

폐지와 부활, 완화됐다가 다시 폐지되는 우여곡절을 겪었지만 출총제의 효과를 두고 논란이 많았습니다. 2001년부터 2006년까지 상위 20위 기업집단의 자산 증가율은 연 평균 5.46%였는데 출자총액제한이 완화되다가 최종 폐지된 2007년부터 2010년까지는 8.67%로 크게 뛰어오릅니다. 2008년 말에는 10대 그룹 계열사가 395개사였는데 2010년 8월 말에는 588개사로 급증하고요. 출총제가 폐지되면서 무분별한 계열사 확장이 늘어났다는 이야기죠.

출총제 폐지를 요구하던 사람들은 출총제 때문에 투자를 못 한다고 주장합니다. 계열사든 어디든 투자를 하든 말든 내버려둬야 투자가 늘어나고 경제가 성장한다는 논리죠. 이를테면 "대외 경쟁력이 약화된 기존 산업이나 낙후된 서비스 산업 등의 경우 투자 의욕이 높은 기업들의 신규 진입을 촉진하면 산업의 역동성이 높아질 수 있는데도 출총제가 진입장벽으로 작용하고 있다"는 주장입니다. 그러나 오히려 김상조 교수는 "투자가 부진한 게 문제가 아니라 대기업과 중소기업의 투자 양극화 현상이 심화되는 게 문제"라고 지적합니다. "이른바 투자 부진론은 재벌 개혁의 예봉을 꺾으려고 기득권 세력이 확대 재생산하고 있는 경제 위기론의 새로운 버전"이라는 거죠. "여기에 의문을 제기했다가는 세상 물정 모르는 좌파 세력으로 몰리기 십상"이라는 지적도 재미있습니다.

낙수효과?
한 번도 입증된 적 없다

김상조 교수는 애초에 투자 과잉이 문제였던 1990년대 중반과 비교해서 투자 부진을 이야기하는 게 옳지 않다고 반박합니다. 1990년대 중반이 비정상적인 상황이었다는 겁니다. 경제개혁연대에 따르면 상위 8대 재벌 그룹 계열사들의 투자가 전체 국민경제에서 차지하는 비중이 2005년에 39.4%로 IMF 외환위기 이전 최고였던 1996년 39.2%를 넘어섰습니다. 걱정하는 것과 달리 출총제 도입 이후에도 제조업 설비투자는 활발한 것으로 나타났고요. 출총제 때문에 투자가 부진한 것도 아니고 출총제를 폐지한다고 해서 못 하던 투자를 늘릴 것도 아니었다는 이야기죠.

실제로 출총제가 부활하더라도 출총제 때문에 추가 투자를 할 수 없는 기업은 현대상선과 현대삼호중공업, SKC&C, 한화생명 등 손에 꼽을 정도로 적습니다. 이들 기업들은 출총제가 부활하면 출자 지분을 일부 매각하거나 지주회사로 전환해야 합니다. 지주회사 역할을 하고 있는 SKC&C의 경우는 좀 곤란한 상황이 될 수도 있습니다.

결국 대부분의 재벌 그룹들이 아직 출자 여력이 남아 있으면서 애꿎은 출총제 핑계를 대면서 실체 없는 규제 완화 타령을 했다는 이야기인데요. 만약 그룹 차원에서 정말 어느 계열사에 투자가 필요하다면 이 기업들 말고 다른 계열사에서 지원해도 되겠죠. 게다가 삼성그룹은 출자 비율이 25%를 밑돌기 때문에 출총제 부활에 아무런 관련이 없습니다. 실체를 들여다보면 출총제를 둘러싼 논쟁은 공허하게 들립니다.

김상조 교수는 "출총제가 폐지되고 소수 재벌들의 투자가 늘어난다고 하더라도 이것이 한국 경제의 장기적 성장에 보탬이 된다고 보기 어렵다"고 강조했습니다. 아랫목에 군불을 때면 윗목도 따뜻해질 것이라는 이른바 떡고물 전략, 낙수 효과trickle down effect라고도 하죠. 박정희 개발독재 시절부터 우리 사회를 지배했던 '파이부터 키우자'는 주장의 또 다른 표현일 텐데요. 이런 게 지금까지 한 번도 먹힌 적이 없다는 겁니다.

그런데 신장섭 교수는 약간 다른 관점에서 투자 부진론을 접근합니다. 흔히 기업들이 현금을 쌓아두고 투자를 하지 않는다고 걱정하는 기사들이 많은데요. 기업들이 보유하고 있는 현금은 대부분 금융 자산으로 운용됩니다. 이 돈이 산업금융 시스템을 통해 진짜 돈이 필요한 기업들에게 흘러들어가야 되는데 그게 안 되고 있는 게 문제죠. 기업이 투자를 하지 않는 게 아니라 금융이 제 역할을 하지 못하고 있다고 보는 거죠.

여기서 재미있는 건 두 사람이 문제의 진단은 비슷한데 해법은 전혀 다르다는 겁니다. 김상조 교수는 대기업들은 투자를 잘하고 있으니 출총제를 도입해서 양극화를 해소해야 한다고 주장합니다. 신장섭 교수는 투자의 양극화 문제를 해결하려면 금융의 공공성을 회복해야 한다고 주장하고 있죠. 김상조 교수는 출총제 때문에 투자가 부진한 건 아니라는 입장이고 신장섭 교수는 투자 부진을 출총제로 해결할 문제가 아니라는 겁니다.

정승일 대표의 생각도 마찬가지입니다. 정승일 대표는 《굿바이 근혜노믹스》에서 "재벌 그룹이 수많은 계열사를 거느려 경제력을 집중시키는 폐단이 있기 때문에 이것을 막자는 게 출총제의 목적인데 이건 초가삼간이 사간, 오간으로 늘어나는 것을 막자는 것과 다를 바가 없다"고 비판합니다. "총수 가족 때려 잡겠다고 기업 그룹 자체를 때려 부수면 안 된다"는 이야기죠. 이를테면 삼성그룹 계열사가 100개에서 300개로 늘어나는 걸 막자는 건데 그게 경제민주화를 위해 반드시 필요한 일이냐는 질문입니다. 이런 논리라면 삼성보다 계열사가 적은 삼양그룹은 경제 민주주의가 더 충실하게 구현됐다고 볼 수 있을까요. "계열사 숫자가 줄어들면 경제가 더 민주적이고 공정하게 된다는 논리는 하위 재벌은 공정하고 민주적이며 상위 재벌은 더 불공정하고 반민주적이라는 건데 이건 결단코 비논리적인 말"이라는 지적입니다.

순환출자, 가공의 자산으로 만든 재벌의 권력 기반

순환출자 금지는 박근혜 대통령의 선거 공약이기도 했죠. 물론 기존 순환출자는 인정하되 신규 순환출자만 금지하기로 했지만요. 문재인 민주통합당 후보는 기존 순환출자도 유예기간을 두고 해소하도록 한다는 공약을 내걸었죠. 순환출자는 간단히 설명하면 A 기업이 B 기업에 투자하고 B 기업이 C 기업에 투자하고 C 기업이 다시 A 기업에 투자하는 걸 말합니다. 이 가운데 한 기업만 지배하면 세 기업 모두에 영향력을 행사할 수 있는 구조입니다. 순환출자의 문제는 실제로 자본을 투입하지 않으면서 다른 기업을 지배할 수 있게 된다는 데 있습니다. 소유와 지배의 괴리가 나타나고 이 때문에 내부거래 등의 부작용이 속출한다는 게 김상조 교수의 주장입니다. 상법에서는 상호출자를 금지하고 있는데 순환출자는 결국 환상형 상호출자라는 거죠. 순환출자 덕분에 이건희 회장 같은 사람이 1주 1표가 아니라 1주 50표를 행사할 수 있게 된다는 이야기입니다.

공정거래위원회 발표에 따르면 2013년에 15개 그룹이 287개의 순환출자 고리가 있다고 보고했는데 2014년에 다시 조사해보니 실제로는 9만 7,658개로 나타났습니다. 지분 1% 이상 출자만 따져봐도 5,937개나 됐습니다. 축소 보고 또는 허위 보고 논란이 있었습니다. 삼성그룹만 해도 2,555개를 76개로 줄여서 보고했던 것으로 나타났습니다. 애초에 감독은커녕 제대로 실태조사도 안 되고 있었다는 이야기가 되겠죠. 삼성그룹의 경우 제일모직(삼성에버랜드)이 삼성생명에 출자하고 삼성생명이 삼성전자에 출자하고 삼성전자가 삼성카드와 삼성전기, 삼성SDI에 출자하고 이 회사들이 다시 제일모직에 출자하는 순환출자 구조가 중심에 있습니다. 여기에 삼성전자가 삼성SDI에 출자하고 삼성SDI가 삼성물산에 출자하고 삼성물산이 다시 삼성전자에 출자하는 순환출자 고리가 연결돼 있고요. 제일모직과 삼성생명, 삼성물산의 순환출자 고리가 또 얽혀 있습니다.

이런 복잡한 순환출자 구조 덕분에 이건희 회장은 가공의 자본을 창출했습니다. 이를테면 삼성물산이나 삼성카드 등에 전혀 지분이 없으면서도 영향력을 행사할 수 있는 것이죠. 김상조 교수는 "순환출자로 총수 일가는 직접 출자한 것 이상의 지배권을 행사하게 되는데 이 과정에서 외부 이해관계자와 주주들 권익을 침해할 수도 있다"고 비판합니다. 순환출자를 금지하면 자연스럽게 지주회사로 전환을 모색하게 될 것이라는 거죠.

어쨌거나 순환출자가 문제가 많다는 데는 사회적 합의가 이뤄진 것처럼 보이는데요. 신장섭 교수의 생각은 다릅니다. 《한국경제 패러다임을 바꿔라》에서 "순환출자는 정부가 지주회사 설립을 금지시켜서 나타난 현상인데 재벌들이 멋대로 순환출자를 한 것처럼 이야기하고 이 문제를 해결할 대안으로 뒤늦게 지주회사 체제로 전환하라고 권고하고 있다"고 지적합니다. "순환출자의 원죄는 정부에 있다"는 주장인데요. 그의 설명에 따르면 박정희 전 대통령 시절, 일본 상법을 그대로 베껴오면서 지주회사 금지 조항도 들어왔습니다. 2차 세계대전 패전 직후 전범 기업들을 해체하는 과정에서 지주회사를 금지시킨 건데 그게 아무 맥락 없이 들어왔다는 거죠. 일본 기업들은 지주회사 설립이 금지되자 상호출자 형태로 자금을 조달했습니다. 애초에 지주회사가 가능했다면 한국 재벌들도 순환출자를 할 필요가 없었을 거라는 이야기죠.

정승일 대표는 "현대기아차그룹의 경우 현대모비스가 현대자동차에 출자하고 현대자동차가 기아자동차에 출자하고 기아자동차가 다시 현대모비스에 출자하는 구조인데 순환출자를 당장 금지시키면 기아자동차 같은 우량 회사가 대우자동차나 쌍용자동차 같은 꼴로 전락할 수도 있다"고 주장합니다. 극단적인 비유인데다 비약이 지나치다는 생각은 들지만 순환출자 금지가 곧 재벌 해체가 된다는 현실적인 지적이라고 이해할 수 있겠습니다.

금융산업 분리만 잘해도
이건희는 쓰러진다

금융산업 분리는 더욱 첨예한 쟁점입니다. 보통 기업은 은행에서 대출을 받는데 만약 기업이 은행을 소유하고 있다면 고객들이 맡겨놓은 돈을 마음대로 꺼내 쓰겠죠. 흔히 말하는 '사금고화'된다는 거죠. 그래서 산업자본의 금융자본 지배를 엄격히 규제하는데요. 이걸 금융과 산업 분리, 흔히 줄여서 금산분리라고 합니다. 한국의 은행법에서는 산업자본이 금융기관 주식을 10% 이상 소유할 수 없도록 하고, 4% 이상 지분은 의결권을 제한하고 있습니다.

김상조 교수는 "금산분리는 자본주의의 기본 원칙이고 이를 실현하는 것은 한국의 금융개혁, 나아가 경제개혁의 핵심 과제라고 할 수 있다"고 단호한 입장을 밝히고 있습니다. "금융은 자본주의 체제 내부의 피감시자(산업)가 감시자(금융)를 지배하면 어떻게 되겠느냐"고 반문하기도 합니다. 장하준 교수 등이 금산분리의 방식은 나라마다 다 다르고 금과옥조처럼 지켜져야 할 절대 진리가 아니라고 반박하는 것과 대조적이죠.

물론 김상조 교수도 "금산분리의 형태나 강도는 시대와 나라, 업종마다 다 다를 수 있고 금산분리를 실현하는 방법도 다양하다"고 인정하면서도 "법률상 소유규제의 유무와 무관하게 산업자본의 은행 지배를 자유롭게 허용하는 나라는 사실상 없다"고 강조합니다. "사회적·법적 통제 장치 없이 사전적 소유규제부터 완화하고 보자는 건 너무나 위험한 발상"이라는 게 김상조 교수의 주장입니다.

장하준 교수는 《무엇을 선택할 것인가》에서 "재벌이 은행을 소유하고 있으면 계열사에 마구잡이로 대출해주다 망할 우려가 있다고 하지만 그런 문제야 계열사 대출을 금지하면 되는 거고 정말 중요한 건 재벌이 아니라 헤지펀드나 신용 파생상품, 국제 신용평가사, 이런 것들을 규제하는 건데 근원적인 문제는 생각하지 않고 지엽 말단적인 문제를 두고 마치 국운이 걸린 것처럼 말하고 있다"고 비판을 쏟아냈습니다.

정승일 대표는 이렇게 비꼬기도 했습니다. "금산분리가 일종의 신앙고백이 되고 있습니다. '너는 금산분리 찬성? 그럼 천당행', '너는 금산분리 반대? 그럼 지옥행' 하는 식이죠." 《굿바이 근혜노믹스》에서는 이렇게 설명합니다. "독일과 스위스의 경우 좌파건 우파건 진보건 보수건 글래스스티걸법에 그리 관심을 두지 않아요. 우리나라 진보 인사들만 금산분리를 마치 지고지순한 진보의 원칙처럼 숭상하고 있죠."

글래스스티걸법은 1933년 미국에서 투자은행과 상업은행의 겸영을 금지한 은행법 조항을 말합니다. 상업은행, 우리나라 같으면 시중은행이죠. 상업은행이 직접 주식에 투자했다가 부실해지는 위험을 막기 위해서였죠. 이 조항은 상업은행이 일반 기업의 대주주가 될 수 없도록 제한하는 동시에 일반 기업의 상업은행 지배도 금지하는 방향으로 확대됩니다. 엄밀히 말하면 금산분리보다는 은행과 산업의 분리, 은산분리라고 하는 게 더 정확하겠죠.

정승일 대표에 따르면 글래스스티걸법에 규정된 은산분리를 엄격히 지키는 나라는 미국밖에 없습니다. 영국은 절반 정도 지키고 있고 스웨덴도 엄격하게 지키지 않습니다. 독일과 스위스, 오스트

리아 등은 아예 지키지 않습니다. 아예 유니버셜 뱅킹, 은행과 증권사, 자산운용회사를 겸업하는 은행도 있으니까요. 정승일 대표는 "그렇다고 해서 이 나라들에서 유별나게 금융 위기가 잘 터지고 은행 부실이 많다고 볼 수도 없다"고 지적합니다.

법대로 합시다?
그 법은 누가 만드나

김상조 교수는 2012년 여러 다른 학자들과 함께 쓴 《경제민주화: 분배 친화적 성장은 가능한가》라는 책에서 "재벌의 선도적 성장을 통해 중소기업을 포함한 국민경제 전체의 선순환적 동반성장을 이끌어낸다는 이른바 낙수효과 논리는 1990년대를 거치면서 현실적 유효성을 상실한 이데올로기적 구호로 전락했다"고 규정합니다. 김상조 교수가 보기에 재벌은 이제 국민경제적으로도 이용가치가 낮다는 이야기겠죠.

원론적이지만 김상조 교수의 대안은 법치주의를 확립해야 한다는 겁니다. "법 체계와 현실 관행 사이의 괴리, 법치주의의 이중 잣대 문제가 해결되지 않는 이상 그 어떤 지배구조 모델을 설계한다고 하더라도 사상누각일 수밖에 없다"는 이야기인데요. 회사기회 유용과 일감 몰아주기 관행을 엄격하게 제재해야 한다는 겁니다. 독점과 담합을 규제하고 불공정 행위를 처벌하는 것을 포함해서 말이죠.

김상조 교수의 진정성을 조금도 의심하지 않습니다만 법치주의는 형식일 뿐 그 내용은 얼마든지 바뀔 수 있습니다. 게임의 법칙도 바뀌게 마련이고요. 김상조 교수도 법이 그렇게 돼 있으니까 무조건 지켜야 한다는 의미로 하는 말은 아닐 거라고 생각합니다. 출자총액제한이나 순환출자 규제, 금융산업 분리 등은 나라마다 제도도 다르고 당장 한국에서도 여러 주장이 첨예하게 엇갈립니다. 정권이 바뀔 때마다 제도가 바뀌기도 하고요.

김상조 교수는 2012년 〈중앙일보〉와 인터뷰에서 "한 해 전까지만 해도 가장 과격한 재벌 개혁론자였던 내가 이젠 중간에 불과하더라"고 털어놓기도 했습니다. 대통령선거를 앞두고 온갖 경제민주화 공약이 난무하던 무렵이었죠. 여당이나 야당이나 당장이라도 재벌을 때려잡을 것처럼 요란을 떨었지만 실제로 내용을 들여다보면 유명무실한 구호가 많았고 진정성도 없었습니다.

김상조 교수는 "거대담론one-size-fits-all model만으로 세상을 변화시킬 수 없다"면서 "한국 사회에서 부족한 것은 거대담론을 만들어내는 능력이 아니라 구체적인 정책을 만들고 집행하는 능력"이라고 지적했습니다. 또한 그는 "재벌도 사회가 정한 규칙 안으로 들어오게 해야 한다"면서 "재벌이 협력의 규칙을 지키면 상을 주고, 그 규칙을 깨면 벌을 줘야 한다"고 강조합니다. "재벌의 권한과 책임을 일치시켜야 한다"는 거죠.

그래서 김상조 교수는 정치권에 공허한 최대 강령을 쏟아낼 게 아니라 법치주의에 따른 방법론적 최소 원칙이 필요하다고 주문해왔습니다. 사회가 정한 게임의 법칙을 지키도록 하는 게 핵심이라는 겁니다. 대선 판에서는 이런 이야기들이 한가하고 나이브하게 들렸던 게 사실입니다. 당장이라도 재벌을 흔들고 경제 성장과 분배를 함께 불러올 마법의 주문 같은 걸 기대했을 테니까요.

나를 빼고 경제민주화를 논한다고?

유종일 교수가 손석춘 교수와 함께 쓴《경제민주화가 희망이다》라는 책이 있는데요. 여러 측면에서 굉장히 재미있습니다. 자존감이 강하고 정치적 야망이 큰 사람이란 게 책 전반에 드러나는데요. 지난 2012년 국회의원선거에서 민주통합당에 공천을 신청했다가 탈락하자 "국가와 역사에 대한 모독"이고 "초대형 사기극"이라며 거세게 반발하기도 했죠. 나에게 공천을 주지 않은 건 경제민주화를 하지 않겠다는 거나 마찬가지다, 이런 이야기였죠.

실제로 전략 차출했다는 평가를 받았던 유종일 교수를 낙천시킨 보이지 않는 손이 있었는지는 밝혀진 바가 없습니다. 유종일 교수는 전주 덕진구에 공천을 희망했는데 당 지도부가 크게 쓸 인물이라며 서울에서 공천을 주겠다고 했고 정작 서울에서는 후보 등록일까지 미루고 미루다가 끝내 지역구를 받지 못했죠. 재벌과 연결된 세력이 힘을 썼다는 음모론도 나돌았는데요. 실제로 유종일 교수의 과격한 스탠스가 부담스럽다는 판단이 있었을 수도 있습니다. 그러나 여러 정황을 종합해보면 애초에 경제민주화 논쟁이 정치적 이벤트였을 가능성이 더 큽니다. 그리고 애초에 정치권을 떠돌았던 경제민주화의 실체도 불분명했습니다. 새누리당 박근혜 후보와 민주통합당 문재인 후보가 경제민주화 공약을 쏟아냈지만 순환출자 금지나 출총제 부활 등의 지엽적인 이슈에 머물렀습니다. 박근혜 후보나 문재인 후보나 비슷한 공약을 쏟아냈고 어차피 공약은 공약일 뿐이겠지만 별다른 차이가 없었죠.

유종일 교수는 《경제민주화가 희망이다》에서 이른바 전략 낙천의 뒷이야기를 털어놓고 있는데요. 새누리당 이혜훈 의원이 이런 말을 했다고 합니다. "민주당은 경제민주화를 이야기하기 전에 당내 재벌 장학생부터 정리해라." 유종일 교수는 "새누리당에만 이한구가 있는 게 아니고 민주당에도 있다"면서 "경제민주화에 동조하지 않는 사람들, 별로 관심이 없는 사람들, 아예 뭔지도 모르는 사람들이 많다"고 말합니다.

박근혜 후보의 경제 특보로 합류했던 김종인 씨도 이런 말을 했다고 하죠. "민주당이 재벌 개혁을 이야기해? 이상한 사람들 아냐?

자기들이 정권 잡았을 때는 완전히 재벌 뒷바라지를 해주더니 참 이상한 사람들이다." 민주통합당이 경제민주화를 이야기할 자격이 있느냐는 말일 텐데요. 틀린 이야기는 아닙니다만 이명박 정부 5년을 돌아보면 사실 새누리당에서 대선을 앞두고 할 이야기도 아니었죠.

유종일 교수는 자신이 강조했던 경제민주화를 반대하는 사람들 때문에 '팽' 당했다고 믿었던 것 같습니다. 낙천 직후 블로그에 쓴 글에서는 "비타협적으로 정의를 추구해온 나의 지나온 삶의 궤적 때문에 내가 영향력을 갖게 되는 것을 두려워하거나 꺼리는 세력들이 곳곳에 존재하는 것 같다"면서 "그래도 경제민주화라는 대의가 있기 때문에 나의 공천을 이렇게 처음부터 집요하게 반대하고 방해할 줄은 미처 몰랐다"고 털어놓기도 했습니다. 대단한 사명감이죠. 자기중심적 세계관이 정말 강한 사람이라는 생각도 들고요.

저는 유종일 교수를 몇 차례 인터뷰한 적 있는데 젠틀하면서도 대중적 감각이 있는 학자라는 느낌이 듭니다. 유종일 교수의 형이 김대중 전 대통령의 경제 고문을 지내고 전라북도 도지사를 지냈던 유종근 씨입니다. 유종일 교수도 형처럼 뭔가 좀 더 정치적인 영향력을 확보하고 싶었던 것 같습니다. 잡을 뻔했다가 놓친 국회의원 자리에 강한 미련을 숨기지 않았습니다.

누구나 이야기하는
경제민주화

노무현 전 대통령이 당선되는 데 유종일 교수가 일등공신이었다는 이야기도 실려 있는데요. 유종일 교수가 스스로 이런 이야기를 한다는 것도 재미있습니다. "노무현 대통령의 경제 정책뿐만 아니라 정책에 대해선 거의 전방위적으로 제가 서포트를 해드렸습니다. 청와대에서 정책 비서관을 했던 정만호 씨라고 있는데 그 사람에게 물어보면 정책과 관련해서 제가 어떤 역할을 했는지 알 수 있을 거예요."

확인은 안 되지만 이런 이야기도 있습니다.

"노무현 대통령이 당선된 다음날 나를 만났잖아요? 첫마디가 '나 이제 대통령이니까 정치는 내가 알아서 할 거야.' 잔소리 그만 하라는 거죠. 그 다음 한마디가 '정책은 네가 알아서 해.' 그런데 정책은 내가 하기는커녕 그 다음부터 만날 수가 없었어요. 여러 가지 힘이 작용했겠지만 그건 삼성이었을 것이다, 이렇게 보는 거고, 그때 대표적인 친 삼성 관료라고 알려진 김진표 의원이 등장한 거죠."

유종일 교수는 특히 김진표 의원에게 감정이 안 좋을 수밖에 없습니다. 재정경제부장관 출신으로 한미자유무역협정 통과를 주도했고 론스타가 외환은행을 인수할 때도 배후 지원했다는 의혹이 있었습니다. 친재벌론자에 민주통합당의 X맨으로 불리기도 했던 사람인데 공천 마감 직전 김진표 의원은 공천을 받고 유종일 교수는 물을 먹었죠. 김진표 의원이 유종일 교수의 자리를 뺏은 것은 아니지만 김진표 때문에 유종일을 버렸다는 이야기가 나왔습니다.

유종일 교수는 내가 경제민주화의 최적임자다, 이런 이야기를 하고 싶었던 것 같습니다. 그리고 그걸 국민들이 알아주기를 바라고 있고요. 달리 말하면 내가 빠졌기 때문에 경제민주화는 절대 성공할 수 없다는 이야기도 되겠죠. 그런데 정작 유종일 교수가 말하는 경제민주화라는 게 실체가 명확하지 않습니다. 재벌 개혁은 기본이고 산별 교섭 확대와 비정규직 차별 해소, 중소기업과 골목상권 보호 등 그럴듯한 구호를 모아놓은 느낌이기도 한데요. 그가 민주통합당과 갈등을 빚게 된 계기는 재벌세 발언 때문이었을 수도 있습니다. 기자간담회 자리에서 유종일 교수가 갑작스럽게 "재벌세를 신설하겠다"고 폭탄 발언을 꺼냈죠. 재벌 대기업 계열사 지분에서 나오는 배당금과 계열사 차입금 이자에 세금을 부과하겠다는 아이디어였는데요. 당내 의견 수렴을 거치지 않은 유종일 교수의 개인 의견이었고 같은 자리에 있었던 김진표 원내대표도 처음 듣는 이야기라며 발을 뺐죠.

다음날 한나라당 정몽준 의원이 "정치인이 정치적 계산으로 개입하면 할수록 꼬이는 것이 경제"라면서 "경제를 우습게 보지 말고 겸손해야 한다"고 비판했고요. 현실을 잘 모른다는 이야기였겠죠. 비교적 중도적 성향의 〈한국일보〉도 "재벌세 도입은 사회적 양극화

해소와 경제 불평등 완화를 위한 정책이라고 하지만, 시장경제 원칙을 훼손하고 투자 위축을 불러일으킨다는 비판도 적지 않아 상당한 논란이 예상된다"고 우려했을 정도니까요.

유종일 교수는 〈오마이뉴스〉와 인터뷰에서 이런 이야기를 하기도 했습니다. "경제도 어려운데 기업 옥죄면 되겠느냐, 기업 떠나고 투자 안 하면 일자리 생기겠냐고 하는데, 그러면 애초부터 경제민주화 이야기를 말았어야죠." 경제민주화 이슈가 재벌 개혁으로 축소되면서 본질이 왜곡된 측면도 있지만 사실 재벌 개혁 말고는 크게 쟁점이 없었던 것도 사실입니다. 다들 경제민주화를 이야기했으니까요.

재벌 개혁의 아이콘, 이미지만 빌려 쓰고 팽하다

유종일 교수는 계속해서 내가 하려던 게 진짜 경제민주화라고 강조하고 있는데요. 냉정하게 평가하면 유종일 교수의 경제민주화가 딱히 차별성이 있었다고 보기는 어렵습니다. 오히려 누구나 재벌 개혁을 이야기하고 심지어 새누리당도 순환출자 금지나 금융산업 분리 강화 같은 공약을 들고 나왔으니까요. 결국 진정성의 문제였겠지만 순환출자 금지나 출총제 부활이 한국 경제의 문제를 푸는 만능 해법처럼 거론됐던 것도 사실입니다.

그때나 지금이나 재벌 개혁이 절실한 과제라는 걸 누구도 부정하지는 않습니다. 그러나 재벌 개혁만 하면 양극화가 해소되고 일자리가 늘어나고 성장률도 높아질 것처럼 선전하는 것은 너무나도 뻔한 정치적 말장난입니다. 재벌을 건드려서 고용 없는 성장과 양극화를 해결할 수 있다고 믿는 건 재벌이 하는 대로 내버려두면 저절로 경제가 살아날 거라고 믿는 것만큼이나 허망한 일입니다.

새누리당도 민주통합당도 재벌 개혁을 서로에 대한 차이를 드러내는 정치적 구호로 활용했습니다. 한쪽에서는 적당히 발을 걸치면서도 기득권을 건드리지 않겠다는 신호를 흘렸고 다른 한쪽에서는 개혁 의지를 과시하는 수단으로 삼았습니다. 재벌에 대한 국민적 반감에 편승하면서 이슈를 확대 재생산했지만 정작 실효성 없는 공약만 남발했죠. 안타깝지만 유종일 교수도 그 아이콘 가운데 하나로 적당히 이용당하고 버려졌을 가능성이 큽니다.

유종일 교수의 재벌 개혁에 대한 신념은 확고합니다. "재벌들 오너 경영에 장점이 있다고 일각에서 자꾸 주장하는데요. 지금 성공하고 살아남은 것만 갖고 이야기하니까 그런 거거든요. 그동안 그런 황당한 봉건적인 세습 체제 때문에, 그러니까 자식에게 물려줬더니 개판 쳐서 망한 기업들이 얼마나 많은데요. 정책적으로 현재 있는 법만 잘 지켜도 해결될 문제들입니다. 일감 몰아주기나 이런 식으로 편법 상속하는 것을 철저히 차단하는 게 필요합니다."

재벌이 잘되어야 한국 경제가 잘된다는 주장만큼이나 재벌을 개혁해야 한다, 정의를 구현해야 한다는 등의 원론적인 이야기를 반복하는 것도 쉽고 어떻게 보면 무책임한 일입니다. 유종일 교수의 주장에는 장하준 교수가 던지는 "재벌을 해체해서 어쩔 건데?"라는 질문에 대한 답이 없습니다. 재벌 개혁이 신자유주의 질서를 강화하는 결과가 될 수도 있다는 우려 역시 마찬가지입니다. 공허한 동어반복이 계속되고 있는 상황입니다.

한겨레가 가장 좋아하는 취재원

언젠가 저는 제가 한국 언론의 취재원을 분석하는 기획 기사를 썼던 적이 있습니다. 흥미롭게도 진보 성향의 신문들과 보수 성향의 신문들이 주로 코멘트를 받고 인용하는 취재원이 눈에 띄게 달랐는데요.

〈한겨레〉가 김상조 교수를 자주 등장시키는 것만큼 〈조선일보〉는 윤창현 교수를 편애하는 것으로 나타났습니다. 그 반대의 경우는 거의 없습니다. 신문들마다 철저하게 자신들의 논조에 맞는 취재원을 골라 그들에게 자신들이 바라는 답변을 얻어내는 거죠. 한국 언론의 고질적인 관행인데요. 취재의 형식을 띠긴 하지만 애초에 질문하기 전부터 답변은 이미 정해져 있는 셈이죠. 이를테면 〈조선일보〉는 금융산업 분리 완화를 찬성하고 〈한겨레〉는 반대합니다.

보수 성향 신문들은 국내 자본이 역차별 당하고 있다는 이유로 금산분리를 완화해야 한다고 주장해왔습니다. 이 신문들은 이런 주장을 뒷받침하기 위해 윤창현 교수 같은 사람들을 앞에 내세워왔죠.

진보 성향 신문들 역시 마찬가지입니다. 이 신문들은 금융산업 분리 원칙이 후퇴되면 은행이 재벌의 사금고로 전락할 게 뻔하다며 반대해왔습니다. 그리고 김상조 교수 같은 사람들 입을 빌려 논조에 힘을 싣습니다. 이데올로기 대립은 언뜻 재벌과 재벌 친화적인 학자들, 그리고 재벌 개혁을 외치는 시민단체 소속 학자들의 대리전 양상을 띠고 언론이 그 들러리를 서는 것처럼 보이기도 합니다. 그게 〈한겨레〉의 편향성일 수도 있다는 생각이 듭니다.

2008년 1월 1일부터 12월 21일까지 전국 단위 중앙 일간지와 경제지 18개를 비교 분석했더니 〈경향신문〉과 〈한겨레〉가 각각 78건과 102건의 기사에서 김상조 교수를 인용했는데 〈동아일보〉와 〈조선일보〉, 〈중앙일보〉는 각각 8건과 9건, 10건에 그쳤습니다. 〈매일경제〉와 〈한국경제〉도 11건과 6건에 그쳤고요. 전성인 교수도 단골 취재원입니다. 〈경향신문〉과 〈한겨레〉는 전성인 교수를 각각 23건과 41건의 기사에서 인용했는데 〈동아일보〉와 〈조선일보〉, 〈중앙일보〉는 모두 1건씩에 그쳤고요.

김성구 교수 같은 좌파 경제학자들은 김상조 교수 등을 "좌파인

척하는 신자유주의자"로 평가합니다. 재벌 개혁을 요구하고 정부 조세정책과 예산 집행을 감시하고 비판하지만 결국 자본주의와 시장 질서를 강화하는 데 기꺼이 협력한다는 이유에서인데요. "이들 신자유주의자들이 시장의 실패를 인정하거나 시장을 보완해야 한다고 말하는 것을 본 적 있느냐"고 반문하기도 했습니다. 〈한겨레〉가 이들을 맹종하는 것은 자가당착적이라는 이야기죠.

반면 김정호 교수나 윤창현·좌승희 교수 등은 보수·경제지들이 선호하는 취재원들입니다. 〈동아일보〉는 자유기업원을 30차례 인용했는데 〈한겨레〉는 4차례에 그쳤습니다. 좌승희 교수의 경우도 〈매일경제〉는 12차례나 인용했지만 한겨레는 단 한 차례도 인용하지 않았습니다. 상대적으로 보수·경제지들은 전경련이나 한국경영자총연합회 등 기업 단체들이나 삼성경제연구소 같은 기업 부설 연구소를 인용하는 비율이 더 높았습니다.

보수나 진보를 막론하고 삼성경제연구소에 대한 맹신은 놀라울 정도인데요. 1년 가까운 기간 18개 신문이 이 연구소를 인용해 쓴 기사는 모두 3,197건이나 됐습니다. 〈매일경제〉는 무려 272건으로 휴일을 빼면 날마다 삼성경제연구소에 대한 기사를 1건 이상씩 내보낸 셈이죠. 〈동아일보〉가 255건, 〈한국경제〉가 234건, 〈조선일보〉가 202건, 〈중앙일보〉가 196건 등이고 〈경향신문〉과 〈한겨레〉는 120건과 89건으로 상대적으로 많지 않았습니다.

이 같은 취재원 편향이 갖는 한계는 지면에서 고스란히 드러납니다. 〈헤럴드경제〉가 자유기업원과 공동으로 금융산업 분리를 주제로 좌담회를 열었는데 참석자들이 김정호 교수를 비롯해 김정식·조동근 교수 등 규제 완화를 주장하는 사람들로 채웠습니다. 당연히 좌담회의 결론도 금융산업 분리 완화를 서둘러야 한다는 쪽으로 날 수밖에 없었죠. 이 같은 짜고 치는 고스톱은 보수나 진보를 막론하고 숱하게 발견됩니다.

〈경향신문〉이나 〈한겨레〉의 기사에서 재벌이 모든 경제 문제의 핵심 원인이라는 성급한 결론으로 치닫는 인상을 주는 것도 이런 이유에서입니다. 특히 〈한겨레〉는 참여연대의 소액주주 운동을 앞장서서 대변하면서 주주 자본주의의 확산에 기여했다는 비판을 받기도 했습니다. 〈한겨레〉는 장하준 교수를 여러 차례 인터뷰했으면서도 장하준 교수의 참여연대에 대한 비판이나 이른바 사회대타협론 등 재벌 친화적인 주장은 지면에 반영하지 않았습니다.

혼자 대학 가서 성공했으면 동생들 돌봐야지

유진수 교수는 재벌 문제를 가난한 집의 맏아들에 비유해서 설명합니다. 약간 닭살이 돋기도 하지만 꽤나 유효한 비유라고 생각되는데요. 이를테면 농사짓는 가난한 부부에게 3형제가 있습니다. 넉넉

하지 못한 형편 때문에 맏아들만 대학에 보냈는데 다행히 공부를 잘해서 의사가 됐고요. 좋은 집안의 며느리를 만나 결혼도 하고 병원도 개업했습니다. 둘째와 셋째는 변변치 못한 직업에 가난을 벗어나지 못하고 있죠.

그런데 어느 날 둘째가 트럭 행상이라도 하겠다며 큰형을 찾아가 돈을 좀 빌려달랬다가 거절당합니다. 아니, 소 팔고 논 팔아서 대학에 가서 의사까지 된 맏아들이 동생들을 모른 척한다면 어떻게 받아들여야 할까요. 눈치 채셨겠지만 '가난한 집의 맏아들'에서 가난한 집은 한국, 맏아들은 국가 차원의 파격적인 특혜를 받고 성장한 재벌 대기업을 상징합니다. 동생들은 재벌의 외부, 중소기업과 노동자들, 일반 국민들이 되겠죠.

물론 맏아들이 동생들을 보살펴야 한다는 법적 책임이나 의무는 없습니다. 맏아들의 성공이 대학을 갔기 때문이라는 인과관계도 명확하지 않고 둘째와 셋째가 가난한 게 대학을 가지 못해서라는 인과관계 역시 설명하기 어렵습니다. 첫째가 공부를 열심히 했거나 능력을 타고났기 때문일 수도 있고요. 첫째가 아니라 둘째나 셋째를 대학에 보냈다고 해서 그들이 첫째처럼 성공했을 거라는 보장도 없죠.

그러나 분명한 것은 맏아들을 대학에 보내려고 부모와 두 동생들이 큰 희생을 치렀다는 사실입니다. 대학에 간 맏아들은 50억 원의 부자가 됐는데 대학에 못 간 둘째는 자산이 0원입니다. 셋째 역시 대학에 못 갔지만 열심히 일해서 3억 원을 벌었다고 가정해볼까요. 상황을 바꿔서 첫째가 대학에 가지 못했다면 3억 원을 버는 데 그쳤을 것이고 대신 둘째를 대학에 보냈다면 2억 원, 셋째를 대학에 보냈다면 30억 원을 벌었을 거라고 가정하면 어떨까요.

공동체 전체의 행복을 추구하는 공리주의에 따르면 능력 있는 큰형이 대학에 가는 게 맞습니다. 3형제의 자산을 가장 많이 늘리는 선택이기 때문이죠. 첫째가 대학에 가면 3형제의 자산이 53억 원이 되는데, 둘째가 갔으면 8억 원, 셋째가 갔으면 33억 원이 됩니다. 그러나 정의론의 최소 극대화의 원칙에 따르면 둘째를 대학에 보내는 게 맞습니다. 첫째와 셋째는 대학에 안 가도 성공할 수 있지만 둘째는 대학을 나와야 그럭저럭 먹고살 수 있기 때문이죠.

정의론의 관점에서는 첫째만 대학을 가고 둘째가 낙오자가 되는 것은 최악의 선택입니다. 오히려 모두 대학에 보내지 않는 것이 최선의 선택일 수도 있고요. 아무도 부자가 될 수는 없지만 아무도 빈털터리가 되지도 않으니까요. 공리주의와 정의론의 중간 지점에 해법이 있겠지만 여기서 문제는 어느 아들이 대학에 가든, 그가 다른 가족들을 보살피지 않을 경우 이를 강제할 방법이 마땅치 않다는 겁니다.

재벌 특혜,
얼마를 토해내게 해야 할까

만약 세 아들을 불러놓고 대학에 갈 권리를 두고 경매를 하자고 했으면 어땠을까요. 결과만 놓고 가정해보면 첫째의 경우 최대 47억 원(=50억 원-3억 원)까지 비용을 지불하고서라도 대학에 가는 게 유리합니다. 둘째는 3억 원(=3억 원-0원), 셋째는 27억 원(=30억 원-3억 원)이 대학을 가서 얻을 수 있는 기회 수익이 됩니다. 만약 대학 갈 권리를 두고 경쟁 입찰을 한다면 첫째는 셋째의 지불한도인 27억 원을 조금 더 넘는 금액을 써내면 낙찰을 받을 수 있겠죠.

몇십 년 뒤 미래를 내다보고 손익계산을 하기는 쉽지 않았겠지만 결과적으로 큰형이 두 동생에게 갚아야 할 기회비용이 27억 원 정도라는 계산이 나옵니다. 물론 이 금액은 절대적인 기준이 아니라 3형제의 능력과 노력의 정도에 따라 달라지겠지만요. 큰형은 내가 열심히 공부하고 일해서 번 돈이라고 말할 수 있겠지만 두 동생이 대학에 갈 기회를 빼앗았다는 사실을 부정할 수는 없습니다. 법적 책임은 없지만 도덕적 책임은 분명히 존재합니다.

유진수 교수는 "가난한 부모가 맏아들을 대학에 보낸 선택이 잘못됐다고 단정할 수 없는 것처럼 정부의 선택과 집중 전략이 한국의 고도성장에 크게 기여한 것은 사실"이라고 지적합니다. "성공한 맏아들이 그래야 하듯이 기업과 부자들도 자신들의 성공 과정에서 암묵적인 비용을 지불한 국민들에게 보상을 해야 하는 것은 당연하다"는 이야기입니다. 문제는 큰형이 동생들을 돌보지 않을 때 그 책임을 어떻게 강제하느냐입니다. 맏아들의 대학 진학은 이렇게 비유할 수 있을 겁니다. 광복 직후 일제 귀속재산을 불하하고 외화를 배정하는 과정에서 삼성과 현대, LG, 대우 등 기업집단들은 엄청난 특혜를 받고 성장했죠. 정책 차원에서 이자율을 낮춰 자금을 밀어줬고 외자유치를 지원해줬고 경쟁을 제한해 독점적 이윤을 보장해줬습니다. 노동조합을 탄압하는 걸 묵인하고 시장 개방을 최대한 늦춘 것도 특혜의 일환이었다고 볼 수 있습니다.

IMF 외환위기 이후 금리를 낮추고 환율을 끌어올려 수출 대기업들을 지원한 것도 이런 특혜의 연장선이라고 할 수 있지만 그 책임은 분명하지 않습니다. 천문학적인 규모의 외환보유액과 이를 유지하기 위한 외국환평형기금과 통화안정기금, 그리고 무너지는 미국 경제를 떠받치는 미국 국채 등의 상관관계는 제대로 논의조차 되지 않고 있습니다. 여기서 질문은 성공한 맏아들에게 언제까지 대학 등록금을 계속 지원해줘야 하느냐는 겁니다.

유진수 교수는 "맏아들에게 '너만 대학을 보내는 대신 나중에 성공하면 동생들을 보살펴야 한다'는 약속을 받는 것처럼 우리 정부도 기업들에게 특혜를 줄 때 그 이득의 일부를 사회에 환원하라는 강력한 조건을 달았어야 하지 않았나 하는 생각이 든다"고 아쉬움을 털어놓았습니다. "아무런 계약이나 약속 없이 특혜를 주고 이제

와서 기업들에게 어떤 요구를 한다는 건 원론적으로 불가능하다고 볼 수 있다"고 한계를 인정하고 있는데요. 다만 "비효율성을 감수하겠다고 생각하면 기업을 규제하는 방법은 얼마든지 있다"는 게 유진수 교수의 생각입니다. 정부에게는 늙은 부모에게 없는 힘이 있고 필요하다면 그 힘을 남용할 수도 있기 때문입니다. 그리고 한국의 재벌은 사실 아직까지 집에서 학비와 생활비를 받아가고 있다고도 볼 수 있습니다. 그런데 유진수 교수는 너무 쉽게 "이제 와서 책임을 부과하는 건 불가능하다"고 선을 긋고 있어 아쉽습니다.

대학에 간 모든 맏아들이 성공하는 건 아닌 것처럼 정부의 특혜를 받은 모든 대기업이 성공하는 건 아닙니다. 실제로 이런 상황이라면 맏아들은 성공 여부와 무관하게 동생들의 희생에 책임을 느껴야 하고 그건 대기업도 마찬가지겠죠. 맏아들과 대기업의 차이라면 맏아들은 대학을 졸업하고 난 뒤에 어떻게든 독립을 하지만 대기업은 성공하거나 실패하거나 정부의 지원과 특혜에 계속 의존한다는 점이 다릅니다.

맏아들이 아직까지 집에서 학비와 생활비를 받아가고 있다면 아직 늦지 않았다고도 할 수 있습니다. 생활비 지원을 줄이거나 집안 형편이 나아졌다면 둘째와 셋째를 이제라도 대학에 보내고 첫째에게 학비를 분담할 것을 요구하는 것도 책임을 일깨우는 방법이 될 수 있을 거고요. 맏아들에게 가족을 부양할 의무를 명확히 하는 동시에 맏아들 부모 의존도를 줄여 나가야 한다는 이야기죠.

● **이병천_** 강원대학교 경제학과 교수

part 4

주주가치 위에 군림하는 재벌가치, 두고 볼 수 있나

이병천의 삼성 사용설명서

재벌은 신자유주의의 희생양이 아니다.

주주 자본주의를 견제하되

재벌에 사회적 통제를 강화해야 한다.

이병천 교수의 이념적 스펙트럼은 장하준 교수와 김상조 교수의 중간쯤에 있다고 볼 수 있습니다. 인터넷 신문 〈프레시안〉 연속 기고에서 장하준 교수 등과 격한 논쟁을 벌이기도 했지만 상당 부분 문제의식을 공유하고 있기도 하고 여전히 참여연대에서 활동하고 있지만 소액주주 운동에는 비판적인 입장입니다. 이병천 교수가 2012년에 쓴《한국 경제론의 충돌》을 보면 재벌 개혁 논쟁의 미묘한 층위를 좀 더 자세히 살펴볼 수 있습니다.

우선 이병천 교수가 2001년 대안연대 발족 선언문을 썼던 사람이라는 사실이 흥미롭습니다. 대안연대는 '신자유주의 극복을 위한 대안연대회의'의 줄임말인데요. 참여연대 부설 참여사회연구소에서 활동하던 학자들이 장하성 교수나 김상조 교수 등이 주도했던 소액주주 운동에 문제의식을 갖고 이에 대항해 만든 연구 모임이었습니다. 장하준 교수와 정승일 대표 등도 여기에서 같이 활동했었죠.

그 무렵 대안연대에서 빼놓을 수 없는 사람이 이찬근 교수인데요. 이찬근 교수는 노골적으로 신자유주의의 공습에 맞서 재벌을 지켜내야 한다고 주장하곤 했습니다. 이병천 교수에 따르면 대안연대 안에서 이찬근 교수의 목소리가 커지면서 참여연대 출신 멤버들의 불만이 터져 나왔다고 합니다. 참여연대도 문제가 없는 건 아니지만 작정하고 재벌의 하수인이란 비판을 받은 사람과 같은 모임이라니, 쪽 팔려서 같이 못 놀겠다는 불만이었겠죠.

이찬근 교수는 〈동아일보〉 칼럼에서 "SK 사태에서 드러났듯이 재벌은 국내 시장에서의 강력한 지위와 대조적으로 지배권 방어에는 취약하다"면서 "소유지배 구조를 투명화·건전화하되 어떻게 기업의 지배권을 안정시킬 것인가라는 관점을 결합해야 한다"고 주장합니다. "초국적 투기자본을 상대로 기업의 사회적 사명을 왈가왈부할 여지조차 없기 때문"에 "명분에 치우친 재벌개혁은 국익 차원에서 재조명돼야 한다"는 전향적인 주장을 쏟아냅니다.

이병천 교수도 2004년 SK그룹과 소버린 펀드의 경영권 분쟁 이후 자연스럽게 이찬근 교수 등과 멀어진 것으로 보입니다. 이찬근 교수는 거 봐라, 경제민주화한다더니 재벌 쫓아내고 투기자본에 우리 기업들 다 내주게 생겼다면서 대타협론을 확대 재생산했죠. 이찬근 교수의 주장은 장하준 교수 등이 넘겨받아 좀 더 세련된 방식으로 발전시키는데 이 과정에서 대안연대는 해산 수순을 밟게 됩니다. 여기 모인 분들의 스펙트럼이 워낙 다양했으니까요.

이병천 교수는 "한국 신자유주의는 개발 독재의 유산 위에 올라탔다"면서 "재벌과 금융자본이 타협하면서 공존공생하는 잡종 신자유주의로 진화했다"고 분석한 바 있습니다. 장하준 교수가 재벌을 신자유주의의 희생양으로 규정하고 재벌 개혁이 곧 신자유주의 확대라고 비약하는 것과 달리 이병천 교수는 애초에 재벌이 신자유주의의 주도 세력이라고 규정합니다. 그는 재벌이 오히려 신자유주의를 이용하고 있다고 보는 겁니다.

장하준 교수는 이렇게 말하기도 했습니다. "재벌들이 바보 같은 짓을 한 거예요. 시장주의(자유주의)를 들여오면 정부의 간섭에서 벗어날 수 있을 것 같으니까 1990년대 중반 자유기업원 등을 만들어 미국 공화당 극우파들의 극단적 개인주의나 수입하고 주주 자본주의 이론을 들여오고 그랬거든요. 자기 발등을 자기가 찍은 거죠. 재벌 가문이야말로 대다수 주주들의 소유권을 침해하고 있거든요."

이를 두고 이병천 교수는《한국 경제론의 충돌》에서 "장하준 교수가 말을 바꿨다"고 비판하기도 했습니다. 2004년에 쓴《주식회사 한국의 구조조정》에서는 재벌을 신자유주의 동맹의 일원으로 분석했는데 그 이듬해 출간한《쾌도난마 한국경제》에서는 재벌을 세계화된 금융자본의 공격을 받는 수동적 대상 또는 피해자, 심지어 반신자유주의 세력으로 뒤바꿔놓고 있다는 지적입니다.

재벌과 금융자본이 공존하는
잡종 신자유주의

이병천 교수는 "더 많은 주주 자본주의를 추동하고 심화시키는 재벌 개혁에는 반대하며, 주주 자본주의를 견제해야 한다고 보는 장하준 교수 등의 주장에 공감한다"고 밝히기도 했습니다. 그러나 "신자유주의를 금융자본의 지배로만 좁게 바라보기보다는 지배계급 복합체의 보수적 복원, 즉 인간과 세계를 재상품화하는 산업자본과 금융자본의 새로운 타협 기획이라고 좀 더 폭넓게 바라보지 못한 것은 안타깝다"라며 거리를 두고 있습니다.

이병천 교수는 장하준 교수의 이론을 다음과 같이 압축해서 요약합니다. "자유 시장주의자들에 의해 '죽은 개' 취급을 받던 국가를 복원시켜 세계화 시대에도 여전히 국가의 산업 정책적 기능이 매우 중요하고 국가와 기업의 협력이 발전 시너지를 낼 수 있다는 것, 좋은 기업은 분명히 나라의 번영과 공동의 부를 창조하기 위한 필수적 토대지만 사기업에 좋은 게 곧 나라 경제에 좋은 것은 아니며 따라서 국가와 기업에 대한 규제가 필수적이라는 것 등."

그러나 이병천 교수는 "국가도 자본도 구조화된 권력체임을 직시해야 한다"고 지적합니다. 규제가 필요하다고 말하기는 쉽지만 실행하기는 어렵다는 이야기인데요. 기업과 자본을 규율할 수 있는 제도적 강제 체제에 대한 아이디어가 빠져 있다는 지적입니다. 그래서 이병천 교수는 "장하준 교수가 국가의 능력에 너무 과도한 부담을 지우고 있지 않나 생각한다"고 아쉬움을 드러냅니다.

이병천 교수의 지적은 굉장히 흥미롭고도 중요합니다. "민주화가 오히려 국가의 조절과 규율 능력의 후퇴를 불러오고 그래서 대자본을 통제할 수 있는 새로운 민주적 규율 체제, 제도적 강제 체제를 수립하지 못하면 나라 경제와 국민 대중의 삶이 대자본의 볼모로 붙들릴 위험이 있다"는 겁니다. 한국 경제가 당면한 현실을 정확하게 짚고 있는 대목인데요. 이런 현실에서 어떻게 사회적 대타협이 가능하겠느냐는 이야기도 되겠죠.

이병천 교수는 "노동세력이 미약한 한국과 동아시아 개발주의와 노동세력이 강력한 정치적 주체로 나서 노사정 합의가 제도화된 유럽의 사회적 합의주의는 근본적으로 정치적 구도가 다르고 복지국가로 가는 길 또한 다를 수밖에 없다"고 지적합니다. "국가가 개방된 수평적 협력과 공정 경쟁 질서를 키우도록 제도 증진적 방식의 개입을 해야 하는데 장하준 교수는 이에 대해 말하지 않으면서 국가 일방의 개입주의에 치우쳐 있다"는 겁니다.

이병천 교수와 함께 대안연대에서 활동했던 유철규 교수는 《현대 마르크스 경제학의 쟁점들》이라는 책에서 "IMF 외환위기 훨씬 전부터 한국 내부에서 신자유주의를 가장 적극적으로 도입하자고 주장했던 세력이 재벌"이라고 지적한 바 있습니다. 국가 차원의 전폭적인 지원으로 성장했던 재벌이 신자유주의 도입과 함께 사회적·

역사적 책임을 벗어나는 동시에 총수 일가의 사적 소유권을 확보하게 됐다는 분석인데요.

유철규 교수의 신자유주의에 대한 정의는 명쾌합니다. "축적 체제의 관점에서 볼 때 국가의 후퇴는 또 다른 문제를 초래한다. 권위주의적 정치적 구권력에 의존해왔던 구체제의 노동 규율이 사라진다는 것이다. 국가의 표면적 후퇴를 통해 지배계급의 정치적 부담을 완화하고 역사로부터 단절된 사적 소유권을 확립하면서 동시에 노동규율을 유지한다. 이 3가지가 한국 신자유주의의 과제라고 할 수 있다."

유철규 교수의 글을 좀 더 살펴볼까요. "역사적 맥락에서 한국에서 신자유주의는 다음과 같은 의미를 갖는다. 하나는 노동운동의 활성화와 민주화로 말미암아 노동계급에 대한 정치적 대응능력이 약화된 국가의 후퇴를 자본에 대한 규제 완화로 이끌어내고 다른 하나는 산업화 시기의 국가 지원으로 말미암아 모호해진 사적 소유권을 확립해 노동에 대한 지배권을 확립하고 암묵적으로 재벌에 부여되던 사회적 책임을 회피하는 것이다."

장하준 교수와 유철규 교수의 문제의식은 언뜻 비슷해 보이지만 본질적으로 다릅니다. 유철규 교수는 재벌이 이미 국민 경제에서 이탈해 신자유주의와 결탁하고 있다고 보는데 장하준 교수는 재벌이 신자유주의와 동거를 시작했지만 더 늦기 전에 신자유주의의 마수에서 구출해야 한다는 입장입니다. 재벌이 곧 신자유주의라고 보는 이병천 교수 등과는 애초에 접근 방식이 다른 겁니다.

이병천 교수는 장하준 교수의 주장이 과장됐거나 근거가 없다고 주장합니다. "재벌 해체와 특권과 독식의 해체도 구분하지 못한다"고 감정 섞인 비판을 쏟아내기도 했습니다. "깊은 강은 국제 금융자본과 재벌 사이에 흐르는 게 아니라 재벌+국제 금융자본과 중소기업+노동자+중산층 사이에 흐르고 있다"는 게 이병천 교수의 주장입니다. "중소기업이나 소상공인 문제까지 국제 금융자본의 탓으로 돌린다면 과도한 단순 논리"라는 지적인데요.

이병천 교수는 몇 가지 구체적인 의문을 제기합니다. 우선 해외 금융 자본이 재벌을 접수한다는 주장에 실증적 근거가 없다는 겁니다. 한국 경제가 주주 자본주의에 얼마나 종속돼 있는지도 주장만 난무할 뿐 입증된 바가 없다는 건데요. 배당과 자사주 매입 규모를 살펴보면 삼성전자는 자사주 매입 규모는 크지만 배당이 적고 현대자동차는 둘 다 크지 않은 비율입니다. 다들 다른 통계를 내놓고 있어서 좀 더 정교한 연구가 필요할 것으로 보입니다.

삼성전자의 자사주 매입은 주가 부양이나 주주가치 극대화보다는 이건희 일가의 경영권 방어 목적으로 우호 지분을 늘리는 차원에서라고 보는 게 맞습니다. 분명한 것은 삼성전자나 현대자동차나 주주가치 성향이 우려하는 것만큼 높지 않다는 건데요. 실질적으로 재벌을 지배하고 있는 총수 일가가 주주들의 눈치를 그렇게 심하게 보는 건 아니라는 이야기도 되겠죠. 장하준 교수의 우려와 달리 주주 자본주의의 위협이 그리 크지 않다고 볼 수도 있고요.

이병천 교수는 그래서 한국의 재벌은 주주가치가 아니라 재벌가치를 추구하고 있다고 규정합니다. 장하준 교수는 현대자동차가 비정규직 노동자를 착취하는 것도 주주 자본주의와 국제 금융자본의 압박 때문이라고 주장하지만 이병천 교수는 재벌들이 총수 주도 또는 독재 아래 막강한 자율적 파워를 행사하면서 금융시장의 압력에 대응하고 동시에 재벌가치를 추구하고 있다고 보는 입장입니다. 그걸 신자유주의라고 볼 수 있는지는 의문이긴 하지만요.

장하준 교수는 〈프레시안〉 논쟁에서 재벌 시스템과 총수 일가를 따로 봐야 한다는 논리를 펼치기에 이릅니다. 인물로서의 재벌, 총수 일가는 주주 자본주의와 결탁하면서 사리사욕을 취하지만 제도로서의 재벌, 대기업 집단은 주주 자본주의와 대항하는 양상을 보인다는 게 장하준 교수가 내세운 논리인데요. 무슨 의미인지는 알겠지만 뭔가 좀 꼬인다는 느낌이 들죠. 한마디로 정리하면 "이건희는 나쁘지만 삼성까지 미워하지는 말자"라고 할 수 있습니다.

재벌 보고 싸우라 하라고?
이미 신자유주의와 한 몸

장하준 교수와 이병천 교수는 서로 '이건희와 삼성그룹도 구별 못

하나', '이건희와 삼성그룹을 생이별시키지 마라'라는 칼럼을 쏟아내면서 격렬한 논쟁을 벌였지만 꼬투리 잡기로 흐르는 측면도 있었습니다. 이병천 교수는 "장하준 교수 등이 인물·개인과 제도·정책을 구별하는 방식으로 자가당착에서 빠져나왔다"고 지적했고 장하준 교수 등은 공동으로 반박한 칼럼에서 "이병천 교수가 인물의 문제를 제도의 문제로 바꿔버렸다"고 비판했습니다.

"(주주 자본주의 원리에 어긋나는) 대기업 집단이라는 경제 제도를 (주주 자본주의에 적극 호응하여 사리사욕을 취하는) 재벌 가족들이라는 인물·개인들로부터 구별하지 않으며, 인물의 문제를 제도의 문제로 바꿔버린다"는 게 장하준 교수 등의 반박이었는데 이병천 교수는 다시 "인물로서의 재벌은 신자유주의 세력이지만 제도로서의 재벌은 전혀 그렇지 않다고 강변한다"고 다시 반박합니다.

나중에 정승일 대표가 《굿바이 근혜노믹스》에서 장하준 교수의 입장을 보완하는데요. "기업 그룹의 필요성과 합리성을 옹호하지만 그 기업그룹을 지배하는 게 반드시 재벌 총수일 필요는 없다는 이야기"라고 정리합니다. 재벌과 신자유주의는 이미 한 몸이라는 게 이병천 교수나 유철규 교수의 주장이라면 장하준 교수나 정승일 대표는 이를테면 이건희와 삼성그룹을 생이별시킬 수도 있다는 이야기를 하고 있는 건데요. 생이별시킬 가능성을 염두에 둬야 그걸로 협상이든 협박이든 해서 사회적 대타협도 가능할 테니까요.

물론 대우그룹이나 진로그룹처럼 파산해서 채권단에 넘어가 생이별하는 경우도 있죠. 대우그룹은 뿔뿔이 흩어져서 외국 기업이나 다른 재벌 그룹에 넘어갔고요. 진로그룹은 골드만삭스에 팔려 넘어갔다가 하이트맥주로 넘어갔고요. 쌍용자동차는 중국에 팔려갔다가 인도로 팔려갔습니다. 총수 일가는 그야말로 생이별을 당했죠.

김상조 교수 등은 재벌을 개혁하자고 했지, 해체하자는 건 아니다, 재벌을 해체하자고 말하는 사람은 아무도 없다고 말하는데 실제로 IMF 이후 재벌 그룹의 3분의 1이 완전 해체됐고 3분의 1은 계열사들이 대거 매각돼 형체만 남았습니다. 3분의 1 정도만 온전하게 살아남은 건데요. 이런 식의 재벌 해체는 총수 일가와 생이별을 시키지만 금융자본의 배를 불리거나 다른 재벌의 덩치를 키워 경제력 집중을 더욱 강화하는 결과를 가져왔던 게 사실입니다.

다시 정리하면 장하준 교수의 이론은 재벌이 국가의 통제를 벗어나기 위해 주주 자본주의를 들여왔지만 역설적으로 재벌이 주주 자본주의의 공격을 받고 있다는 문제의식에서 출발합니다. 시장을 통제하는 국가보다 국가의 통제를 받지 않은 시장이 더 무섭다는 의미가 될까요. 이 지점에서 사회적 대타협의 가능성이 있다고 본 걸 텐데요. 재벌과 함께 주주 자본주의에 맞서자, 그런 의미가 되겠죠.

이병천 교수는 "한국 경제 1997년 체제를 이야기하는 대표적인 두 견해(장하준·김상조)가 각각 다른 논리 구조로 신자유주의 지배 또는 사회 경제적 양극화 체제의 정점에 있는 재벌을 그 책임에서 면제시키고 있다"고 비판하기도 했죠. 장하준 교수 등이 재벌을 신자유주의의 피해자로 규정하는 오류에 빠졌다면 김상조 교수 등은 공정한 시장 경쟁을 강조하면서 정작 양극화와 경제력 집중 문제에 소홀했다는 비판입니다.

이병천 교수는 "소유와 소유주의 문제는 단지 주주 무책임의 문제로 볼 수만은 없다"면서 "선출되지 않은 소수 경영자의 특권과 그 실질적 통제권 아래에 놓인 기업 권력, 재벌 권력 자체의 무책임에 대해 말해야 한다"고 강조합니다. "고삐 풀린 무책임한 특권 권력의 사적 소유권에 맞서 어떻게 이해 당사자의 권리를 옹호하고 사회적 책임 규율을 부과할 것인가"가 중요하다는 이야기죠.

장하준 교수는 《주식회사 한국의 구조조정》에서 1997년 외환위기는 한국 경제의 구조적 위기가 아니라 오히려 국가-은행-재벌 연계의 발전주의 전략을 포기하고 영미식 주주 자본주의로 체질을 바꾸려 했기 때문에 발생한 것이라고 주장했습니다. 특정 전략 산업에 집중 투자하는 불균형 성장 전략이 오히려 한국 경제의 추격 전략이었다는 거죠. 그래서 추격 모델의 가치를 복원하고 발전적으로 계승하는 두 번째 단계의 추격 시스템을 제안합니다.

이병천 교수는 "주류 워싱턴 컨센서스와 영미식 시스템으로의 구조 개혁에 대항하면서 새롭게 조절된 시장경제 또는 협력 자본주의 대안을 제시한다는 견지에서 장하준 교수와 견해를 같이 하지만 장하준 교수의 주식회사 한국 모델론에는 규율 원리와 제도의 문제가 빠져 있다"고 지적합니다. "국가와 재벌이 공생하는 발전·지배연합 체제에 내재된 규율 이완과 그 심각한 폐해, 나아가 민주화 시대의 규율 공백 문제에 둔감하다"는 지적이죠.

이병천 교수는 "장하준 교수의 주식회사 한국 모델은 강한 재벌과 약한 노동의 모델이며 강한 결속에 따른 관계 구속, 연성 예산 제약과 과잉 투자의 경향이 내재돼 있는 모델"이라고 규정하고 "장하준 교수는 자유 시장론 대 주식회사 한국 모델론의 이항 대립에 경도된 나머지 이 결함을 보는 데 매우 인색하다"고 지적합니다. 국내적 모순과 개방 외압이 결합돼 나타난 위기인데 외압 쪽만 강조하고 있다는 비판이죠.

이병천 교수는 "딜레마에 빠진 재벌 개혁의 대안은 이해 당사자의 참여와 협력의 책임 자본주의를 어떤 방식으로든 살려내는 길밖에 없다"고 강조합니다. 좀 원론적인 이야기처럼 들리는 건 어쩔 수 없습니다. 이사회 구성에서 주주의 자리를 35%, 노동자가 35%, 채권자로서 주거래 은행과 기관 투자자 등 나머지 이해 당사자들을 30% 정도로 하는 3분할 안을 제안하는데요. 법적으로 강제할 수단이 마땅치 않다는 게 한계입니다.

이병천 교수의 이야기로 중간 정리를 해보겠습니다. "재벌이 지금까지의 주주 이익 극대화 지향 및 국제 금융자본의 요구와 거리를 두고 노동자와 하청 중소기업, 지역사회 등 여타 이해 당사자와 협력·공생 관계에 들어가는 사회적 시민기업 또는 동반자 기업으로 거듭날 때 비로소 논란 많은 재벌의 경영권 보호와 역사적 대타협, 노사정 사회적 합의 의제의 실마리도 풀릴 것입니다. 이 같은 기업의 사회적 책임은 마땅히 법률로 정해야 합니다."

발렌베리처럼?
스웨덴 짝사랑은 이제 그만

참여연대와 대안연대 양쪽에 비판적인 견해로는 신정완 교수의 글을 주목할 필요가 있습니다. 신정완 교수는 《세계화 시대 한국 자본주의》에 실린 글에서 "대안연대 학자들이 기대하는 투자와 고용 증대는 재벌 기업의 경제적 계산에 따라 이뤄질 수 있는 것이지 재벌 총수와 노동운동의 주고받기식 교환의 산물로 이끌어낼 수 있는 게 아니고 설령 가능하다 해도 일회성 이벤트로 끝날 공산이 크다"고 반박합니다.

신정완 교수는 "대안연대에서 주장하는 계급 타협은 단번에 여러 의제를 포괄하며 이뤄지는 정치적 교환의 느낌을 강하게 주는데 장기적으로 유지되기 어려운 데다 잘못하면 박정희 모델에서와 같은 과도한 성과지향적 재량주의가 만연할 위험도 있다"고 경고합니다. "오히려 재벌 총수의 소유지배권을 인정·보호하는 조건으로 계급 타협을 이루자는 제안은 자칫 이해관계자 자본주의 또는 사민주의적 자본주의 발전에 장애가 될 수도 있다"는 겁니다.

애초에 스웨덴 모델을 그대로 한국에 적용하기에는 무리가 있다는 지적인데요. 스웨덴의 1930년대와 한국의 2010년대가 워낙 상황이 다르기도 하죠. 신정완 교수는 먼저 1938년 찰츠요바덴 협약에서 발렌베리그룹의 소유·지배권을 인정해주는 대가로 적극적으로 투자와 고용을 늘리기로 대타협을 했다는 내용은 사실과 다르다고 지적하고 있습니다. 발렌베리그룹은 애초에 노사협약의 주체가 아니었다는 거죠.

연대임금제와 적극적 노동시장 정책의 기본이 된 이른바 랜-마이드너 모델도 한국의 민주노총과 비슷한 노동조합총연맹과 사회민주당의 합의로 채택했을 뿐 발렌베리 일가는 개입한 바가 없다는 게 신정완 교수의 주장입니다. 연대임금제를 도입하면 대기업들은 인건비 부담이 줄어들고 경쟁력이 높아지니까 발렌베리그룹 계열사들도 환영했겠죠. 그렇지만 랜-마이드너 모델이 계급 타협의 결과인 것처럼 말하는 건 사실과 크게 다르다는 지적입니다.

이해를 돕기 위해 잠깐 설명을 덧붙이자면 랜-마이드너 모델은 1951년 노동조합총연맹 소속 경제학자, 요스타 랜과 루돌프 마이드너가 제안한 산업 근대화 프로젝트를 말합니다. 연대임금제와 적극적 노동시장 정책, 그리고 엄격한 거시경제 정책 등 이른바 스웨덴 모델의 3가지 원칙이 모두 여기서 나왔습니다. 여기에서 알 수 있듯이 1951년이니까 찰츠요바덴 협약 한참 이후죠. 재벌과 대타협과는 거리가 멀고요.

좀 더 간단히 설명해볼까요. 동일노동 동일임금 원칙을 적용하면 그만큼 임금을 많이 못 주는 중소기업들이 무더기로 도산하겠죠. 대기업들은 인건비를 줄일 수 있을 거고요. 그렇게 내버려두는 게 아니라 국가 주도로 연구개발 투자를 하고 확실한 고용보험과 직업훈련으로 다시 일자리를 찾도록 만드는 게 핵심입니다. 그걸 적극적 노동시장 정책이라고 합니다. 세금을 내도록 만들고 그렇게 거둔 세금으로 복지 시스템을 뒷받침하는 구조인 거죠.

노동조합총연맹은 1976년에 렌-마이드너 모델의 소유 집중의 문제를 해결하기 위해 임금노동자기금법을 발의합니다. 직원 수가 50~100명 이상인 기업은 해마다 이윤의 20%를 신규 발행주식의 형태로 노동조합총연맹이 관리하는 기금에 적립하라는 법이었는데요. 당연히 이 법안은 고용자연합회의 거센 반발을 불러왔고 사회민주당과 화이트칼라 노동자들도 미온적이거나 중립적인 입장을 보였습니다. 결국 법안상정은 무산됐고 노동조합총연맹과 사회민주당과의 관계도 크게 악화됐습니다.

찰츠요바덴 협약,
제대로 알고나 부러워하자

물론 스웨덴의 발렌베리와 한국의 삼성이 비슷한 측면이 많은 것은 사실입니다. 삼성경제연구소가 꽤나 깊이 있게 발렌베리그룹을 연구하고 직간접적인 경로로 정부에 의견을 전달했다는 것도 공공연한 비밀입니다. '발렌베리'인지 '왈렌베리'인지 발음조차 정확히 알려지지 않았던 2003년에 이건희 회장이 발렌베리 가문을 방문하고 오기도 했죠. 특히 이건희 회장은 발렌베리그룹의 금융지주회사나 차등의결권 제도가 부러웠던 모양입니다.

신정완 교수는 "소수 금융 가문에 집중된 민간 대기업들의 소유 지배구조는 그 뿌리가 오래 되었고, 이러한 기업들이 비교적 좋은 성과를 올리고 있는 데다 복지국가 건설 등 사회민주당 세력이 해야 할 일이 많은 상태에서 민간 기업의 지배구조 개편 문제는 아예 정책적 의제거리로 의식되지도 않았다"고 설명합니다. 계급타협의 결과 금융 계열사의 제조업 계열사 지배를 묵인하거나 차등의결권 제도를 허용한 게 아니라는 이야기입니다.

또한 그는 2012년 〈한겨레21〉 기고에서도 "재벌 총수 가문의 소유 지배권을 보장해주는 대가로 투자와 고용 증대, 고율 조세 납부를 받아내자는 것은, 막대한 현찰을 주는 대가로 액수도 얼마 안 되고 현금 회수 여부도 불확실한 어음을 받는 것과 비슷한 일일 것 같다"고 비판합니다. 소유 지배권을 보장받기 위해 일시적으로 타협할 수는 있겠지만 이러한 정치적 교환이 오래 가지는 않을 거라고 본다는 이야기죠.

신정완 교수에 따르면 찰츠요바덴 협약은 노사 분쟁의 해결방식을 의제로 삼았지 거대 금융가문의 소유·지배권 보장과 투자와 고용 증대 및 고율 조세 부담 등을 정치적으로 교환한 타협이 아니었습니다. 복지국가 건설 또한 사회적 대타협과 무관하게 사회민주당 정부가 일관성 있게 추진해온 프로젝트였고 핵심 원동력은 사회민주당의 장기 집권이었습니다. 물론 전국적인 노동자 조직의 지지가 있었기 때문에 가능한 일이었겠죠.

《존경받는 기업 발렌베리가의 신화》라는 책을 보면 한국 사회가 얼마나 스웨덴 모델을 편의적으로 이해하고 있는지 확인할 수 있습니다. 발렌베리그룹은 사실 그룹이 아닙니다. 발렌베리 가문이 지분을 소유하고 있는 기업들 사이에 막연한 연대 의식만 있을 뿐 같은 이름을 쓰지도 않고 당연히 동일한 기업 로고 같은 것도 없습니다. 개별 기업의 독립 경영을 원칙으로 하기 때문에 삼성 같은 계열사 부당 지원 같은 건 있을 수 없습니다.

차등의결권 역시 오해가 많습니다. 이건희 일가가 순환출자 구조 덕분에 적은 지분으로 그룹 전체를 지배하는 것처럼 발렌베리 가문이 차등의결권을 이용해 적은 지분으로 그룹 전체에 영향력을 행사하는 것은 비슷하지만 마치 우선주와 보통주의 개념처럼 10배의 의결권을 갖는 주식도 상장돼서 일반 주식 투자자들도 누구나 거래할 수 있습니다. 유통 물량이 적긴 하지만 주가의 차이도 크지 않습니다.

신정완 교수에 따르면 찰츠요바덴 협약은 철저하게 좁은 의미에서 노사관계와 관련된 의제들, 그것도 주로 분쟁해결 방식에 국한돼 있었습니다. 발렌베리 가문은 찰츠요바덴 협약뿐만 아니라 어떤 노사 협약에도 참여한 바 없습니다. 고용자연합회가 있는데 발렌베리 가문이 나설 이유도 없고 애초에 다른 기업들을 대표할 자격도 없고요. 한국에는 이찬근 교수 등의 언론 인터뷰가 와전되면서 잘못 알려진 것으로 보입니다.

실제로 스웨덴에서는 발렌베리 가문의 소유·지배권 문제가 사회적 의제로 논의조차 되지 않았다는 게 신정완 교수의 설명입니다. 오히려 발렌베리그룹의 상호출자와 차등의결권 등 소유와 지배가 괴리되는 독특한 지배구조를 큰 문제의식 없이 용인했고 경제력 집중 역시 자본주의 발전에 따른 자연스러운 현상으로 받아들였다는 거죠. 한국과 달리 재벌 총수들이 사회적 물의를 일으키거나 지탄을 받는 일이 없었기 때문이기도 할 겁니다.

신정완 교수는 "이찬근 교수 등이 강조하는 거대 기업과 노동조합, 정부의 조합주의적 계급 타협의 틀은 스웨덴에서도 1980년대 이후 근본적으로 해체돼왔다"고 지적합니다. "재벌 총수의 기득권 보호를 핵심 고리로 삼아 계급 타협을 이룬다면 발전국가주의만 전면화되고 사회민주주의는 부차화돼 자칫 국민적 합의라는 정치적 위광까지 부여받은 재벌의 이해관계에 노동운동이 끌려다니게 될 가능성이 크다"는 지적도 핵심을 찌릅니다.

빅딜을 노릴 게 아니라
정치적 비전을 보여달라

홍기빈 소장은 2012년 사루비아다방에서 열린 세미나에서 "한국 사회에서는 노동조합총연맹이 곧 스웨덴 사회민주주의라고 오해하는 경향이 있는데 노동조합총연맹이 주도적인 역할을 한 건 맞지만 정당 운동을 빼고 이야기할 수 없다"고 지적한 바 있습니다. "노동운동이 정치권을 압박했다기보다는 오히려 노동운동 진영이 사회민주당의 노사 협조 노선에 끌려왔던 측면이 강하다"는 설명입니다.

"노동자 계급이 자본가 계급을 겁박해서 복지국가를 끌어냈다고요? 오해입니다. 자본가들이 겁을 집어먹었으면 깡패들을 불렀겠죠. 겁 준다고 복지국가를 하겠습니까. 노동자 계급이 정치적 영향력을 확보해서 자본가 계급을 압박했다기보다는 노동자 계급의 지지를 받는 사회민주당이 변화를 끌어냈다고 보는 게 맞습니다. 스웨덴에서는 다행히 합리적으로 생산성을 높이고 공동의 목표를 만들자는 논의가 1920년대부터 있었습니다."

홍기빈 소장은 "좌파들은 뭔가 깨부숴야 한다, 뭔가 휘두르고 투쟁해야 한다는 강박을 갖는 것 같은데, 현실적인 힘과 정치적인 힘을 구분할 필요가 있다"고 지적합니다. 실제로 스웨덴에서는 건설 노동자들이 파업에 돌입하자 노동조합총연맹이 나서서 파업을 막기도 했죠. 단위 사업장에서 해결할 수 있는 문제가 아니라고 봤기 때문입니다. 계급적 이해관계를 넘어 연대를 끌어내는 발상의 전환이 필요하다는 이야기입니다.

스웨덴 복지국가 모델은 노동자 계급의 단결 투쟁이 아니라 잘 설계된 현실적 비전에 스웨덴 국민들이 호응했기 때문에 가능했습니다. 홍기빈 소장의 지적은 투쟁 일변도의 주먹구구식 이론으로 세상을 바꿀 수 없다는 현실론이기도 하고 한국의 좌파들이 거대 담론보다는 잠정적인 유토피아를 고민해야 한다는 절박한 충고이기도 합니다. 노동자들이 권력을 잡는 그날을 기다릴 게 아니라 바로 오늘 당장 할 수 있는 투쟁부터 시작해야 한다는 이야기죠.

스웨덴에서 만났던 노동조합총연맹의 연구원, 얀 에들링은 나중에 한국에 다녀가기도 했는데요. 2006년 사회민주당의 집권 실패를 두고 스웨덴 모델의 후퇴라는 둥 말이 많았을 때였습니다. 에들링은 "스웨덴 국민들은 여전히 사회적 연대와 합의 시스템에 강한 자부심을 갖고 있다"면서 "변화가 필요하다고 생각하지만 시스템의 기본 원칙을 포기할 수 없다는 데 많은 국민들 생각이 일치하고 있다"고 설명했습니다.

저와 함께 스웨덴에 다녀왔던 신범철 경기대 경제학과 교수는 스웨덴 모델을 코포라티즘corporatism(국가 조합주의)으로 설명합니다. "우리는 그동안 스웨덴 모델을 찰츠요바덴 협약이나 랜-마이드너 모델 등 특정 제도나 시스템으로 이해하려고 했지만 제도나 시스템은 시대에 따라 바뀌게 마련이고 그 근간에는 노사정이 머리를 맞대고 함께 국가의 성장 모델을 고민하는 사회적 연대와 합의의 문화가 자리잡고 있다"는 이야기죠.

신범철 교수도 스웨덴 모델을 타협주의로 보는 시각만큼이나 자본과 노동의 힘의 대결로 보는 시각 역시 정확하지 않다고 지적했습니다. 스웨덴에는 있고 우리에게는 없는 것이 바로 이 사회적 연대와 합의의 문화라는 겁니다. 사회민주당이 정권 재창출에 실패하고 복지국가 시스템이 후퇴하고 있는 것은 사실이지만 그건 오히려 지속가능한 복지 시스템에 대한 고민 때문이라는 설명입니다.

국민연금을 삼성전자 백기사로
이재용 경영권 보장?

다시 돌아가서 장하준 교수가 제안했던 삼성 특별법을 살펴볼까요. 구체적인 아이디어라기보다는 특별법이라도 만들어서 삼성을 협상 테이블로 끌어내자는 차원의 이야기였을 텐데요. 차등의결권을 허용해서 경영권을 안정시켜주자는 아이디어도 나왔습니다.

장하준 교수는 비슷한 주장을 몇 년째 반복하고 있습니다. 정작 삼성은 시큰둥해 보이는데 계속해서 빅딜을 제안하고 있는 상황입니다.

이건희 회장 입장에서 차등의결권은 있으면 좋지만 없더라도 경영권에 큰 위협을 느끼고 있는 것 같지는 않습니다. 삼성전자가 인수합병에 취약하다는 호들갑스러운 언론 보도가 가끔 나오긴 하지만 가능성은 크지 않다는 게 상식입니다. 이건희 회장 입장에서는 차등의결권까지는 바라지도 않고 삼성생명이 보유한 삼성전자 지분만 계속 가져갈 수 있게 해주기만 해도 큰 걱정이 없는 상태라고 보는 게 더 정확한 분석일 겁니다.

그렇다면 금융산업 분리 정책을 좀 더 유연하게 적용하는 걸로 삼성과 사회적 대타협을 끌어낼 가능성은 없을까요. 사실 이재용 부회장 입장에서는 당장 더 급한 건 삼성생명 지분을 물려받으면서 내야 할 상속세입니다. 삼성생명 보험 가입자들이 낸 보험료로 삼성전자를 우회 지배하는 시스템을 유지하는 것도 중요하지만 당장은 아버지 이건희 회장이 보유한 삼성생명 지분을 그대로 물려받는 게 더 시급하다는 이야기죠.

장하준 교수는 상속세를 지분으로 받아 국민연금이 보유하게 하자는 아이디어를 내놓았는데 이건 이재용 부회장 입장에서는 정말 최악의 시나리오라고 할 수 있습니다. 사회적 대타협은커녕 화들짝 놀라 숨을 일이죠. 순환출자 구조도 끊기고 국민연금이 경영에 간섭한다는 이야기가 될 테니까요. 경영권 공격이 있을 때는 국민연금이 이재용 부회장의 우호 지분이 될 수도 있겠지만 평소에는 이재용 부회장 독주를 막는 역할을 하겠죠.

정승일 대표는 2014년 8월 투기자본감시센터가 주최한 토론회에서 이 아이디어를 좀 더 자세히 설명합니다. 이른바 국민연금 지배론은 50%를 상속세로 내면 총수의 후손들이 계속 지분이 줄어들어 소액주주가 된다는 전제를 두고 있습니다. 주인 없는 기업이 되면 소버린이나 론스타 같은 투기자본의 제물이 된다는 논리죠. 그래서 재벌 해체가 아니라 국가 지주회사를 만들고 재벌의 사회화를 모색해보자는 제안입니다.

〈미디어스〉에 따르면 정승일 대표는 이런 이야기를 했습니다. "대우그룹 해체를 보세요. 과연 대우 해체가 진보적이었습니까. 노동운동에서 이야기하는 것처럼 (재벌이 해체됐다고 해서) 노동자 권력이 나타난 것도 아니고 대량 정리해고와 명예퇴직이 있었죠. 대우전자는 간신히 살아나왔습니다. 재벌 해체 이후는 경제민주화도 결코 아니었고 자본주의를 뒤집는 것도 아니었습니다. 신자유주의 월스트리트의 자본주의가 관통됐습니다. 착각을 해도 엄청난 착각을 한 거죠."

정승일 대표의 아이디어는 크게 3가지입니다. 첫째, 상속세를 현물로 내면 시장에 내다 팔지 않고 국가 지주회사에 이전한 뒤 총수 후손의 경영권을 인정해주면서 개입하는 방법이 있고요. 둘째, 국가 지주회사 대신에 공익재단을 1대 주주로 만드는 방법도 있습니다. 스웨덴 발렌베리그룹이나 독일의 폴크스바겐처럼 말이죠. 셋째, 국민연금이 특별계정을 만들어 지분을 인수하고 경영에 개입하는 방법도 가능합니다.

핵심은 재벌 해체는 답이 아니다, 시장에 맡겨두는 것도 위험하다, 그래서 재벌에 사회적 통제 장치를 투입해야 한다는 겁니다. 일단 이재용 부회장이 삼성그룹의 경영권을 넘겨받도록 하되 국가 지주회사나 국민연금 등이 개입을 한다는 거죠. 집단 백혈병 문제를 해결하라고 압박한다거나 노동조합 탄압을 중단하도록 할 수도 있을 거고요. 경영 능력이 없는 걸로 판단되면 이재용 회장을 물러나게 할 수도 있겠죠.

그러나 9장에서 좀 더 구체적으로 살펴보겠지만 이건희 회장과 이재용 부회장은 상속세에 대한 대책을 이미 마련한 것으로 보입니다. 그리고 상속세는 현물이 아니라 현금으로 내게 돼 있습니다. 현금이 없으면 주식을 팔아서 내야 합니다. 그런데 상속세를 주식으로 넘겨받아 국가지주회사를 만들자거나 국민연금이 경영권을 행사하자는 아이디어는 떡 줄 사람은 생각도 하지 않는데 김칫국부터 마시는 상황이랄까요.

장하준 교수와 정승일 대표의 아이디어가 전혀 불가능하다고 생각하지는 않습니다. 순환출자를 규제하고 금융산업 분리 원칙을 엄격하게 적용해서 삼성그룹의 지배구조를 산산조각을 내는 거죠. 그러면 이재용 부회장이 먼저 타협이나 빅딜을 제안할 수도 있을 겁니다. 그렇지만 지금 법과 제도에서는 얼마든지 상속세를 내고도 아버지의 경영권을 물려받을 수 있습니다. 정치권에 딱히 삼성을 혼내주려는 의지가 있는 것 같지도 않고요.

쌈짓돈 국민연금을 보는 5가지 시선

국민연금 지배 시나리오를 기업의 사회적 지배라는 맥락으로 이해하면 오히려 뒤에 이야기할 김성구 교수나 김상봉 교수의 아이디어에 가깝다고 볼 수도 있을 텐데요. 이걸 또 연기금 사회주의로 확장하면 이야기가 복잡해집니다. 국민연금의 주주권 행사는 툭하면 나오는 이슈인데요. 워낙 운용기금 규모가 크다 보니 보수 진영이나 진보 진영이나 욕심을 내죠. 그렇지만 꿍꿍이 속은 제각각 다릅니다. 크게 5가지 유형으로 구분할 수 있습니다.

첫째, 정부와 여당은 기업들이 정부의 말을 잘 듣지 않는다고 생각합니다. 정권이 몇 차례 바뀌어도 재벌 총수 일가는 대대로 기득권을 세습하면서 영향력을 행사하고 있죠. 정부가 투자 좀 하라고 구슬려도 적당히 하는 시늉만 하고 말이죠. 그래서 손을 좀 볼 필요가 있는데 국민연금을 내세우면 되겠다고 생각하는 거죠. 정부가 툭하면 국민연금 주주권 행사라는 카드를 들고 나오는 건 누가 주인인지 확실하게 알려주겠다는 의도로 해석할 수 있습니다.

둘째, 물론 대기업들은 표면적으로 주주권 행사를 반대하지 않습니다. 심지어 이건희 회장도 "국민연금의 주주권 행사를 환영한다"고 말한 적이 있죠. 굳이 반대할 명분이 없기도 하고 국민연금이 주주권을 행사한다고 하더라도 형식적인 수준에 그칠 거라는 확신이 있기 때문일 수도 있습니다. 국민연금은 기본적으로 우호 지분이라고 믿고 있거나 주가만 올려주면 불만 없는 것 아니냐는 자신감도 작용하는 것으로 보입니다.

셋째, 그렇지만 일부 경제신문들은 국민연금의 주주권 행사를 경영 간섭으로 보고 적극적으로 반대합니다. 투자만 하고 경영에는 개입하지 말라는 입장인데요. 사실 이런 주장은 명분도 없을뿐더러 이들이 신봉하는 주주 자본주의 원칙에도 위배됩니다. 정작 기업들은 가만히 있는데 언론이 나서서 호들갑을 떠는 거죠. 이 신문들은 국민연금이 기업의 사회적 책임을 요구하면 기업의 수익성이 저하될 수 있다는 이상한 논리를 펼치기도 합니다.

넷째, 좀 더 적극적으로 주주 행동주의에 나서야 한다는 주장도 있죠. 연기금 행동주의, 좀 더 나가면 연기금 사회주의가 될 텐데요. 소액주주 운동의 국민연금 버전쯤으로 이해하면 될 것 같습니다. 못된 짓 하면 국민연금이 가만 있지 않겠다, 경영을 투명하게 하고 배당을 늘려라 등등의 요구는 언뜻 당연하고 합리적인 것처럼 보이지만 공적 연금이 개별 기업의 경영에 개입해 주주가치 극대화를 주문하는 게 바람직한가를 두고 논란이 있습니다.

다섯째, 오히려 국민연금이 사회적 책임 투자를 적극적으로 확대해야 한다는 주장도 계속 나옵니다. 주주권을 행사하려면 단순히 운용 수익 극대화 차원을 넘어 노동과 환경, 지속 가능성 이슈 등 기업의 사회적 책임을 강화하는 방향으로 경영에 영향을 미쳐야 한다는 이야기죠. 한편으로는 주식과 채권 등 금융 투자 비중을 과감히 축소하고 보건 의료와 환경, 노후, 보육, 교육 등 공공복지 부문에 투자를 늘려야 한다는 주장도 맞섭니다.

수익성과 공익성, 두 마리 토끼를 쫓는 연기금 사회주의

사실 진보 진영에서도 국민연금의 주주권 행사를 주주 행동주의로 보고 경계하는 시각과 당연히 주주로서 권리를 행사해야 한다는 시각이 맞섭니다. 주주권을 어떻게 행사할 것인지에 대해서도 사회적 컨센서스를 끌어내지 못하고 있는 상황입니다. 과연 무엇을 요구하고 무엇을 얻어낼 것인지, 그 과정에서 운용 수익을 일정 부분 포기해도 좋은지 등등 논의해야 할 부분이 많습니다.

연기금 사회주의는 경영학자인 피터 드러커가 제안한 개념인데요. 우리나라에서도 사회당 금민 대표가 "연기금으로 재벌의 주식을 사들여 투명한 경영을 하도록 감시한다"는 선거 공약을 내놓아 눈길을 끌기도 했죠. 주주 자본주의 방식을 빌린 주주 자본주의 통제라고 할 수 있을 텐데요. 일부에서는 좀 더 적극적으로 우리금융지주나 산업은행 등의 민영화 등과 관련, 국민연금의 은행 소유를 허용해야 한다는 주장도 나옵니다.

그러나 송원근 교수는 "연기금 자본주의 또는 연기금 사회주의는 환상일 뿐"이라는 입장입니다. 기관 투자자들이 유동성을 추구하면서 동시에 기업의 통제자가 된다는 것은 사실상 불가능하고 경영에 개입하는 것도 한계가 분명하다는 이유에서인데요. "연기금 사회주의가 잔여 청구권자로서의 노동자가 아니라 자본시장의 금융 유동성을 추구하는 노동자들을 양산해낼 가능성이 크다"는 이야기입니다.

송원근 교수의 주장은 "연기금 사회주의에서 자산 소득자로서 노동자의 지위는 임금 축소라는 희생을 치르고서야 얻은 대가, 즉 부의 이전에 의한 것으로 임금 및 소득 결정에 있어서 포드주의 타협(고노동, 고임금으로 자본가의 통제를 확고히 하며 생산성을 높이기 위한 협의-편집자주)의 여지는 더욱 축소되고 대신 주식시장에 대한 의존은 더욱 확대될 수밖에 없다"는 겁니다. 오히려 산별 기업연금 도입을 통한 고소득과 저소득 노동자들의 연대와 연금자산에 대한 법적 통제권의 확보, 사회적 책임투자 확산 등이 대안이 돼야 한다는 거죠.

지주회사가 대안이라고?
LG · SK를 보라

지주회사는 그동안 재벌의 순환출자 구조를 해소할 수 있는 유일한 대안으로 거론돼 왔습니다. 김상조 교수도 지주회사 전환에 성공한 LG그룹을 모범사례로 평가하고 있죠. SK그룹의 지배구조 개편을 소액주주 운동의 성과로 내세우기도 합니다. 지주회사가 경영의 투명성을 높이고 주주가치를 극대화하는 효율적인 시스템이라고 보기 때문인데요. 송원근 교수의 생각은 다릅니다.

송원근 교수가 2008년에 펴낸 《재벌 개혁의 현실과 대안 찾기》에 따르면 LG그룹의 경우 지주회사 전환 이후 총수 일가의 지배력이 더욱 확대되고 여전히 부당 내부거래가 끊이지 않는 등 숱한 문제점들이 드러나고 있습니다. "지주회사 전환이 오히려 재벌 체제를 더욱 공고하게 만드는 결과를 초래했다"는 지적인데요. 과연 지주회사가 재벌 체제의 대안인가를 고민해볼 필요가 있습니다.

구본무 회장 등 LG그룹 총수 일가는 2000년 7월부터 3년에 걸쳐 추가 자금 투입 없이 지주회사 (주)LG의 지분 42.8%(2003년 3월 기준)를 확보했습니다. 지주회사 전환 이전에는 LG화학 지분 5.8%와 LG전자 지분 6.6%, LG홈쇼핑 지분 47.8%를 보유하고 있었는데요. 지주회사 전환 이후 순환출자 구조를 해체한 뒤에도 (주)LG를 통해 그룹 전체를 지배하고 있습니다. 지주회사를 통한 수직적 지배구조의 가장 상단에 구본무 회장 일가가 자리를 잡은 거죠.

구본무 회장은 지주회사로 전환하는 과정에서 유상증자를 통한 공개 매수 방식을 활용했습니다. 자회사 주식을 공개 매수하면서 (주)LG의 신주를 발행해 교환하는 방식이었는데요. 공개 매수라고는 하지만 소액주주들의 참여는 많지 않았습니다.

이를테면 LG전자 지분을 시중 가격보다 비싸게 (주)LG에 팔고 그 돈으로 주가가 낮아진 (주)LG의 신주를 사들이는 방식이었죠. 이 과정에서 LG전자 대주주들이 자연스럽게 (주)LG의 대주주로 갈아타게 됩니다.

먼저 전자 부문 지주회사 LGEI와 화학 부문 지주회사 LGCI를 만든 다음 (주)LG로 최종 합병을 하는데요. 구본무 회장 일가의 LGEI와 LGCI 지분이 각각 8.8%와 9.6%씩이었는데 지주회사 출범 이후 36.7%와 39.2%로 늘어납니다. 합병 이후 (주)LG의 지분은 42.8%까지 늘어나고요. 마술 같은 일이죠. 송원근 교수는 "소액 자본으로 다수의 기업을 손쉽게 지배하는 지주회사의 단점을 잘 보여 주는 사례"라고 지적하고 있습니다.

송원근 교수는 LG그룹과 GS그룹, LS그룹 등이 계열 분리하고 지주회사로 전환하는 과정에서 부당 내부거래 등으로 총수 일가가 막대한 이득을 챙겼다는 근거 자료를 꼼꼼하게 제시하고 있습니다.

구본무 회장 일가는 1999년 4월 LG홈쇼핑 주식을 계열사인 LG정보통신 등으로부터 헐값에 사들여 지주회사 전환에 필요한 자금을 마련했습니다. 2000년 4월에는 LG유통과 LG칼텍스정유 등을 LG화학에 비싸게 내다 팔기도 했죠. 또한 그들은 LG홈쇼핑 주식을 주당 6,000원씩에 넘겨받았는데요. 이듬해 1월 코스닥에 등록할 때 공모가가 5만 5,000원이었죠. 그리고 한 달 만에 주가가 15만 5,000원으로 뛰어오릅니다. LG정보통신이 1년만 들고 있었으면 대박을 터뜨렸을 텐데 회장님 가족에게 헐값에 넘겼던 거죠. 비상장 주식을 이용한 재산 증식 수법이었죠. 한참 뒤인 2003년 검찰이 압수수색까지 하면서 부당 내부거래 혐의를 밝혀내려고 했지만 흐지부지됐습니다.

2000년에는 거꾸로 LG화학이 구본무 회장 일가가 보유한 비상장 주식을 사들입니다. LG칼텍스 정유 118만 주와 LG유통 164만 주, 모두 3,766억 원어치였는데요. 역시 비상장 주식이라 가치 판단이 쉽지는 않습니다. 회장이 시키지 않았다면 이런 거래를 할 일이 없었겠죠. 구본무 회장 일가는 이 돈으로 LG전자 주식을 사들이고 나중에 합병을 통해 (주)LG 지분을 확보하게 됩니다.

지주회사 전환, 재벌들이 더 좋아한다

송원근 교수는 "출자 관계가 정리된 것만으로 지배구조가 개선됐다고 보기 어렵고 부당 내부거래가 발생할 가능성이 줄어든 것으로 단정하기도 어렵다"는 결론을 내립니다. 재벌 체제가 의결권보다 더 많은 지배력을 행사하는 게 문제라고 본다면 지주회사 전환 이후 이런 지배력이 더욱 강화됐다는 이야기죠. 이런 문제의식은 과연 지주회사 체제가 대안인가라는 의문에 새로운 실마리를 던져줍니다.

과거 그룹의 컨트롤 타워 역할을 했던 구조조정본부가 실체가 있는 지주회사로 바뀌면서 그룹 전체의 의사결정 기능이 더욱 강화된 것은 분명합니다. 송원근 교수는 지주회사의 수익을 늘리기 위해 자회사들과 부당 내부거래가 늘어날 수도 있다고 경고합니다. 한 계열사의 부실이 다른 계열사에 확산되는 걸 막기도 어렵다는 거죠. 소유의 집중과 함께 투명성이 높아졌지만 지주회사 전환을 과연 지배구조의 개선이라고 부를 수 있을지는 의문입니다.

실제로 2003년 신용카드 대란이 터졌을 때 그룹 차원에서 LG카드에 자금 지원을 했죠. (주)LG의 대주주와 계열사들이 공동 출자하는 방식이었지만 (주)LG의 출자 자금은 (주)LG가 한국전기초자 등의 보유 지분을 계열사들에 넘겨 마련했습니다. 송원근 교수는 부실 계열사 지원에 자회사를 동원했고 자회사의 이익을 탈취했다고 분석하고 있습니다. 지주회사 체제로 전환했지만 여전히 금융 계열사의 부실 위험에서 자유롭지 못했다는 이야기가 되겠죠.

문제는 비슷한 현상이 LG뿐만 아니라 이미 지주회사 전환에 성공한 SK그룹과 금호아시아나그룹 등에서도 발견되고 지주회사 전환을 시도하고 있는 한화그룹이나 롯데그룹, 코오롱그룹, 동양그룹 등에서도 재연될 가능성이 크다는 겁니다. 실제로 SK(주)가 SK에너지 지분을 공개매수하고 자사주를 발행하면서 최태원 전 회장의 지분 비율을 크게 늘려주기도 했습니다. 공개매수라고는 하지만 총수 일가가 보유한 지분을 넘겨받은 것이죠.

홍기빈 소장은 지주회사 제도를 주주 자본주의의 가장 진화한 단계라고 평가합니다. 실제로 지주회사로 전환한 기업들에서는 좀 더 많은 이익을 위해 실적이 좋지 않은 계열사를 과감하게 구조조정하거나 인수합병하고 그 과정에서 계열사의 노동자들과 마찰을 빚는 과정도 숱하게 벌어집니다. 홍기빈 소장은 특히 기업의 금융화 현상에 주목합니다. 모든 기업 행위가 시장 자산 가치의 극대화라고 하는 하나의 원리에 의해 좌우된다는 거죠.

외부 주주의 위협이
건강한 기업 만든다

김진방 교수는 국내 재벌 연구의 최고 권위자로 꼽힙니다. 2005년에 《한국의 재벌》이라는 방대한 분량의 연구보고서를 기획·출간했죠. 이 보고서는 아직까지도 재벌 지배구조 연구의 교과서처럼 인용됩니다. 저도 이슈가 있을 때마다 인터뷰를 하곤 하는데요. 김진방 교수는 애초에 주주 자본주의라는 프레임을 인정하지 않습니다. 지배 주주가 직접 경영을 하는 한국에서는 의미가 없다는 겁니다.

주주 자본주의는 전문 경영인이 경영권을 박탈당할지 모른다는 두려움 때문에 주주의 이익에 복무하게 된다는 논리인데 재벌 시스템에는 전문 경영인이 없다는 겁니다. 지배 주주가 경영권 위협을 받고 있는 것도 아니고요. SK그룹이 경영권 위협에 취약했지만 실제로 소버린은 위임장 경쟁에서도 이기지 못했습니다. 경영권 위협은 시도조차 못했고요. 김진방 교수는 "경영권 위협 같은 건 실재하지 않는다"고 주장합니다. 경영권을 뺏기는 게 두려운 게 아니라 약화되는 것이 두려운 거라는 거죠.

주주 자본주의가 단기성과를 부추기고 설비투자 부진을 초래한다는 장하준 교수 등의 지적에 대해서도 "솔깃한 주장이지만 실증적인 근거가 없다"고 반박합니다. 만약 투자자들이 단기주의로 치닫는다면 그건 투자자들이 어리석거나 정보의 비대칭이 있기 때문이고 그렇다면 대안은 정보의 비대칭을 해소하는 방향으로 가야 한다는 이야기입니다.

주주 자본주의에 맞서 재벌의 경영권을 보장해주고 재벌에 사회적 책임을 요구하자는 이른바 사회적 대타협론에 대해서도 "핵심은 지배 주주와 외부 주주와의 갈등인데 외부 주주에게 희생을 요구하고 지배 주주와 정부가 사회적 타협을 끌어낸다는 건 전혀 불가능한 이야기"라고 반박합니다. "건강한 기업을 만드는 것은 지배주주의 기업가 정신이 아니라 오히려 외부 주주의 위협"이라는 이야기죠.

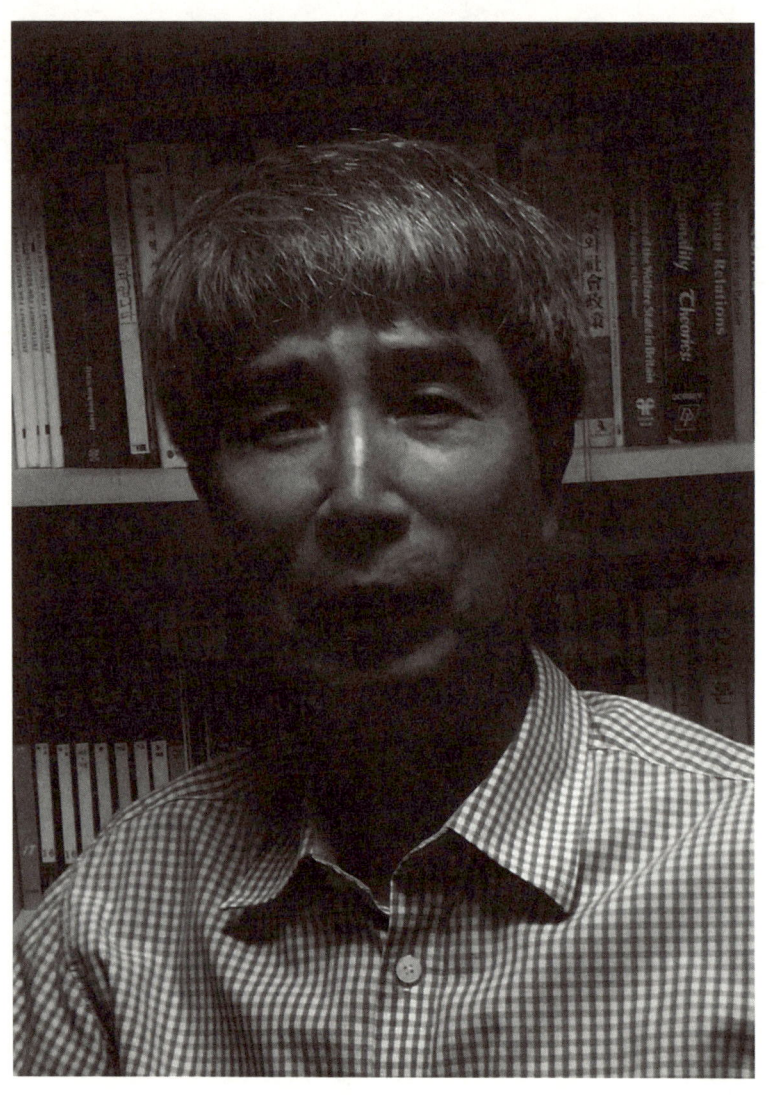
● **김성구**_ 한신대학교 국제경제학과 교수

part 5
국가 권력을 장악한 독점자본, 사회화 투쟁이 필요하다
김성구의 삼성 사용설명서

독점자본과 국가 권력의 결탁 없이

재벌은 생존할 수 없다.

타협이 아니라 독점자본의

사회화 투쟁이 필요할 때다.

김성구 교수는 좀 더 왼쪽에서 접근하면서 장하준 교수와 김상조 교수를 싸잡아 비판합니다. 장하준 교수를 겨냥해 "재벌과 화해하면서도 진보적 성향의 교수로서 명망을 유지하려는 기회주의적 방식"이라며 거침 없는 비판을 쏟아내는가 하면 김상조 교수에 대해서는 "전에는 케인스주의자였고 지금은 제도주의 경제학을 추구하고 있으며 신자유주의에 의해서도 적지 않게 오염된 경제학자"라고 혹독한 평가를 내립니다.

마르크스주의 경제학을 공부하는 국내 몇 안 되는 학자 가운데 한 명인 김성구 교수의 프레임은 전혀 다릅니다. 김성구 교수는 2014년에 출간된 《신자유주의와 공모자들》에서 "경제 정책은 자의적인 것이 아니라 자본주의 발전 단계에 의해 규정되는 것이고 진보적인 경제 정책과 진보적인 경제민주화도 이 경향과 단계에 조응해야만 실현될 수 있다"고 주장합니다. 역사 발전 단계를 살펴야 우리가 지금 어디에 있는지 알 수 있다는 이야기일 텐데요.

김성구 교수는 1980년대 한국 진보 진영을 달궜던 사회구성체 논쟁의 한 축을 맡았던 국가독점자본주의론State monopolistic capitalism(위기단계에서 독점자본이 위기에 대응하기 위해 국가 권력과 결탁하여 국가 권력을 이용하여 자본 체제를 강화하는 경제 체제-편집자주), 이른바 국독자론을 충실하게 계승해 발전시켰다는 평가를 받습니다. 저와 몇 차례 인터뷰할 때도 국독자론이 아니면 2007년 미국 서브프라임 모기지론 사태 이후 세계 금융위기와 양적완화를 설명할 방법이 없다고 여러 차례 강조하기도 했습니다. 언뜻 듣기에는 이게 무슨 빨갱이 소리냐 싶으시죠.

김성구 교수는 신자유주의자들이 말하는 경제민주화는 결국 시장 경쟁을 통한 재벌 해체 또는 규율 강화로 나타날 수밖에 없다는 대목에서 장하준 교수와 같은 의견을 내놓습니다. 국가의 개입이 주주 자본주의와 시장 경쟁 질서를 확립하는 수준에 그친다는 문제 인식도 비슷한데요. 그래서 김성구 교수는 국가독점자본주의의 민주적 통제가 유일한 해법이라고 주장합니다. 아무래도 막연하고 모호하게 들리죠.

김성구 교수는 재벌 해체를 통한 시장주의 방식의 경제민주화가 역사 발전에 역행한다는 장하준 교수의 주장에 동의하면서도 재벌 지배 체제 아래서 국가를 통한 진보적인 경제민주화를 모색하는 데 한계가 명확하다고 지적합니다. 김성구 교수는 "경제민주화를 위해 재벌 지배구조와 복지국가의 빅딜을 주장하는 순간 장하준 교수의 경제민주화론은 신자유주의 재벌 개혁론만도 못한 재벌 변호론의 구상으로 전락한다"고 직설적인 비판을 쏟아냈습니다.

김성구 교수는 "장하준 교수는 경제민주화론을 비판하기 위해서만 1인 1표라는 민주적 원리를 들이댈 뿐 복지국가 주장으로 넘어갈 때는 재벌의 1원 1표를 넘어 1원 50표를 용인하자고 한다"면서 "경제민주화와 복지국가가 어떻게 연관돼 있는지 쾌도난마는커녕 뒤죽박죽으로 엉켜 있고 따라서 경제민주화도 복지국가도 허공의 신기루를 좇는 꼴이 되고 만다"고 비판하고 있습니다.

참여연대의 소액주주 운동에 대한 비판도 좀 더 신랄하고 적나라합니다. 김성구 교수는 "유럽의 가장 보수적인 신자유주의 경제 정책이 한국에서는 보수주의와 신자유주의에 대항하는 가장 진보적인 정책으로 둔갑했다"면서 "역사에 대한 무지거나 역사를 희롱하고 대중을 기만하는 행태"라고 비판을 쏟아내고 있습니다. 애초에 신자유주의에 대한 개념 정의부터 다르다는 걸 알 수 있는데요. 복잡하지만 굉장히 중요한 대목입니다.

국가에 손 벌릴 수밖에 없는
신자유주의의 태생적 한계

김성구 교수의 설명에 따르면 신자유주의와 구자유주의는 국가의 개입을 어디까지 용인하느냐를 기준으로 나눌 수 있습니다. 구자유주의는 자본주의 시장의 일반적 조건이 창출되면 시장 경쟁이 최적의 균형을 만들어낸다고 보고 국가의 개입을 부정합니다. 그런데 신자유주의는 자유로운 시장 경쟁을 위해 국가의 개입이 필요하다고 보죠. 국가가 나서서 독점을 규제하고 양극화 문제를 해결해줘야 굴러갈 수 있다는 건데요.

흔히 오해하는 것과 달리 신자유주의는 국가의 개입을 배제하고 완전한 자유방임을 요구하는 게 아닙니다. 오히려 경쟁 조건을 유지하기 위해 국가의 정책적 개입이 필요하다고 보는 게 신자유주의입니다. 자유방임 상태의 시장은 스스로 경쟁 조건을 파괴하기 때문에 국가가 나서서 독점과 계급 대립을 해소해줘야 한다는 게 핵심이죠. 특히 반독점과 사회보장 정책을 인정하느냐 하지 않느냐에 따라 구자유주의와 신자유주의를 구분하게 됩니다.

김성구 교수는 여기에서 다시 독일권 신자유주의와 영미권 신자유주의를 구분하고 그 이론적 차이를 주목하라고 강조하는데요. 용어를 정확히 이해하고 제대로 써야 비판과 극복이 가능하다고 보기 때문입니다. 독일권 신자유주의는 1930년대 고전적 자유주의의 대안으로 떠오른 발터 오이켄의 사회적 자유주의에 뿌리를 두고 있습니다. 오이켄은 국가가 시장의 질서를 창출하고 유지하는 데 개입하되 그 이상을 넘어서서는 안 된다고 주장했습니다.

비슷한 시기에 등장한 케인스주의가 국가가 적극적으로 시장에 개입해 유효 수요를 조절하고 대량 실업과 불황을 막아야 한다고 주장했던 것과 달리 오이켄의 독일권 신자유주의는 국가의 개입을 시장질서 유지에 한정했습니다. 1970년대 케인스주의의 실패 이후 주목을 받게 된 영미권 신자유주의는 국가의 개입을 배제하는 좀 더 극단적인 자유주의를 말합니다. 국가의 개입 범위에 따라 3가지 방향으로 나뉘는 거죠.

김성구 교수에 따르면 한국에 신자유주의라고 소개된 영미권 신자유주의는 국가의 개입을 철저하게 부정하기 때문에 신자유주의라기보다는 구자유주의의 복원 또는 부활이었다고 보는 게 맞습니다. 영미권 신자유주의는 시장 경쟁으로 질서를 이룰 수 있다고 믿는 반면 독일권 신자유주의는 국가의 경쟁정책이 필요하다고 보는 차이가 있지만 둘 다 국가의 개입을 부정하면서도 국가의 개입에 의존할 수밖에 없는 모순에 봉착해 있습니다.

김성구 교수의 《신자유주의와 공모자들》에는 2008년에 제가 쓴 김성구 교수의 인터뷰 전문이 실려 있습니다. 시간이 꽤 흘렀지만 김성구 교수의 이론을 대중적으로 알기 쉽게 풀어 쓴, 아직까지도 의미가 살아 있는 인터뷰라고 생각합니다. 이 인터뷰에서 김성구 교수는 "신자유주의를 대체할 수 있는 민주적이고 민중적인 정치적·정책적 대안을 대중 속에서 발전시키지 못한 것도 현실"이라고 털어놓기도 했습니다.

김성구 교수는 "체제 전복을 이야기하지 않는다고 개량주의(사회체제의 근본적인 변혁을 시도하지 않고 자본주의 모순과 결함을 점진적으로 개선하려는 사회사상운동-편집자주)라고 몰아붙이면 곤란하다"면서 "좌파가 개혁 투쟁에는 개입하지 않고 오지 않을 자본주의의 이행을 꿈꾼다는 비판은 상투적인 비판"이라고 반박하기도 했습니다. "신자유주의와 결탁한 국가독점자본에 대항하면서 케인스주의의 한계를 넘어 좀 더 왼쪽으로 나간 싸움을 통해서만 자본주의의 이행을 준비할 수 있다"는 다소 모호한 결론이었는데요.

위기의 해법이면서 원인이 된 가짜 자유주의

마르크스주의 경제학에서 조절위기는 생산과 소비의 불균형이 만드는 주기적 공황과 달리 이윤율의 경향적 저하에 따른 구조적 한계를 의미합니다. 흔히 주기적 공황은 과잉자본이 해소되면 끝나지만 조절위기는 주기적 공황이 반복되면서 과잉자본의 해소가 불가능하게 된 상황을 의미합니다. 조절위기의 극복은 구조재편과 자본주의의 단계적 이행을 통해서만 가능하다는 이론이죠.

1차 조절위기는 1873년에 시작해 1895년까지 20년 이상 이어진 장기불황을 말합니다. 생산력이 고도로 발전하고 경쟁이 심화하면서 이윤율이 급격히 줄어들기 시작했죠. 자본의 입장에서는 이윤이 안 나는데 굳이 공장을 돌릴 이유가 없었겠죠. 결국 공장이 멈춰서고 실업이 늘어나면서 사회 전반으로 불황이 확산됐습니다. 이 최초의 위기는 거대 독점자본이 등장하고 이윤율이 회복하면서 겨우 벗어날 수 있었습니다.

2차 조절위기는 1930년대 들어 다시 찾아왔습니다. 거대 독점자본 역시 생산성이 늘어나면서 이윤율이 줄어드는 딜레마를 피해갈 수 없었던 거죠. 그 결과 사적독점의 한계를 넘어서기 위해 국가독점이 시작됐습니다. 국가가 공공 서비스와 사회보장 시스템으로 노동력의 재생산을 보장하는 한편, 국가재정으로 과잉자본을 해소하고 독점이윤을 보장해주는 케인스주의적 방식이죠. 국가독점자본주의가 시작된 겁니다.

3차 조절위기는 1970년대부터 시작돼 아직 진행 중입니다. 국가독점자본주의와 신자유주의의 결합은 독점자본의 이윤 창출에는 기여했지만 새로운 성장을 가져오지는 못했습니다. 신자유주의 시스템은 이런 한계를 넘어서기 위해 그동안 시장의 실패를 보완해왔던 국가 시스템을 해체하기 시작했죠. 공공부문을 해체하고 노동력의 재생산에 필요한 하부구조를 스스로 무너뜨리면서 국가의 존립

기반까지 흔드는 상황에 이르렀습니다. 신자유주의가 위기의 해법이었는데 오히려 위기를 심화시키고 있는 상황입니다.

김성구 교수는 "공황의 극복은 과잉자본의 청산과 새로운 축적조건의 확립으로 가능할 텐데 국가의 개입은 오히려 이런 모순을 보완하거나 그 해결을 지연시킨다"고 설명합니다. 그리고 그 비용은 물론 국민들 세금으로 조달하는 거죠. 손실을 사회화하고 또 외부화시켜 세계화하는 방식입니다. 국가의 개입이 위기를 지연시키는 동시에 위기를 심화시키고 있는 겁니다.

신자유주의를 신봉하는 사람들은 국가의 개입이 자유경쟁을 제한해서 위기가 발생했다고 주장하면서 위기를 극복하려면 국가를 축출하고 시장의 자유를 확대하고 경쟁을 강화해야 한다고 주장합니다. 그러나 현실을 돌아보면 신자유주의 이후 오히려 위기가 반복되고 그때마다 국가의 개입이 더욱 절실하게 요구됩니다. 2008년 금융위기 이후 세계적으로 양적완화가 확산되는 것만 봐도 그렇죠. 국가의 개입 없이는 지속할 수 없는 시스템이라는 거죠.

김성구 교수의 설명을 들어볼까요. "신자유주의자들은 국가의 개입을 공격했지만 국가의 개입은 자본주의 존립의 불가결한 조건이 됐습니다. 실제로 권력을 잡은 신자유주의자들은 자신들의 교리대로 국가개입주의를 철폐하지도 않았죠. 오히려 국가개입주의는 신자유주의 체제에서 더욱 강화되고 있습니다. 신자유주의 교리에 따라 정책을 집행하는 게 불가능하기 때문이죠."

시장에 맡기자는
이데올로기적 기만

신자유주의 국가는 사회보장과 공공부문, 노동시장에서 국가의 개입을 배제했지만 독점자본의 지원을 강화했고 공황과 금융 위기 때마다 막대한 공적자금을 투입하면서 독점자본과 금융자본의 회생을 도모했습니다. 케인스주의의 적자 재정을 비판하던 신자유주의자들이 훨씬 더 많은 재정적자와 국가채무를 만들어낸다는 사실도 흥미롭습니다. 신자유주의의 교리와 현실이 다르다는 이야기가 되겠죠.

"신자유주의 교리에서 강조하는 세계화 속에서도 현실의 국민국가는 강화된다든지, 자유무역의 교리에도 불구하고 각종 보호무역 조치가 동원된다든지, 또는 모두 시장에 맡기자고 하면서 현실에서는 큰 정부가 개입하고 있다든지, 노동자들에게는 시장 경쟁의 규율을 따르라고 하면서 거대한 금융자본에게는 도덕적 해이와 관계없이 막대한 지원을 하는 등 이해할 수 없는 현실에 직면해 있습니다."

저는 김성구 교수를 몇 차례 인터뷰하면서 새로운 세계관이 열리는 것 같은 발상의 전환을 경험했습니다. 이를테면 "신자유주의는 결코 국가를 축출하지 않았다. 국가의 축출은 애초에 불가능한 것이기도 하고, 오히려 신자유주의 체제에서 국가는 더욱 적극적으로 경제 전반에 개입한다"는 분석 같은 것 말이죠. 김성구 교수는 "신자유주의가 국가의 개입을 배제한다는 환상은 그야말로 이데올로기적 기만"이라고 비판했습니다.

케인스주의가 독점자본의 이윤을 일정 부분 제한했다면 신자유주의는 자유화와 세계화를 전면에 내세우면서 철저하게 독점자본의 이윤을 극대화하는 데 주력한다는 분석입니다. 문제는 아이러니하게도 국가의 개입이 이윤율 저하를 더욱 가속화하고 결과적으로 독점자본의 존립기반을 무너뜨린다는 데 있습니다. 결국 자본의 이해를 대변하는 국가 권력을 노동자 국민이 빼앗아오는 전면전을 벌여야 하는 상황입니다.

여기에 몇 가지 전선이 있는데요. 케인스주의와 신자유주의의 싸움은 공공부문의 영역을 누가 확보하느냐를 놓고 벌이는 싸움이라 할 수 있습니다. 독점자본의 이윤율을 회복하기 위한 방법론적 차이가 있을 뿐 이윤율 저하를 막을 수 없다는 게 김성구 교수의 주장입니다. 이 싸움의 다른 한편에는 마르크스주의와 사회민주주의의 싸움이 있습니다. 여기서는 국가독점자본을 지키느냐 없애느냐를 놓고 싸우죠.

사회적 연대로 국가독점자본주의의 모순을 넘어설 수 있을 것이라고 믿었던 사회민주주의는 결국 복지 시스템의 후퇴를 경험하고 있습니다. 김성구 교수는 "좌파는 케인스주의와 신자유주의 논쟁에 끼어들어서 국가의 역할을 케인스주의보다 더 강화시키기 위해 싸워야 한다"고 강조합니다. 케인스주의의 한계를 넘어 좀 더 왼쪽에서 공공부문을 지키기 위해 싸워야 하고 동시에 자본주의 이후를 준비해야 한다는 이야기입니다.

김성구 교수의 〈참세상〉 기고에 이런 대목이 있습니다. "케인스주의와 신자유주의는 국가개입주의인가 아닌가, 또 확장정책인가 아닌가로 구별할 수 없다. 그런 구별은 이데올로기적 기만일 뿐이다. 실제로는 국가개입주의의 목표와 내용이 무엇인가가 양자의 차이를 결정한다."

김성구 교수가 거듭 강조하는 신자유주의의 구조적 모순이라는 관점이 매우 흥미롭지 않습니까. 국가의 개입을 배제하는 척하면서 요구하고 그런 요구가 붕괴를 재촉하는 양상입니다.

"케인스주의는 국가개입주의와 확장정책을 독점자본에 대한 규제와 통제, 그리고 소득재분배 및 사회보장 확대 등 노동자 계급 조건의 개선과 결합시키고자 하는 반면 신자유주의는 국가개입주의와 긴축정책을 독점자본의 이윤보장과 사회보장 해체, 그리고 노동자 계급에 대한 공격과 결합시킨다. 이런 목적에 유효하다면 신자유주의는 물론 국가개입주의의 해체와 확장정책도 추구한다. 모순적인 정책이지만 반노동·친독점이라는 일관된 목적을 갖고 있다."

김성구 교수는 〈경향신문〉과 인터뷰에서 "기업의 독점 이윤을 보장해주는 대신 노동권·고용 보장과 사회보장 확대를 얻어낸 케인스주의가 가능했던 것은 성장의 시대였기 때문"이라고 지적한 바 있습니다. 지금처럼 위기 시대에서는 애초에 그런 타협이 불가능하다는 이야기죠. 오히려 미국 서브프라임 사태 이후 광범위한 양적완화에서 보듯 케인스주의식 국가 개입이 오히려 국가 재정위기를 초래할 위험도 있고요.

결국 국가 개입이 불가피하다면 그 국가 개입을 자본과 시장에 유리한 방향이 아니라 케인스주의보다 더 진보적으로 민주화시켜야 한다는 게 김성구 교수의 주장입니다. 이를테면 부실화된 기업에 공적자금을 투입하되 사회적 지배를 강화하는 방향으로 사회적 소유를 확대하는 방안도 가능하겠죠. 핵심을 요약하면 노동자 계급이 통제하는 국가 개입이라는 말로 정리할 수 있습니다. 국가 권력을 자본가 계급에게 맡겨둬서는 안 된다는 이야기입니다.

엇나간 경제민주화 논쟁, 재벌들이 더 좋아한다

김성구 교수의 이론을 길게 소개하는 건 이런 이야기를 하는 경제학자가 한국 사회에 많지 않기 때문입니다. 빨갱이 소리를 듣는 사람이지만 반박하기 어렵게 세계 경제와 한국 경제의 본질을 파고들죠. 김성구 교수가 '쌍팔년도' 시대에나 유행했을 것 같은 철 지난 국독자론이 여전히 유효하다고 말하는 건 여전히 독점자본이 국가 권력과 결탁해 시장을 지배하고 있다고 봐야 해석이 가능하다고 보기 때문일 겁니다.

김성구 교수가 참여연대를 더욱 혹독하게 비판하는 것도 이런 이유에서입니다. "대자본의 담합과 인수 합병 그에 따른 집중과 계열 지배, 이를테면 독점 지배에 의한 경쟁의 왜곡을 비판하면서 경쟁 정책을 주장하는 것이 바로 신자유주의의 핵심"이라는 거죠. 김상조 교수 등이 의도했든 하지 않았든 신자유주의 체제에서 독점자본의 지배구조를 강화하는 데 기여하고 있다는 이야기인데요. 언뜻 들어도 살벌하고 무시무시한 비판이죠. 그는 "신자유주의의 반독점 정책은 자본주의의 독점화 경향을 극복하기는커녕 완화하지도 못했다"고 잘라 말합니다. "참여연대가 이명박·박근혜 정부를 비판하는 건 정치적 책임에서 자유롭기 때문에 신자유주의 교리에 보다 충실할 수 있어서입니다. 참여연대가 권력에 들어가면 재벌 구조를 철폐하고 경쟁 질서를 확립할까요? 단언컨대 그런 일은 결코 없을 겁니다. 독점자본주의 100년의 역사를 보면 알 수 있습니다."

김성구 교수에 따르면 재벌그룹을 경쟁 자본으로 분할하는 것, 이른바 재벌 해체론은 겉으로 보기에 독점지배에 대한 대안인 것처럼 보이지만 결국 자본주의의 무정부성을 강화해 자본주의 위기를 심화시키는 결과를 불러옵니다. "경쟁 질서를 확립하겠다는 것은 자본주의 역사를 뒤집어놓겠다는 결코 달성할 수 없는 신자유주의 경제학의 망상의 표현이고 대중을 기만하고 호도하는 이데올로기"라는 비판인데요.

그의 이론에 따르면 독점화는 자본주의의 역사적 경향이고 반독점 정책으로 재벌을 극복할 수는 없습니다. 김성구 교수는 "진보 진영 내에서도 독립적인 대기업으로 재벌을 해체하여 경쟁체제를 갖추어야 한다고 주장하는 경우가 적지 않은데 소유와 통제의 사회화라는 관점을 담고 있기는 하지만 역시 시장 경쟁을 통한 조절이라는 프레임에 갇혀 있기 때문에 역사적 발전에 역행하는 무정부적이고 위험한 대안이라 할 수 있다"고 비판합니다.

김성구 교수는 장하준 교수나 김상조 교수 등이 주도했던 일련의 재벌 개혁 논쟁에 대해 "영미권 신자유주의든 독일권 신자유주의든 경제민주화의 핵심은 시장 경쟁을 통한 재벌의 해체 또는 규율 강화였고 주주 민주주의의 실현이었으며 국가 개입이란 주주 자본주의와 시장 경쟁 질서를 확립하기 위한 개입이었다"면서 "시장을 통제하고 조직해서 이에 대한 노동자들의 통제를 강화한다는 경제민주주의론과는 정반대의 길이었다"고 비판합니다.

김성구 교수는 보수 진영과 진보 진영이 말하는 경제민주화가 크게 다를 게 없다고 지적합니다. 장하준 교수가 좀 튀긴 하지만 출자총액제한이나 순환출자 금지, 금융산업 분리 등은 새누리당이나 새정치민주연합이나 모두 원칙적으로 동의하는 내용입니다. 재벌 개혁 논쟁은 본질적으로 영미권 신자유주의와 독일권 신자유주의의 충돌일 뿐 신자유주의를 넘어서는 진보적인 전망으로 나가지 못했다는 게 김성구 교수의 평가입니다.

　보수 진영에서는 경제민주화 논쟁에 경제 성장의 관점이 빠져 있다고 비판하죠. 성장을 해야 민주화도 할 것 아니냐는 이야기일 텐데요. 김성구 교수는 전혀 다른 관점으로 애초에 경제민주화 담론에 경제 위기에 대한 인식이 결여되어 있다고 지적합니다. 경제 성장과 위기를 따로 이야기할 게 아니라 일관되게 설명할 수 있어야 하는데 이른바 부르주아 경제학으로는 과잉 생산과 이윤율의 경향적 저하, 반복되는 공황을 설명할 이론이 없다는 겁니다. 그래서 독점화와 국가 개입이 자본의 필연적 선택이라는 게 국독자론의 핵심 이론입니다. 이걸 다른 말로 자본주의의 역사적 경향이라고도 하는데요. 독점을 아무리 강화하고 국가가 아무리 열심히 개입해도 자본주의의 모순과 위기를 근본적으로 극복할 수는 없다는 게 국독자론의 확고한 결론입니다. 케인스가 아니라 케인스 할아버지가 와도 답이 없다는 거죠. 시니컬하게 들리지만 꽤나 오래된 이론인데다 신봉하는 사람들이 많습니다.

재벌과 타협하지 말고
장악하고 통제하라

　김성구 교수는 "오늘날 세계 경제 위기는 케인스주의를 넘어서는 사회화 프로그램과 확장 정책을 통해서만 극복될 수 있다"면서 "재벌 체제를 해체하고 시장 경쟁 질서를 강화하려는 신자유주의 경제 민주화는 오히려 무정부성과 불균형, 그리고 위기를 심화시키고 위기 극복을 가로막는 결과가 될 수도 있다"고 경고합니다. 김성구 교수는 "복지국가를 통한 경제 위기 극복도 재벌 경제의 사회화 없이는 불가능하다"고 단언합니다.

김성구 교수가 보기에 재벌 개혁은 오히려 지엽말단적인 문제입니다. 애초에 국가 권력과 자본 권력을 사회적으로 어떻게 통제할 것이냐를 이야기해야 답이 나오는 문제입니다. 자본주의 발전 단계와 이행을 포괄하는 큰 맥락을 읽지 못하고 삼성의 지배구조라는 단편적인 이슈로 접근하니까 출자총액제한을 하느냐 마느냐, 빅딜을 하느냐 마느냐 같은 소모적인 논쟁에 매달리게 된다는 겁니다.

김성구 교수는 "독점자본과 국가의 결탁을 통한 독점 이윤의 획득에 대한 대중의 통제와 독점과 국가의 조직화에 입각한 계획과 조절의 확대와 통제라는 역사적인 경제 민주주의론의 문제 제기와 달리 한국의 경제민주화는 주로 소유의 분산과 시장 경쟁의 강화를 통한 재벌 지배 체제의 해체 또는 약화를 지향했다"고 비판합니다. 보수나 진보나 신자유주의의 프레임에 갇혀 있기 때문에 근본적인 해법에 이를 수 없다는 겁니다.

국독자론의 관점에서 보면 국가독점자본의 민주적 통제만이 유일한 재벌 개혁의 해법이 됩니다. 좀 뜬구름 잡는 소리처럼 들립니다만 김성구 교수는 "재벌의 사회화를 관철할 수 있는 정치적 힘이 뒷받침되지 않는다면 경제민주화는 1인 1표주의의 이념이 아니라 현실적으로는 재벌에 대한 사회적 통제와 제한으로 나갈 수밖에 없다"면서 "재벌의 소유구조를 해체하고 자유경쟁 질서를 확립하는 것은 불가능하거나 위험한 길이기도 하다"고 지적합니다.

놀랍지 않습니까. 둘째가라면 서러울 빨갱이 교수가 재벌 해체가 답이 아니라고 주장한다는 게 말이죠. 이 대목에서는 장하준 교수와 의견이 일치하는 것 같기도 하죠.

김성구 교수는 "주식회사의 소유 집중과 독점적 시장 지배는 독점 이윤 획득의 필수적인 조건이긴 하지만 다른 한편으로는 자본주의 생산력 발전과 위기의 심화에 대한 자본의 불가피한 적응 형태라고 볼 수 있다"고 설명합니다.

그러나 그는 "1인 1표의 경제민주화는 재벌과 은행의 사회화 또는 국유화를 전제로 요구하기 때문에 재벌과 타협하는 경제민주화라는 건 있을 수 없다"고 선을 긋습니다. 국독자론에서는 국가가 자본에 종속돼 있다고 보기 때문에 복지국가를 하려면 먼저 재벌을 장악해야 합니다. 그런데 재벌의 지배를 용인하면서 복지국가를 타협하고 경제민주화를 한다는 장하준 교수의 주장은 앞뒤가 맞지 않다는 거죠.

물론 김성구 교수 역시 마르크스경제학 특유의 도그마에 빠져 있는 것처럼 보이기도 합니다. "신자유주의를 극복해서 어디로 가느냐의 문제는 임의의 선택이 아니라 자본주의 발전 법칙에 따라 규정된다"거나 "경제 정책은 자의적인 것이 아니라 자본주의 발전 단계에 따라 규정되는 것이고 진보적인 경제 정책과 경제민주화도 이 경향과 단계에 조응해야만 실현될 수 있다"고 주장하는 대목은 선뜻 동의하기 어렵습니다.

그래서 김성구 교수가 내놓는 대안은 뭘까요. 그는 "경제민주화의 본질은 독점과 국가로 조직되는 자본주의 경제에 대한 노동자들의 통제, 이른바 비소유권에 입각한 대자산 계급 소유권을 통제하는 데 있다"고 정리합니다. "경제민주화는 독점화로 발전하는 자본주의의 역사적 경향을 역전시켜 자유주의 시장 경제를 복원하는 데 있는 게 아니라 독점화하는 경제를 노동자들이 통제하고 조절하는 데 있다"는 주장인데요.

김성구 교수는 "진정한 경제민주화는 재벌의 경영권과 복지국가를 빅딜하는 게 아니라 재벌의 경영권도 통제하고 증세와 복지국가도 강제해야 한다"고 못을 박습니다. 너무 빤한 이야기라 살짝 감동이 덜한데요. 다만 김성구 교수가 계속해서 강조하는 건 재벌을 선불리 해체하거나 재벌과 어설픈 타협을 하려 할 게 아니라 재벌의 사회화가 필요하다는 겁니다. 독점자본의 사회화, 그 다음에야 비로소 복지국가의 논의를 시작할 수 있다는 거죠.

장하준이나 김상조나 결국
같은 소리를 하고 있을 뿐

김성구 교수와는 전혀 다른 스펙트럼이지만 박형준 연구원이 쓴《재벌, 한국을 지배하는 초국적 자본》이라는 책을 소개하고 넘어가겠습니다. 제도권 경제학자는 아니지만 "자본을 권력의 관점에서 설명하는 새로운 이론을 수립해야 한다"는 박형준 연구원의 문제의식은 지루한 동어반복을 계속하고 있는 장하준-김상조의 논쟁을 전혀 다른 각도에서 조망하면서 일련의 재벌 개혁 논쟁의 프레임을 뛰어넘는 완전히 새로운 관점을 제시합니다.

박형준 연구원은 "장하준과 김상조로 대변되는 진보 진영의 두 주도적 담론 생산자가 내보이는 급진적인 비판의식과 보수적인 해결책의 모순 결합은 그들의 경제학에 내재한 세계관과 이론적 관념, 기본 범주, 주요 개념, 분석 틀의 한계에 기인한다"고 비판합니다. 좌파 정치경제학이 퇴조하면서 경제적 과정이 정치적 과정과 분리돼 외따로 존재한다고 보는 경제 이론들에 의해 주도됐기 때문에 나타난 현상이라는 게 박형준 연구원의 문제의식입니다.

박형준 연구원은 김상조 교수를 신고전파로, 장하준 교수를 발전국가론자로 분류합니다. 박형준 연구원에 따르면 신고전파는 애초부터 정치적 과정에서 분리된 자율조정 시장이라는 기제를 상정하고 시장의 내재적 본성에서 경제 발전의 동력을 찾습니다.

반면 발전국가론은 자율조정 시장의 존재를 부정하고 국가의 산업 정책이 경제 성장에 중요한 역할을 해왔다고 주장합니다. 국가와 제도의 역할을 중요시하는 발전국가론은 제도주의로 불리기도 합니다.

신고전파는 탈정치화된 시장을, 발전국가론은 탈정치화된 국가를 상정하고 있다는 분석인데요. 신고전파는 정치적 요인을 외생변수로 설정하고 시장의 자율조정 기능을 저해하는 요소로 이해합니다. 발전국가론은 국가를 효율적인 산업정책을 추진하는 중립적이고 합리적인 국가 이성으로 정의합니다.

김상조 교수와 장하준 교수가 소액주주 운동을 두고 거칠게 충돌했던 것도 이런 맥락에서 이해할 수 있습니다. 김상조 교수가 보기에는 소액주주 운동이 자율조정 시장을 보완하는 역할을 하는 가장 자본주의적 운동 수단이었겠지만 장하준 교수가 보기에는 국가와 산업자본의 연합을 무너뜨리는 신자유주의의 공격으로 볼 수밖에 없었던 거죠.

박형준 연구원은 "2가지 접근 방식 모두 시장 또는 국가에 고정 불변의 형이상학적 성격을 부여하고 이로부터 경제 변화를 설명하는 본질주의적 문제점을 안고 있다"고 비판합니다.

흥미롭게도 박형준 연구원은 "발전국가론과 신고전파의 드러난 차이는 과장되어온 반면 공통된 이론적 기반은 간과되어왔다"는 사실을 지적합니다. "이들의 이론적 관심은 국가의 시장 개입 또는 방임이 경제 발전을 촉진하는가 아니면 저해하는가 하는 문제로 정리할 수 있다"는 이야기죠. 대립하는 것처럼 보이지만 결국 어떻게 해야 경제가 발전하는가에 대한 공통의 문제의식을 갖고 있다는 겁니다.

특히 신고전파 경제학자들은 현실 감각의 부재를 규범적 원칙으로 바꾼다는 비판도 재미있습니다. 경제가 잘되면 자유시장 덕분이고 잘 안되면 국가 개입 탓으로 돌린다는 거죠.

앞에서 김성구 교수도 비슷한 이야기를 했지만 주류 경제학에서는 반복되는 공황을 설명할 이론이 없기 때문입니다. 시장의 실패 가능성을 이야기하긴 하지만 근본적으로 시장의 한계를 이야기하지는 않습니다.

반면 국가의 개입을 요구하는 발전국가론은 정치와 경제의 이분법을 극복한 것처럼 보이지만 권력기구로서 국가의 성격을 간과해 마치 국가가 효율적이고 합리적인 생산성 본부인 것처럼 포장한다는 비판을 받습니다. 부국강병을 추구하는 자율적이고 강력한 국가 엘리트가 최상위에 자리 잡고 사회그룹의 개별 이익을 중재해 구현한 계급·계층의 벽이 없고 하나로 융합된 사회적 시공간을 이야기한다는 거죠.

국가와 자본의 공생관계,
자본이 곧 권력이다

박형준 연구원은 "두 접근방식 모두 사회관계와 분리된 경제영역을 설정하고 있으며 이를 통해 기존의 권력 구조를 정당화하는 데 복무하고 있다"고 비판합니다. 이런 관점에서 보면 김상조 교수의 글이 주는 답답한 느낌이나 장하준 교수의 글이 주는 허전한 느낌을 이해할 수 있습니다. 한 사람은 "시장이 제대로 굴러가도록 맡겨두면 돼"라고 하고 다른 한 사람은 "시장은 위험하니까 국가가 통제를 해야 돼"라고 같은 말을 계속해서 반복하고 있는 거죠.

박형준 연구원이 이 답답한 논쟁의 프레임을 벗어나기 위해 제시한 방법론이 조너선 닛잔과 심숀 비클러의 권력자본론입니다. 권력자본론은 자본을 권력의 한 형태로 간주합니다. 지배계급이 사회를 규정하고 지배하는 권력기구가 곧 자본이라는 이야기입니다. 이 이론에 따르면 한국의 재벌들이 이룩한 엄청난 규모의 자본축적을 사회적 권력에 기초한 독점과 배제에 의한 수확이라고 해석할 수 있습니다.

여전히 복잡한 이야기죠. "자본주의에서 시장은 국가를 배척하는 사회적 메커니즘이 아니라 국가를 자본의 권력적 논리에 종속시키는 메커니즘"이라는 설명이 좀 더 이해하기 쉬울지도 모르겠습니다. 국가의 힘이 약해지면 자본을 축적할 수 없고 자본 없이 국가가 사회를 운영하는 것도 가능하지 않다는 설명인데요. 완벽하게 잘 작동하는 효율적인 시장이 환상인 것처럼 신자유주의에 맞서 싸우는 국가를 기대하는 것도 한심한 일이라는 이야기겠죠.

박형준 연구원은 〈한겨레〉와 인터뷰에서 이렇게 설명하기도 했습니다. "신자유주의는 국가의 후퇴가 아니라 국가가 친시장적이고 친자본적인 성격을 강화한 것입니다. 탈규제, 민영화, 노동유연화 등을 적극 주도하고 실행한 주체도 국가와 관료였습니다. 다만 기업활동에 대한 국가의 직접 개입이 축소되고, 감세정책, 환율 관리 등 간접적인 지원책이 늘어났을 뿐입니다. 경찰력과 사법권을 동원해 노조 탄압을 지원하는 것도 여전합니다."

권력자본론을 이해하려면 소스타인 베블런의 전략적 사보타주라는 개념에서부터 출발해야 합니다. 생산이 가치를 만드는 게 아니라 남을 배제할 수 있는 힘에서 가치가 나온다는 개념인데요. 생산 효율을 높이는 방식으로는 이윤을 늘리는 데 한계가 있고 오히려 효율성을 축소시켜 배타적인 소유권을 행사하는 것으로 이윤을 늘려왔다는 거죠. 경제 위기를 겪을 때마다 독점 기업들의 이윤이 늘어나는 현상도 이런 이론으로 설명할 수 있습니다.

전략적 사보타주 이론에 따르면 산업자본과 금융자본의 구분도 무의미하게 됩니다. 금융자본이나 산업자본이나 모두 생산 과정과는 무관한 투자자일 뿐이고 결국 소유권을 바탕으로 이윤 청구권을 행사하는 부재지주라고 볼 수 있습니다.

베블런이 이야기했던 것처럼 모든 자본은 금융이라는 지적은 한국의 재벌 체제에도 적용됩니다. 실제로 경영에 참여하는 재벌 총수라고 해도 권력을 유지·확장하는 방법의 차이일 뿐 부재지주이긴 마찬가지라는 겁니다.

이를테면 삼성전자 공장은 실물이지만 결국 채권과 주식의 형태로 존재하죠. 이건희 회장도 역시 목적은 금융 수익이고 그 수익은 사회적 생산 과정에 대한 통제력에 기초한다는 게 박형준 연구원의 주장입니다. 이런 맥락에서 보면 산업자본은 선하고, 금융자본은 악하다거나, 산업자본은 보호하고 금융자본은 통제해야 한다는 등의 구분이 의미가 없게 됩니다. 외국 투기자본의 공격에 맞서 재벌을 보호해야 한다는 논리도 마찬가지죠.

사회 공동체를 약탈하는
초국적 자본으로서의 재벌

박형준 연구원은 "발전국가론자들은 주주 자본주의의 위험을 이야기하면서 재벌의 경영권이 외국 투기자본에 넘어갈 위험에 대해 경계하지만 한국의 재벌 총수 일가가 스스로 주주 자본주의 질서를 받아들였다는 점을 무시한다"고 지적합니다. 국내 재벌을 외국 금융자본의 공격에 맞서는 존재가 아닌 이미 초국적 금융자본으로 진화해서 국가 권력을 주무르고 있는 존재로 접근한 방식도 흥미롭습니다.

박형준 연구원은 〈프레시안〉 인터뷰에서 장하준 교수를 직접적으로 거론하면서 비판하기도 했습니다. 장하준 교수의 이론적 근거인 발전국가론은 이미 1980년대 유행이 지나갔는데 당시 한국에서는 마르크스주의와 종속이론이 학생운동의 이론적 기반이었기 때문에 관심을 끌지 못했다는 분석도 흥미롭습니다. 그러다 IMF 외환위기 이후 뒤늦게 신자유주의에 대한 반감에 맞물려 장하준 교수의 발전국가론이 대중적 관심을 끌게 됐다는 설명입니다.

박형준 연구원은 "장하준 교수의 제도주의는 정치·권력 관계가 빠졌다"면서 "국가가 경제에 미치는 영향을 매우 선별적으로 선택한다"고 비판합니다. "오로지 국가의 직접적인 산업정책 개입과 금융 통제를 통한 자원의 배분 등 생산을 효율적으로 관리해 국가 경쟁력을 높였을 것으로 추측되는 정책·제도에만 관심을 둔다"는 지적인데요. "세상을 발전국가 경제 모델과 신자유주의 시장경제 모델 둘밖에 없는 것처럼 말하는 방식은 문제가 있다"는 겁니다. 그가 보기에 외국 금융자본과 국내 산업자본은 이미 한통속이 되어 있는데 외국 금융자본의 공격에 맞서 국내 산업자본을 지켜야 한다느니 하는 주장이 황당무계하게 들릴 수밖에 없겠죠.

박형준 연구원의 주장은 "한국의 재벌 대기업은 초국적 글로벌 부재소유자의 구조에 편입돼 하나의 지배 세력으로 사회 공동체가 일군 산업을 자본화를 통해 사적인 금융자산으로 전유하고 있다"는 결론으로 요약할 수 있습니다.

권력 관계의 전선을 긋는다면 외국 금융자본과 국내 산업자본의 대립이 아니라 초국적화된 자본과 사회 공동체의 대립으로 봐야 한다는 겁니다. 외국 자본이든 국내 자본이든 이들이 국가와 결탁해 사익을 중심으로 운영하는 사회적 생산 과정을 사회 공동체가 민주적으로 운영할 수 있도록 정치경제적 제도를 발전시키고 실현하는 것이 과제라는 이야기죠. 지배자본의 사회에 대한 통제력을 사회적으로 환수하는 작업이 필요하다는 결론입니다.

박형준 연구원은 축적과 소유권이 지구적 차원에서 통합되는 과정에서 권력으로 된 자본이 국가의 경계를 넘어섰고 한국의 지배계급도 초국적 부재소유자의 구조로 편입해 들어갔다고 분석하고 있습니다. 국내 재벌과 외국 자본이 결합해 한국 사회에 대한 지배력을 강화하고 자본축적 구조를 확대하고 있다는 겁니다. 국가와 자본이 공생하고 있는데 무슨 타협을 하겠느냐는 이야기가 나오겠죠.

박형준 연구원의 주장은 전통적인 마르크스주의 경제학과는 거리가 있지만 국가 권력과 결탁한 독점자본(재벌)을 사회적으로 통제해야 한다는 큰 맥락에서 김성구 교수의 주장과 연결되는 부분이 있죠.

재벌이 과잉 생산의 늪에 빠져 사보타주가 어려워지면 위기가 온다는 분석도 흥미로운데요. 김성구 교수가 국가의 개입으로 위기를 넘어선다고 보는 것과 달리 박형준 연구원은 권력으로서의 자본이 이미 국가의 경계를 넘어섰다고 보는 차이가 있습니다.

● 김상봉_ 전남대학교 철학과 교수

part 6

왕의 목을 쳐라,
노동자들이 주인이 될 수 있다

김상봉의 삼성 사용설명서

주주들에게는 배당을,

노동자들에게는 경영권을.

김상봉 교수는 경제학자는 아니지만 재벌 개혁 논쟁에서 빠뜨릴 수 없는 중요한 문제제기를 하고 있습니다.《기업은 누구의 것인가》라는 책에서 김상봉 교수는 "주식회사에는 주인이 있을 수 없다"는 도발적인 주장을 펼칩니다. "주주에게는 배당금을 주면 되고 노동자들이 경영권을 행사해야 한다"는 이야기인데요. 언뜻 황당무계한 소리처럼 들리지만 철학자 특유의 정교한 논리 전개를 통해 발상의 전환을 끌어냅니다. "한마디로 말해 주식회사에서 주주들은 주인이면서 주인이 아니며 경영의 주체면서 주체가 아니다. 주식회사에는 주인이 있을 수 없으니 주주들은 주인이 아니지만 법은 주주들이 마치 주인인 것처럼 그들에게 경영권을 주고 있으니 모순이다. 이처럼 자기모순적 근거에 기초한 경영권이므로 그 경영권이 온전히 행사되는 것 또한 불가능하다. 절대다수의 주주들은 주관적으로는 기업 경영에 아무런 관심이 없으며 객관적으로는 아무런 책임이 없다."

  김상봉 교수의 이런 문제의식은 장하준 교수가 재벌의 하수인이라는 비난을 감수하면서 주주 자본주의 비판에 나섰던 것과 정확히 같은 논리입니다. 물론 해법은 전혀 다르죠. 김상봉 교수는 "기업을 참된 의미의 생산 공동체로 만들기 위해서는 노동자들에게 경영권을 돌려줘야 한다"는 결론을 끌어냅니다. "'주식회사의 이사는 종업원 총회에서 선출한다'는 법률 조항 하나만 만들면 된다"는 것이죠.

다분히 몽상적인 아이디어처럼 들리는 게 사실입니다. 한국 상법 393조에는 "이사는 주주총회에서 선임한다"고 되어 있습니다. 주식회사의 대표자는 주주들의 대표고 주식회사의 경영권은 최종적으로 주주들에게 귀속된다는 게 법으로 명시되어 있는 건데요. 김상봉 교수는 "마치 주식회사의 소유주가 주주인 것처럼 주식회사의 경영권을 최종적으로 주주들에게 귀속시키고 있는데 이런 원칙은 일관되지도 않고 철저하지도 않다"고 지적합니다.

"주식회사의 주인은 주주가 아니다."

김상봉 교수가 이렇게 단호히 말할 수 있는 건 애초에 주식회사를 누군가가 소유한다는 게 불가능하다고 보기 때문입니다. 만약 내가 퇴직금을 털어 설렁탕집을 차린다면 이 사업체는 소유와 경영이 일치됩니다. 그러나 불특정 다수의 주주들이 지분을 나눠 갖는 주식회사는 주식의 소유와 주식회사의 소유 사이에 아무런 필연적 관계도 없다는 게 김상봉 교수의 문제의식입니다.

주식회사의 주주들은 유한책임의 원칙에 따라 경영 실패에 따른 책임을 회피할 수 있습니다. 손실이 날 것 같으면 팔고 떠나면 그만이고 최악의 경우 자본금 이상의 손실이 나면 투자한 돈을 포기하면 그만이라는 거죠. 이 말은 거꾸로 모든 주주들의 권리를 더해도 그게 이 회사에 대한 배타적 소유의 권리가 되지는 않는다는 이야기가 됩니다. 주식이라는 게 N분의 1의 소유권을 의미하는 게 아니라는 이야기죠.

김상봉 교수의 주장에 따르면 내가 설렁탕집을 차려서 직접 경영을 하면 이 설렁탕집은 내 소유가 됩니다. 그러나 설렁탕집을 주식회사로 만들면 내가 100% 지분을 갖는다고 해도 이 회사가 내 소유라고 주장하기 어렵게 됩니다. 이 회사가 문을 닫을 경우 잔여재산 청구권을 행사할 수는 있겠지만 소유권을 주장할 수 있는 건 아니라는 건데요. 애초에 법인으로서 주식회사는 소유의 주체가 될 수는 있지만 대상이 될 수는 없다는 논리에서입니다.

만약 내가 설렁탕집을 차렸다가 망해서 빚이 3억 원인데 가게 팔고 집기 다 팔아도 2억 원밖에 못 갚는다면 나머지 1억 원은 내가 갚아야 할 빚이 됩니다. 그런데 만약 이 설렁탕집이 개인 자영업이 아니라 주식회사라면 빚을 다 못 갚고 회사가 망했을 때 채권자는 빚을 떼이게 됩니다. 주주에게 그 빚을 갚으라고 할 수는 없기 때문이죠. 놀랍지 않습니까. 설렁탕집 주인은 빚을 갚아야 할 책임이 있지만 주주들은 그냥 투자한 돈만 포기하면 됩니다.

주인 없는 주식회사, 먼저 차지하는 게 임자?

주주가 회사의 주인이 아니라는 접근 방식은 지금까지의 논의를 뛰어넘는 굉장히 흥미로운 발상과 관점인데요. 주주들은 이익을 배당으로 청구할 권리가 있지만 그게 이들이 이 회사를 소유하고 있다는 의미는 아닙니다. 법적으로 주주들이 이사를 선임하도록 되어 있기 때문에 전문 경영인을 견제하고 중요한 경영적 판단에 영향을 미칠 수는 있지만 역시 소유와는 무관한 개념입니다.

한번 납입한 자본금을 회수할 수 없다는 사실도 시사하는 바가 큽니다. 다른 사람에게 주식을 팔고 나갈 수는 있지만 이건 소유권 이전일 뿐 이 회사에 대해 주장할 수 있는 재산권이나 소유권이 아닙니다. 잔여재산 청구권을 소유권과 혼동하지 말라는 지적도 재미있습니다. 말 그대로 회사가 해산할 때 인정되는 권리인데요. 밀린 임금도 주고 은행 빚도 갚고 세금도 내고 모든 채무를 다 정리하고 남는 돈이 있으면 가져갈 수 있는 권리라는 거죠.

그래서 주주가 주인이 아니면 누가 주인이라는 걸까요. 김상봉 교수는 여기에서 노동자가 회사의 주인이다, 이런 이야기를 하고 있는 게 아닙니다. 주식회사는 주인이 없다, 누구도 주식회사를 소유할 수 없다는 게 핵심입니다. 그래서 애초에 주식회사의 주인이 누구인가 하는 논의가 의미가 없다는 거죠. 누가 소유하느냐가 아니라 누가 어떻게 권력을 행사하느냐가 더 중요하다는 이야기입니다.

김상봉 교수의 이론을 따라가다 보면 우리가 앞서 논의했던 여러 현안에 대한 실마리를 얻을 수 있습니다. 이를테면 소액주주들을 대신해서 전문 경영인에게 경영을 맡길 때 그들을 효과적으로 통제할 수 없는 위험이 있지만 이런 위험을 피하려고 지배주주에게 경영을 맡길 경우 지배주주가 자기의 사적 이익을 위해 회사에 손해를 끼칠 수 있는 위험이 발생한다는 겁니다. 주주 자본주의 시스템의 본질적 위험이라고 할 수 있을 텐데요.

김상봉 교수도 장하준 교수와 명확하게 선을 긋습니다. "창업자의 경영권을 지켜주지 않으면 누구도 기업을 창업하고 열심히 발전시키려 하지 않을 것이므로 국민 경제를 파탄에 빠지게 하지 않으려면 삼성처럼 문제가 많은 재벌 기업의 경영권이라 할지라도 기득권을 인정해주고 보호해줘야 하지 않겠는가 하고 국민들을 설득하는 경제학자들도 나타난다"는 대목은 명확하게 장하준 교수를 지목한 것 같습니다.

김상봉 교수는 "보호 받을 가치가 없는 경영권 역시 법에 의해 보호 받게 되고 수많은 주식회사에서 아무런 자격이 없는 자들이 마치 회사가 자기 개인 소유인 것처럼 계속해서 경영권을 독점하게 된다"고 비판합니다. 주주를 대표하는 이사회와 그들이 임명한 전문 경영인 사이에 회사의 실질적 지배권을 두고 권력 투쟁이 상시적으로 일어나게 된다는 거죠. 김상봉 교수는 이런 모순은 본질적으로 해결할 수 없다는 결론을 내립니다.

전문 경영인 위에 군림하는
무소불위의 독재적 창업자

극단적인 2가지 사례를 비교할 수 있습니다. 첫 번째는 엔론입니다. 〈포춘〉지가 선정한 500대 기업 가운데 7위에 오르기도 했을 정도로 큰 기업이었는데 무려 5년 동안 5억 8,600만 달러를 분식회계한 사실이 드러나 결국 파산했습니다. 엔론이 전문 경영인의 도덕적 해이 때문에 무너졌다면 두 번째 사례, 포드는 이른바 오너 경영인의 독선적인 경영 때문에 큰 위기를 맞았습니다. 헨리 포드 1세가 지배했던 시절 시장 점유율이 3분의 1 토막 났던 적이 있었죠.

 헨리 포드 1세는 최고 경영자를 수족처럼 부렸다고 합니다. 중역들이 독단적인 결정을 내리지 못하도록 일거수일투족을 감시하기도 했고요. 건방져지지 않도록 정기적으로 직책을 강등시키고 자기를 존중하지 않는다 싶으면 즉각 해임했습니다. 내 회사니까 내가 모든 걸 컨트롤하겠다는 생각이었을 텐데요. 당연히 경영은 엉망이 됐겠죠. 다행히 한 차례 심각한 위기를 겪은 후 손자가 경영권을 넘겨받고 나서는 경영자들에게 권한을 상당 부분 위임했습니다.

포드가 소유주 지배의 극단이라면 엔론은 경영자 지배의 극단이라고 할 수 있겠죠. 엔론의 최고경영자였던 케네스 레이는 주가를 끌어올리려고 분식회계를 남발하면서 회계법인을 매수했습니다. 엔론이 무너지면서 엔론의 회계법인이었던 아서앤더슨도 함께 무너졌는데요. 경영인이 주주의 대리인이라고 본다면 최악의 대리인이었던 거죠. 이걸 감시해야 할 회계법인도 한통속이었고요. 문제는 이런 종류의 유착을 근본적으로 막을 방법이 없다는 겁니다.

김상봉 교수의 설명이 재미있습니다. "주주는 경영자가 아니며 경영자는 주주가 아니라는 구별, 그리고 이 구별에서 비롯되는 둘 사이의 모순적 대립은 사람들이 순진하게 논리적인 동일성, 현실적인 일관성에 집착하기 때문에 생기는 일일 뿐입니다. 내가 말하려는 것은 보통 주식회사에서 한 사람이 헨리 포드처럼 독재자가 되는 동시에 엔론의 케네스 레이처럼 비자금과 분식회계의 달인이 되는 경우입니다."

김상봉 교수의 표현에 따르면 보통은 포드는 레이가 될 필요가 없고 레이는 포드가 될 수 없죠. 주인은 자기 재산을 훔칠 필요가 없고 하인은 그가 하인으로 있는 한 주인이 될 수 없으니까요. 그런데 한국에서는 이런 일이 가능합니다. 헨리 포드 같은 절대 주인도 아니고 케네스 레이 같은 전문 경영인도 아니면서 포드 같은 전제군주인 동시에 레이 같은 사기꾼처럼 행동하는 자들을 한국에서는 재벌 총수라고 부른다는 거죠.

미국에서는 전문 경영인들이 실제로 주식회사를 지배합니다. 그런데 삼성에서는 사장들이 머슴이고 하인일 뿐이라는 거죠. 왜냐고요? 이 사람들은 재벌 총수의 완벽한 수족일 뿐이기 때문입니다. 김상봉 교수의 표현이 좀 거칠긴 하지만 맥락은 이해하실 거라고 봅니다. 여기에서 김상봉 교수는 "애초에 주식회사에 처음부터 주인이 없기 때문에 아무나 주인일 수 있는 것"이라는 논리를 끌어냅니다. 흥미로운 논법이죠.

주인 없는 기업에서
주인 행세하는 월급 사장

주인 없는 기업의 극단적인 사례로 KT를 들 수 있습니다. 민영화 이후 KT를 흔히 주인 없는 기업이라고 불렀지만 진짜 주인은 이석채 전 회장이었습니다. 지배주주가 없는 기업에 청와대에서 내려 보낸 낙하산 사장이 무소불위의 권력을 휘둘렀죠. 살인적인 구조조정으로 직원들을 자르든 말든 비관련 다각화를 하든 말든 주가가 계속해서 오르는 이상 주주들은 이석채 회장을 지지하거나 적어도 묵인했습니다.

흔히 소유와 경영이 분리돼 있을 때 대리인 문제가 발생한다고 하지만 KT의 경우를 보면 오히려 대리인들이 주주들과 적극적으로 결탁하는 양상을 보였습니다. 멀쩡한 사옥을 헐값에 내다 팔아 장기적으로 기업 가치가 크게 훼손되는데도 당장 현금이 들어오고 배당이 늘어날 거라는 기대로 주가가 뛰어오르는 역설적인 상황이 발생했습니다. 사옥을 팔고 그 사옥에 전세로 다시 들어가는 어처구니없는 일도 벌어졌습니다. 전세 보증금만 10억 원에 이르는 삼성동 타워팰리스를 회장 사택으로 쓰고 회장 친인척 회사에 수상쩍은 투자를 해도 주가가 오르고 배당만 두둑이 주면 주주들은 모두 오케이였습니다.

이석채 전 회장은 취임 첫 해인 2009년 주당 순이익이 2,353원인데 주당 2,000원을 현금 배당했습니다. 배당 성향이 94.2%, 파격적인 배당이었죠. 내 돈 아니니까 내가 회장으로 있는 동안 선심 팍팍 쓴다는 느낌이랄까요. 덕분에 한 차례 연임도 성공했습니다.

한 증권사 연구원은 KT의 변칙적 경영을 두고 "이가 없으면 잇몸으로"라는 표현을 쓰기도 했습니다. 과도한 마케팅 비용 지출에 따른 수익성 하락을 부동산 자산 매각으로 만회하고 있다는 의미를 우회적으로 표현한 건데요. 심지어 유선전화 시절 쓰던 구리선을 고철로 내다 팔아 영업외 이익을 내기도 했습니다. 주력 사업부문이 성장의 한계를 맞고 있는 가운데 그나마 남은 자산을 내다팔아 주주들에게 나눠주면서 자리를 지켜왔던 겁니다.

조셉 그런드페스트 미국 스탠퍼드대 법학과 교수가 학생들에게 이런 질문을 던졌다고 하죠. "외계인들이 어느날 갑자기 이사회 이

사들을 모두 납치한다면 어떤 일이 벌어질까. 사람들이 알아차리기나 할까. 회사는 이사들을 구출하기 위해 얼마나 돈을 쓸까. 또는 이사들을 돌려보내지 말아달라고 돈을 내놓지는 않으려나." 〈비즈니스 에틱스〉 편집장 출신의 마조리 켈리가 쓴 《주식회사 이데올로기》에 나오는 이야기입니다.

"이론상으로는 이사회의 이사는 주주가 선출한다. 하지만 현실에서는 CEO(최고경영자)와 이전 이사회의 이사가 새로운 이사를 선별하고 주주는 승인 도장을 찍을 뿐이다. 이사회는 주주의 이해관계에 따라 기업을 통치해야 하지만 실제로는 그저 CEO를 고르거나 CEO가 나머지를 다 처리한다. 어쩌다 한 번 인수나 합병 제안에 대해 의결하기도 하지만 그뿐이다." 이사회가 제대로 작동을 하지 않는다는 이야기죠. 사외이사도 제 역할을 하지 못하고요.

만약 외계인들이 KT 이사회 이사들을 한꺼번에 납치했다고 해도 아무런 일도 벌어지지 않았을 가능성이 큽니다. 애초에 하는 일이 전혀 없는 사람들이었으니까요. 이석채 전 회장의 배임·횡령 의혹이 숱하게 보도됐을 때도 KT 이사회는 아무런 문제제기도 하지 않았습니다. KT 노동자들의 연쇄 자살 사건에 대해서도 KT 이사회는 침묵했습니다. KT 이사들이 대부분 이석채 회장이 데려왔거나 여기저기서 낙하산으로 내려온 사람들이기 때문이죠.

《주식회사 이데올로기》에는 이런 흥미로운 대목이 있습니다. "외계인들이 이사들을 전부 납치해도 아무도 알아차리지 못할 것이라는 데는 이유가 있다. 모든 중요한 통치는 이사회가 열리기 전에 다 이뤄지기 때문이다. 기업은 이사회가 통치하는 게 아니라 이사회가 구현하는 사상이 통치하기 때문이다. 그리고 하나 덧붙이자면 주식시장이 구현하는 사상이 기업을 통치한다. 진실을 말하자면 주식시장이 기업 사회를 통치하는 진짜 힘이다."

주주 자본주의의 돌연변이, KT

전성인 교수는 "제대로 된 주식시장이라면 장기적으로 주주가치가 훼손되는 상황에서 주가가 떨어져야 옳고 주주들이 계속해서 잘못된 판단을 하고 있다면 적대적 인수합병이 일어나는 게 맞다"고 지적합니다. "KT의 경우 주주 자본주의가 문제가 아니라 오히려 주주 자본주의가 제대로 구현되지 않고 있기 때문에 문제"라는 게 전성인 교수이 주장인데요. 주주들도 피해를 보고 있다는 이야기죠.

경제개혁연대에서 활동하는 이지수 변호사는 "KT를 흔히 주인 없는 기업이라고 부르지만 지배주주가 없고 주식이 분포돼 있는 기업들이 모두 이렇지는 않다"면서 "KT의 경우 이사회 시스템이 제대로 작동하지 않았다는 게 가장 큰 문제"라고 지적합니다. "아무리 이석채가 뽑은 사람들이라고 하지만 집행임원들이야 그렇다 치고 이사회 이사들은 이석채에게 유리하고 주주들에게 불리한 사안에 명확하게 반대를 했어야 했다"는 이야기죠.

이지수 변호사는 "이석채가 주주들과 결탁했다기보다는 이사회가 이석채와 결탁하고 있는 상황에서 주주들이 제 목소리를 내지 못했다고 보는 게 맞다"고 지적합니다. 기관 투자자들은 왜 가만히 있었을까요. "우리나라는 특히 주주들이 자기 권리를 찾는 문화가 없고 국내 기관 투자자들도 대부분 재벌 대기업 계열이기 때문에 경영권 개입을 꺼리는 측면이 있다"는 설명입니다.

장하준 교수도 "주주 자본주의론에서는 기업은 주주에게만 책임을 지면 된다"면서 "책임의 개념 자체가 다르다"고 지적합니다. "KT의 사례에서도 보듯이 주주 자본주의 원리로 운영되는 기업이 이해관계자인 종업원들에게 책임을 지나요? 소비자들에게 그 책임을 다하나요? 그런데다 투자율도 낮아졌잖습니까. 결국 주주 자본주의 관점에서는 국민과 경제 전체가 불행해지는 경영이라 하더라도 주주들만 행복하면 되는 겁니다."

워낙 해석이 엇갈리지만 김상봉 교수의 설명에 따르면 주인 없는 주식회사에서는 아무나 주인일 수 있기 때문이죠. 수백만 명의 주주들이 두 눈을 시퍼렇게 뜨고 있어도 이석채 같은 사람이 주인 행세를 하는 걸 컨트롤하지 못하는 상황이 벌어집니다. KT는 주주 자본주의의 돌연변이라고 할 수 있습니다. 장하준 교수 같은 사람들은 그래서 기업에 주인을 만들어줘야 한다는 논리를 펴기도 하죠. 오너 경영이 낫다는 말도 나오고요.

삼성그룹에서도 이건희 회장은 삼성전자와 삼성생명을 비롯해 모든 계열사들을 실질적으로 지배하고 있지만 법적으로는 아무도 아닙니다. 앞서 살펴봤듯이 애초에 비서실이니 구조조정본부니 전략기획실이니 하는 게 법적 실체가 없습니다. 사실 삼성전자 회장이라고 부르지만 삼성전자 이사회 회장도 아니고 그 어떤 조직의 장도 아니죠. 삼성생명 회장도 아니고 삼성물산 회장도 아닙니다. 제일기획이나 삼성중공업 같은 데는 아예 주식 한 주도 없죠.

그리고 애초에 그룹이라는 것도 실체가 없는 개념입니다. 삼성그룹 전략기획실에 가보면 한 사람은 삼성증권에서 파견 나와 있고 그 옆 사람은 삼성물산에서 파견 나와 있고 하는 식인데요. 실제로 월급도 그 회사에서 받죠. 이런 상황이니 그룹의 회장에게는 아무런 책임도 없습니다. 무소불위의 권력을 행사하면서 명령을 내리지만 정작 어떤 서류에 사인도 하지 않습니다. 최종 결재권자는 그 회사의 최고 경영자가 되니까요. 책임도 그 사람이 지겠죠.

삼성자동차 사업도 이건희 회장의 고집으로 시작했지만 정작 파산한 뒤에도 아무런 책임을 지지 않았습니다. 불법 경영권 승계나 비자금 조성 역시 이건희 회장은 뒤로 물러나 있었죠. 애꿎은 계열사 사장들만 배임 등의 혐의로 기소됐을 뿐이죠. 정말 편리하지 않습니까. 김상봉 교수의 표현에 따르면 "이건희 회장은 권력을 누릴 때는 삼성의 전부지만 책임질 일에 관해서는 아무도 아니기 때문"입니다.

왕의 목을 쳐라

결론은 지금부터입니다. 김상봉 교수는 "주주들이 주주총회에서 이사들을 선임하고 이사회로 하여금 주주들의 이익을 위해 회사를 경영하게 한다는 것은 법률이 그럴듯하게 만들어낸 신화일 뿐"이라면서 "근원적으로 주주들은 하나의 공동체를 형성할 수 없으며 그런 까닭에 법률이 아무리 주주총회에서 이사회를 구성하는 형식을 취한다 하더라도 이사회는 주주들의 대표기관일 수 없다"는 결론을 끌어냅니다.

핵심은 자본의 소유권과 기업 경영권을 분리하는 것이죠. 좀 더 정확하게 풀어보면 주식회사의 주식을 소유하는 것과 주식회사의 경영권을 장악하는 것을 분리해 주주에게는 배당금과 기업 자산에 대한 잔여 청구권을 주고 경영권은 노동자에게 주자는 이야기입니다.

취지는 좋은데 실제로 이런 발상을 구현하는 게 가능할까요. 김상봉 교수는 "우리가 기업을 그렇게 민주화하지 못할 까닭이 어디 있느냐"고 반문합니다. "기업이 강제 노역장이 아니라 공화국이 되고 노동자들이 임금노예가 아니라 기업의 시민이 된다면, 어떤 변화가 일어나겠습니까? 노동자들이 자기 자신의 생산활동을 더불어 스스로 결정하고 규제할 수 있는 자유와 주체성을 의미하는 동시에 그 생산활동의 결과로 주어지는 잉여가치를 스스로 관리할 수 있는 권리를 가진다는 것을 의미합니다. 기업은 노동자들에 의한 생산 공동체인 동시에 노동자들을 위한 작지만 온전한 민주 공화국이 되는 겁니다."

만약 삼성전자의 사장을 선거로 뽑는다면 어떻게 될까요. 경영을 잘해서 기업 가치도 높아지고 장기적으로 성장성도 확보되고 노동자들의 노동 조건도 개선된다면 연임이 가능하겠죠. 만약 그렇지 않다면 교체되거나 해임될 수도 있을 거고요. 그럼 주주들은 손을 놓고 있으라는 말일까요. 주식회사의 이사를 종업원 총회에서 선출하는 대신 감사를 주주총회에서 선임해 견제하면 됩니다.

경제학자가 아니라 철학자라서 이런 황당무계한 발상을 할 수 있는 게 아닐까 싶을 정도로 전혀 다른 접근 방식으로 문제를 풀어나가고 있죠. 김상봉 교수의 이야기를 들어볼까요. "사람들은 이것이 불가능한 일이라 생각할지도 모르겠다. 하지만 역사를 길게 보면, 수백 년 전 프랑스인들이 혁명을 통해 왕이 사사로이 소유하고 지배하던 국가를 모든 국민의 국가로 바꾸어버린 것에 비한다면 사실 쉽고도 가벼운 제안이다."

김상봉 교수는 "오늘날 삼성이나 현대의 기업집단이 모두 특정한 개인의 소유물이라고 사람들이 생각하듯이 그 무렵 유럽에서도 국가는 왕의 것이라고 생각하는 것이 조금도 이상한 일이 아니었다"고 지적합니다. 루이 14세는 "내가 곧 국가다"라고 공공연하게 떠들기도 했지요. 그게 그 시대의 확고한 시대정신이었던 건데요.

누군가가 왜 왕이 주인인가 묻고 의심하기 시작했을 때 변화가 시작됐죠. "하지만 생각의 힘은 무서운 것이어서 철학자들이 왜 국가가 왕의 것인가 묻기 시작했을 때, 왕의 절대적 지배도 흔들리기 시작했고 결국 그 동요는 혁명에 의해 국가가 모든 국민의 나라가 되기까지 멈추지 않았던 것이다." 이런 문장은 정말 가슴을 뛰게 합니다. 우리가 지금 당연하게 생각하는 것들이 얼마의 시간이 지나서 보면 전혀 다른 세상의 정말 황당무계한 상황으로 받아들여질 수도 있다는 거죠.

"그렇다면 지금 우리가 기업을 그렇게 민주화하지 못할 까닭이 무엇인가. 왕을 단두대에 올리고 선거를 치러 대통령과 국회의원들을 선출했던 프랑스 사람들처럼. 아니 지난날 바로 우리들 자신이 6월 항쟁으로 독재 정권을 무너뜨리고 대통령 직선제를 쟁취한 것처럼 우리 역시 우리 시대의 폭군인 재벌 총수들을 모두 몰아내고 노동자들이 선거를 통해 사장을 선출하면 안 될 까닭이 무엇인가."

자주관리 기업의 행복한 고민,
임금을 올릴까 배당으로 받을까

김상봉 교수의 아이디어를 무작정 황당무계하다고 치부할 수는 없습니다. 실제로 노동자가 주인인 회사가 얼마든지 있으니까요. 이를테면 인천의 키친아트는 부도 위기에 직면한 회사를 노동자들이 인수해 노동자 자주기업으로 키운 경우입니다. 삼환그룹 계열사로 원래 이름은 경동산업이었고 3중 바닥 냄비로 한때 TV광고도 많이 했던 주방용품 회사인데요. 1994년 법정관리에 들어갔다가 2000년에 최종 퇴출됩니다.

버스 안에서 손을 감추고 있는 사람은 경동산업 직원이라고 할 정도로 손가락이 잘려 나가는 사고도 많았고 1년이면 잘린 손가락만 한 트럭이라는 말이 나올 정도였다고 합니다. 날마다 새벽 3시까지 일하던 한 여성 노동자는 과로사로 숨지기도 했다고 하죠. 월 200시간씩 잔업을 했다고도 하고요. 그랬던 회사가 경영 부실로 임금 체불과 숱한 파업 끝에 결국 문을 닫습니다. 노동자들 입장에서는 그대로 물러나기에는 너무 억울했겠죠. 그래서 노동조합이 나서서 채권채무와 함께 회사를 넘겨받기로 합니다. 100억 원에 이르는 체불 임금과 퇴직금을 모아 공장과 기계설비에 키친아트라는 브랜드까지 넘겨받습니다. 어차피 회사가 그대로 문을 닫았으면 받아내기 힘든 돈이었을 텐데요. 그렇게 370명의 노조 조합원들이 퇴직금을 출자전환해 주주가 되고 최성춘 노조 위원장이 대표이사 사장으로 취임합니다. 노조가 소유권과 경영권을 모두 갖는 자주관리 기업으로 거듭난 거죠.

다행히 워낙 제품 품질이 좋았기 때문에 키친아트는 1,000억 원에 이르는 부채를 해결하고 부도 직전의 위기에서 1년 만에 흑자 전환에 성공합니다. 키친아트는 주식의 10%를 명의신탁하고 해마다 주주 배당금의 10%를 사회공헌 기금으로 내놓고 있습니다. 노동자 자주관리 기업이기 때문에 가능한 경영 철학이죠. 하청업체들과도 협력적 관계를 맺고 있습니다. 적정 수준의 이익 공유는 일반적인 주식회사에서는 쉽지 않은 결정입니다.

경동산업 시절 키친아트는 폭압적인 노무 관리로 유명했습니다. 1989년에는 끔찍한 사고도 있었습니다. 어용 노조에 맞서던 노조 활동가들이 몸에 시너를 끼얹고 사장을 만나게 해달라고 요구하다 "죽으려면 죽어" 한마디에 홧김에 몸에 불을 붙였죠. 이 사고로 2명이 숨지고 살아남은 사람들은 자살방조와 업무방해 등으로 징역형을 선고 받고 수감 생활을 해야 했습니다. 최성춘 위원장은 교도소에서 "반드시 복수하겠다"고 이를 갈았다고 합니다. 그랬던 사람이 사장이 됐으니 복수를 한 셈이라고 할 수 있을까요.

그러나 불행하게도 우여곡절이 있었습니다. 노조는 키친아트 설립과 함께 경영권 방어를 위해 최성춘 사장에게 51%의 지분을 줬는데 최 사장이 횡령 등의 혐의로 1년 만에 구속돼 징역형을 선고 받습니다. 회사 전체를 사유화하려 했던 거죠. 협력업체들에게 뒷돈을 받고 동료들을 해고하고 친인척을 채용하는 등 전횡을 휘두르다 쫓겨나게 됩니다.

키친아트는 최 사장을 내보낸 뒤 전체 직원들이 N분의 1로 주식을 나눴습니다. 1인 1표인 동시에 1주 1표의 의결권을 행사할 수 있게 된 거죠. 주식회사의 형태를 하고 있지만 협동조합에 가까운 지배구조입니다. 주식을 팔 수도 있지만 주주 한 사람이 3명 이상의 주식을 보유할 수 없도록 되어 있고, 외부 사람들에게는 주식을 팔 수 없습니다. 신입 직원들은 3년이 지나면 주식을 살 수 있습니다. 투자 목적의 지분 보유가 불가능하다는 이야기입니다.

노동자면서 동시에 주주인 이런 상황은 정말 낯설기도 합니다. 이익이 나면 임금 인상을 요구할 것이냐 배당으로 받을 것이냐의 고민이 필요할 수도 있습니다. 노동자의 정체성과 주주의 정체성이 뒤섞여 있는 거죠. 키친아트에 노조가 없다는 것도 아이러니합니다. 노동자들이 소유·지배권을 행사하고 있기 때문에 굳이 사용자에 맞서 노조를 만들 필요성을 느끼지 못하기 때문이겠죠. 애초에 노사 관계가 일반적인 기업과는 다르죠.

〈프레시안〉 인터뷰에서 박선태 부사장은 "현금을 확보해서 신제품 개발에 더 많은 투자를 하고 싶지만 배당금 지급이 더 시급한 일"이라고 털어놓기도 했습니다. 퇴직자들이 늘어나면서 직원이 아닌 주주들이 늘어나면 이런 고민이 더욱 깊어질 수도 있을 것 같습니다. 그렇지만 지금처럼 노동자들이 직접 사장을 선출하고 의결권을 행사한다면 적절한 균형을 찾아갈 거라고 기대합니다.

죽어서 뼈를 묻더라도
공장을 포기하지 않겠다더니

그렇지만 키친아트는 운이 매우 좋았던 경우라고 할 수 있겠습니다. 저는 2004년에 경상북도 구미의 섬유산업 단지에 취재하러 갔다가 충격을 받은 적이 있습니다. 한때 산업화의 전진기지였던 구미가 거대한 사양산업의 무덤이 되고 있었습니다. 중국의 추격에 밀려 경쟁력을 잃은 공장들이 계속해서 문을 닫고 수많은 노동자들이 길바닥에 나앉고 있는데 아무도 이들을 구제하지 못했습니다.

금강화섬도 그런 공장 가운데 하나였습니다. 금강화섬 노동자들은 텅 빈 공장을 볼모로 잡고 공장을 다시 돌리거나 다른 새로운 일자리를 달라고 요구했습니다. 공장 곳곳에 바리케이드를 치고 날마다 24시간 교대 근무를 서면서 공장을 지켰죠. 이분들의 절망을 어떻게 몇 줄 글로 요약할 수 있겠습니까. 무려 565일의 폐업 반대 투쟁 끝에 결국은 약간의 위로금만 받고 물러나야 했습니다. "죽어서 뼈를 묻더라도 공장을 포기하지 않겠다"던 노동자들은 눈물을 뿌리면서 떠났습니다.

키친아트와 달리 금강화섬은 부채가 많지 않았습니다. 구미지역 화학섬유회사 가운데서도 최첨단 설비를 자랑하는 회사였죠. 그렇지만 직물·의류 공장들이 줄줄이 문을 닫으면서 수요가 급감해 급속도로 연관 산업으로 공동화가 확산됐습니다. 직물·의류 산업의 몰락이 화학섬유 산업의 몰락을 낳고 다시 석유화학 산업의 목을 조르는 악순환이 시작된 겁니다. 주주들 입장에서는 이쯤에서 사업을 접고 청산하는 게 낫겠다는 판단을 했겠죠.

안타깝게도 금강화섬 노동자들은 그 어떤 협상 카드도 만져보지 못했습니다. 공장 부지는 물류센터로 팔렸고 기계 설비는 뜯겨서 고철로 팔렸습니다.

노동자 자주관리 기업은 엄두조차 낼 수 없는 상황이었습니다. 이미 화학섬유 산업은 사양산업이 됐으니까요. 금강화섬뿐만 아니라 구미 섬유산업 단지 전체가 도미노처럼 무너지는 상황이었습니다. 노동자들이 인수한다고 해도 살리기 어려웠을 거라는 게 합리적인 판단이었을 겁니다.

금강화섬 노동자들이 쓴 《공장은 노동자의 것이다》라는 책이 있는데요. 폐업 반대 투쟁은 정말 힘겹고 막막한 싸움입니다. 공장에 잡초가 돋아나고 기계에 녹이 슬기 시작합니다. 다시 일할 수 있을 거라는 막연한 희망으로 버티기에 565일은 너무 긴 시간이었을 겁니다. "왜 다른 일자리를 찾지 않느냐"고 물었더니 "여기서 물러서면 갈 곳이 없다"고 했습니다. 공사판 막노동이라도 해야겠지만 그것도 자리가 잘 나지 않으니까요.

흔히 회사가 어려울 때 노동자들은 회사를 살린다는 명분으로 임금을 깎거나 퇴직금을 반납하는데 동의하죠. 이른바 '회사가 살아야 노동자도 산다'는 논리인데요. 그런데 금강화섬 노동자들은 그렇게 하지 않았습니다. 노동자들에게 희생을 전가하는 방식으로 위기를 넘어설 수는 없다고 판단했기 때문이죠. 제조업의 위기와 공동화는 이제 당면한 현실이고 노동자들이 회사를 살리기 위해 할 수 있는 일은 거의 없었습니다.

차헌호 금강화섬 노조 사무국장은 "제조업 공동화 저지라는 슬로건을 내걸면서 우리는 이게 폐업 위기에 몰려 있는 제조업 노동자들의 생존권을 지키는 계급적 요구라고 생각했는데 자본가들이 정부를 상대로 요구하는 자본의 구호와 크게 다르지 않다는 걸 알게 됐다"고 털어놓았습니다. "노동자의 생존권 사수, 정리해고 반대라는 직접적인 요구가 담기지 않았고 결과적으로 기업가의 요구를 노동자들이 대신해주는 모양새가 됐다"는 이야기죠.

금강화섬의 폐업 반대 투쟁은 대정부 투쟁으로 갈 수밖에 없었습니다. 단순히 회사 살리기가 아니라 회사를 잃은 노동자들에게 국가가 답을 달라는 투쟁이었죠. 제조업 공동화 현상은 국가 차원의 산업 구조조정으로 풀어야 할 문제고 폐업 노동자들 구제 대책을 마련해야 한다는 게 이들의 주장이었습니다. 그러나 결국 응답은 없었고 굳은 결기로 뭉쳤던 노동자들은 큰 상처를 안고 뿔뿔이 흩어졌습니다.

노동자들이 감히
회사를 인수한다고?

대우종합기계의 사례에서 우리는 노동자 자주관리 기업으로 가는 현실적인 장벽을 살펴볼 수 있습니다. 몰락한 대우그룹의 계열사였죠. 2004년 기준으로 대우종합기계의 시가총액은 1조 1,756억 원. 이 가운데 자산관리공사와 산업은행 등이 보유하고 있던 57.0% 지분, 6,700억 원어치가 매물로 나왔습니다.

산업은행은 정부가 100% 지분을 소유한 투자은행입니다. 대우종합기계 노동조합은 우리사주조합을 통해 회사를 인수하겠다고 제안했으나 거절당했죠. 노조의 제안은 나름 합리적이었습니다.

일단 산업은행 지분은 굳이 서둘러 매각할 필요가 없었습니다. 당장 공적자금을 회수해야 하니까 자산관리공사 지분만 먼저 처분한다면 매물이 4,115억 원 정도로 줄어듭니다. 대우종합기계 노동자 4,400여 명이 해마다 360만 원씩 내면 10년 동안 1,584억 원을 갚을 수 있는데 회사가 나머지 절반을 보조해주고 600여 개에 이르는 협력업체들이 각각 1억~2억 원씩을 출자하면 충분히 감당할 수 있는 규모였습니다.

대우종합기계 노조는 회사 자산을 담보로 회사가 지급 보증을 하고 은행에서 차입을 해서 지분을 인수한 뒤 10년 동안 받게 될 상여금 등으로 나눠 갚겠다는 계획을 제출했는데 자산관리공사는 입찰 의향서조차 내주지 않았습니다. 회사의 자산을 담보로 금융기관 차입을 하고 지분을 인수한 뒤 나눠서 갚는 이른바 차입형 기업인수는 보편화된 인수합병 방법이었지만 노동자들에게는 기회를 주지 않았습니다.

노조가 무슨 돈이 있느냐는 게 정부의 입장이었는데요. 실제로 이런 규모의 인수합병에서 제 돈 다 내고 거래하는 경우는 거의 없습니다. 오히려 과거 사례를 보면 정부가 외국계 투기자본에 온갖 특혜와 지원을 끼워주면서 헐값에 알짜배기 회사를 내다 파는 경우도 수두룩했죠. 론스타에 넘어간 외환은행도 마찬가지였고요. 실제로 자금 출처나 주주 구성도 제대로 살피지 않고 정부 소유의 은행을 넘긴 경우였죠.

결국 대우종합기계는 두산그룹에 넘어가 두산인프라코어로 이름이 바뀌었습니다. 경쟁 입찰 결과 매각 가격이 1조 8,000억 원까지 치솟았으니까 공적자금 회수라는 목표는 초과 달성했다고 볼 수 있습니다. 굳이 함께 내다 팔 이유가 없는 산업은행 지분까지 묶어서 경영권 프리미엄까지 챙겨 시가의 거의 3배를 받았으니까요. IMF 외환위기 이후 대우종합기계가 떨어져 나오기 전 대우중공업에 투입된 공적자금은 2조 9,000억 원이었는데 남는 장사를 한 거죠.

취재하면서 이런 생각을 해봤습니다. 공적자금 회수도 중요하지만 정부에 정책적 의지만 있다면 노동자 지주회사의 실험을 해보는 것도 좋지 않았을까, 기껏 국민들 세금으로 살려낸 기업을 좀 더 비싸게 받고 팔아치우는 게 최선이었을까 하는 의문이었습니다. 정부 소유의 기업을 빨리 팔지 못해 안달하는 모습이었죠. 결과적으로 재벌 그룹에 계열사를 늘려주는 결과가 됐고요. 실제로 두산그룹이 출총제를 위반했다는 논란도 있었습니다.

만약 발상을 전환해서 대우종합기계 노동자들에게 금융 지원을 해주고 노동자 자주관리 기업으로 설 수 있도록 기회를 줬다면 어떻게 됐을까요. 임금을 마구 끌어올려서 경영이 엉망이 됐을까요. 이 회사의 이익을 두산그룹 계열사들이 챙기느냐 이 회사 노동자들과 미래의 몫으로 남겨두느냐의 차이가 있겠죠. 정부의 의지만 있다면 노동자들의 기업 인수를 지원하는 대안 금융기관을 설립하는 것도 검토해볼 필요가 있겠다는 생각이 들었습니다.

대우종합기계와 함께 대우중공업에서 떨어져 나온 대우조선해양도 아직 매물로 떠돌고 있습니다. 한때 한화그룹이 우선매수 협상자로 선정되기도 했지만 6조 원에 이르는 가격이 부담돼 물러섰고요. 최대주주인 산업은행은 해외 매각까지 검토하고 있는 상황입니다. 2대주주는 금융위원회고요. 이 경우도 역시 굳이 50.4%의 지분을 한꺼번에 팔아치우지 않는다면 얼마든지 다른 대안이 가능합니다.

과거 포스코처럼 국민주 형태로 잘게 쪼개 파는 방법도 있고, 우리사주조합에 일부 지분을 넘겨 차입형 종업원 주식인수 모델을 시도할 수도 있습니다. 정부가 경영권 프리미엄을 포기한다면 5% 미만으로 나눠 파는 방법도 가능하겠죠. 대우조선해양은 정부가 경영권을 확보한 국민기업인데 이걸 굳이 팔아서 다시 재벌 그룹의 계열사로 만드는 게 과연 공적자금 회수의 최선의 선택인지는 의문입니다.

김상봉 교수는 "기업에 주인이 있다면 그 주인이 경영권을 갖는 게 당연한 일이겠지만 주식회사는 주인이 없는 기업인 까닭에 법률과 사회적 관습이 달라짐에 따라 경영권의 주체와 그 권한의 성격 역시 달라진다"고 설명합니다. "한국의 법률은 마치 주식회사의 소유주가 주주인 것처럼 주식회사의 경영권을 최종적으로 주주들에게 귀속시키고 있는데 이 때문에 도저히 이해할 수 없는 온갖 불합리와 자기 모순이 발생하게 된다"는 설명입니다.

모두를 만족시키며
케이크를 자르는 방법

해피브릿지의 사례도 주목할 만합니다. 이 회사는 2013년 2월, 창립총회를 열어 직원 67명을 조합원으로 하는 직원 협동조합으로 전환했습니다. 창업 6년 만에 15명의 주주들이 주인이었던 회사에서 67명의 직원들이 주인인 협동조합으로 바뀐 겁니다. 국수나무와 화평동 등 음식점 프랜차이즈 사업을 하는 해피브릿지는 2012년 기준으로 매출 312억 원에 당기순이익이 11억 7,000만 원, 이익 잉여금만 30억 원에 이르는 나름 잘나가는 기업입니다.

경영이 어려운 것도 아닌데 잘나가는 주식회사를 협동조합으로 전환하는 경우는 한국뿐만 아니라 세계적으로도 흔치 않은 사례입니다. 보통 주식이 휴지조각이 된 뒤에야 종업원 우리사주회사나 노동자 자주관리 기업으로 전환을 고민하기 때문이죠. 해피브릿지의 경우는 수익구조가 안정화됐고 주주들 입장에서는 가만히 있어도 배당을 챙길 수 있을 텐데 그런 걸 포기한 겁니다.

이경숙 이로운넷 대표가 쓴 《산타와 그 적들》에 해피브릿지의 뒷이야기가 자세히 실려 있습니다. 협동조합으로 전환하기 직전 해피브릿지의 주식 가치는 주당 10만 원이었습니다. 창업 때 액면가가 5,000원이었으니까 20배 가까이 키운 거죠. 그 세월 동안 신산한 창업의 고통이 왜 없었겠습니까. 주식회사 시절 15명의 주주들이 68%의 지분을 보유하고 있었는데요. 그 기득권을 모두 내려놓고 기꺼이 평조합원이 된 거죠.

송인창 해피브릿지협동조합 이사장은 이렇게 말합니다. "주식회사의 목표는 자본 이익의 실현입니다. 돈을 많이 버는 게 중요하죠. 협동조합의 목표는 조합원의 삶의 질을 높이는 거예요. 이탈리아 볼로냐의 협동조합을 견학하고 나서 '바로 이거다' 했지요." 물론 내부 논의 과정이 순탄치는 않았던 것 같습니다. 무려 2년여의 토론과 연구 끝에 협동조합 전환에 뜻을 모았다고 합니다.

송인창 이사장을 비롯해 박강태, 이구승, 정민섭 씨 등 이른바 386세대 운동권 출신 창업자들의 성향도 작용을 했을 것으로 보이는데요. 처음 창업할 때부터 "우리 이왕 사업하는 거 다르게 벌어서 다르게 살아보자"는 도원결의로 출발했다고 하죠. '직원과 사람이 중심이 되는 기업'을 미션으로 내걸었고요. 그래서 설립 초기에 직원들을 주주로 참여시켰는데 회사 규모가 커지면서 주주와 직원들의 정체성이 충돌하기 시작했습니다. 그래서 사회적 기업과 협동조합 등 대안적인 기업 형태를 공부하기 시작했고 볼로냐나 몬드라곤 등을 벤치마킹한 거죠. 2014년 2월에는 스페인 몬드라곤그룹과 함께 협동조합경영연구소를 설립하기도 했습니다.

해피브릿지는 협동조합 전환 이전에도 공동 창업자들이 돌아가면서 대표이사와 임원을 맡고 중요한 사안을 함께 결정하는 집단경영 또는 협동경영 체제였습니다. 그렇기 때문에 이런 소유 혁명을 시도할 수 있었겠죠.

해피브릿지 창업자들은 주식회사라는 시스템이 자신들의 꿈을 담기에 지나치게 경직돼 있다는 걸 일찌감치 깨달았던 겁니다. 이경숙 대표는 "통치구조의 차이는 잉여 배분의 규칙을 바꾼다"고 설명합니다. 이를테면 케이크를 공평하게 나누는 원리와 비슷하죠. 두 사람이 케이크를 나눠먹을 때 둘 다 불만이 없으려면 가위바위보를 해서 이긴 사람이 칼을 쥐고 케이크를 잘라서 칼을 쥐지 않은 사람이 어느 쪽을 먹을지 선택하도록 하면 됩니다.

"주식회사에서 칼(이사회)을 쥔 자는 주주들이죠. 이들은 자신이 가져갈 케이크, 즉 잉여를 스스로 배분합니다. 칼을 쥐지 않은 자(직원·고객)한테 줄 케이크를 크게 자를 필요가 없는 거죠. 그런데 협동조합에서 칼을 쥔 자는 조합원들입니다. 노동자 협동조합에서는 노동자들이, 소비자 협동조합에서는 소비자들이 칼을 쥡니다. 그래서 협동조합은 '모두를 만족시키며 케이크를 자르는 법'이라는 말로 설명하기도 합니다."

● 장하성_ 고려대학교 경영대학원 교수

part 7

한국에만 있는 재벌, 한국식 주주 행동주의로 맞서자

장하성의 삼성 사용설명서

나는 주주 자본주의자가 아니라

한국적 자본주의자다.

월스트리트 앞잡이는 아니지만

기꺼이 여의도 앞잡이라도 되자.

주주 자본주의와 이해관계자 자본주의의 충돌은 해묵은 이슈입니다. 이를테면 주주들은 노동자들에게 이렇게 말하곤 하죠. "당신들은 정해진 월급을 받아갈 뿐이지만 우리는 투자한 돈을 잃게 될 위험을 감수하고 있다. 당신들은 위험을 부담하지도 않고 손실에 따른 책임을 지지도 않는다. 당연히 당신들에게는 이익에 따른 권리도 없다. 당신들 월급을 주고 남은 이익은 우리 주주들의 몫이다. 그 이익은 정당한 투자의 대가다."

사실 이게 바로 우리 사회와 우리 경제를 관통하는 지배적인 이데올로기입니다. 확정 청구권과 잔여 청구권이라는 말로 설명하기도 하는데요. 노동자와 채권자, 협력업체들, 소비자, 지역주민들 등등 이해관계자들은 법과 계약에 의해 명확하게 규정된 상대적으로 안정된 권리를 가진 확정 청구권자들이죠. 주주들은 이해관계자들의 법적·계약적 권리가 다 충족되고 난 이후에 남는 것을 갖는, 상대적으로 큰 위험을 부담하는 잔여 청구권자들입니다.

노동자는 노동의 대가로 임금을 받고 돈을 빌려준 은행은 이자를 받고 재료를 납품한 협력업체들은 납품 대금을 받고 소비자들은 돈을 내고 상품을 받습니다. 세금도 내고 사회 공헌도 해야 합니다. 돈이 들어오면 그 모든 임금과 이자와 비용을 지불하고 난 다음에야 주주에게 돌아갈 몫이 남기 때문에 주주들이 그 잔여 이익을 청구할 권리를 갖는 것이 너무나도 당연하다는 논리죠.

그러나 노동자들은 주주들에게 이렇게 말하겠죠. "당신들만 위험을 떠안는 것은 아니다. 우리가 이 회사에서 배운 기술은 다른 회사에서 쓸 수 없는 경우도 많다. 당신들은 자본을 투자했을 뿐이지만 우리는 이 회사에 우리의 삶을 통째로 투자하고 있다. 월급만 받고 떨어지라고? 이 회사의 이익이 늘어난다면 당연히 우리에게도 나눠 받을 권리가 있다. 왜 당신들이 그 이익을 독차지하려고 하는가."

실제로 특정 회사의 특정 업무에 숙련된 기술을 쌓은 노동자들은 다른 회사로 옮겨갈 수 없는 경우가 많습니다. 노동자 입장에서는 위험을 감수하고 자신의 인적자본을 이 기업에 투자했다고 볼 수 있습니다. 물론 그 기술 때문에 일자리를 얻었다고도 볼 수 있지만 이런 투자가 없다면 이 회사는 직원을 찾을 수가 없겠죠. 회사도 직원들의 이런 투자에 동기부여가 충분히 돼야 지속가능하다는 이야기입니다.

반면 주주가 기업의 주인이라고 여기지만 대부분은 결국 스쳐지나가는 단기 투자자일 뿐입니다. 언제라도 떠날 수 있는 이들은 굳이 먼 미래를 함께 고민하지 않습니다. 이들은 기업이 충분한 기회비용을 제공하고 더 많은 이익을 안겨줄 다른 대안이 나타나지 않는 동안만 주주로 남아 있습니다. 새로운 공장을 짓거나 생산설비를 들여오는 과정에서 주주들의 반대에 부딪히는 것도 이런 이유에서입니다. 당장 올해 당기순이익이 줄고 배당이 줄 테니까요.

그러나 주주들은 또 이렇게 반박하겠죠. "기업의 목표는 결국 이윤 아닌가. 더 많은 이윤에 가장 강력한 동기부여를 받는 이해 당사자들이 바로 주주들이다. 다른 이해 당사자들은 성과와 무관하게 계약에 따라 투자의 대가를 보장받고 있지만 정작 위험 부담을 떠안은 주주들은 그렇지 못하기 때문에 보상이 필요하다. 그런 시스템이 결국 가장 효율적이고 다른 이해 당사자들이나 사회 전체로 볼 때도 가장 좋다."

노동자들은 다시 반박합니다. "문제는 지속 가능성이다. 우리는 이 회사에 10년 뒤, 20년 뒤까지 남아 있어야 하지만 당신들은 10년 뒤는커녕 1년 뒤도 걱정하지 않는다. 당신들이 가져가는 이익은 우리 미래를 희생한 대가일 수도 있다. 당신들에게 더 많은 이익을 안겨주는 시스템은 과연 지속적으로 성장하는 시스템인가."

실제로 우리는 IMF 외환위기 이후 기업의 배당이 폭발적으로 늘어나고 설비투자가 그에 반비례해서 줄어드는 것을 지켜보고 있습니다. 기업은 더 많은 이익을 내고 주가도 크게 오르고 주주들은 더 많은 배당을 챙겨 가는데 이상하게도 기업들은 미래를 준비하지 않습니다. 공장도 짓지 않고 새로운 기계를 들여오지도 않고요. 오히려 자산을 내다 팔아 사내유보 현금을 늘리거나 그걸로 배당을 주는 극단적인 경영 형태도 나타납니다.

3년 안에 다 털어먹고 나간다

가장 극단적인 경우는 아마도 지금은 골든브릿지투자증권으로 이름이 바뀐 브릿지증권의 사례일 겁니다. 브릿지인베스트먼트라부안홀딩스BIH라는 사모펀드가 IMF 외환위기 직후 대유증권과 일은증권의 지분을 헐값에 사들인 뒤 두 회사를 합병해서 리젠트증권으로 이름을 바꿉니다. 그리고 대규모 배당으로 남아 있는 현금을 빼먹기 시작하죠. 자사주를 사들여 소각해서 최대주주 지분 비중을 계속 늘리고요.

BIH는 투기자본의 교과서라고 불릴 만한 다양한 '먹튀' 수법을 선보였습니다. 자사주 매입과 소각 덕분에 2002년 49.7%였던 BIH의 지분이 2004년에는 70.9%까지 늘어나고 자사주를 더하면 90%가 넘게 됩니다. 회사 이사회와 주주총회를 장악하고 무엇이든 마음먹은 대로 할 수 있게 된 거죠. 그리고 대규모 무상증자와 유상감자를 실시합니다. 회사의 자산을 자본금으로 편입시킨 뒤 그걸 주주들에게 나눠주는 방식이죠.

브릿지증권은 심지어 회사 본사 건물을 팔아 현금을 만들고 유상감자를 통해 주주들에게 나눠 주기도 했습니다. 정상적인 회사라면 상상도 할 수 없는 일이지만 이 회사는 최대주주가 돈 챙겨서 빠져나가는 게 최대 목표였기 때문에 이 모든 일들이 가능했습니다.

BIH는 이 회사 지분 2,200억 원을 사들인 뒤 배당으로 204억 원, 유상감자로 2,155억 원을 빼내갔습니다. 한국 주식시장 사상 최대 규모의 유상감자였죠. 최종 매각까지 BIH가 벌어들인 돈은 3,609억 원에 이릅니다.

BIH는 말레이시아의 조세 회피지역 라부안에 본사를 둔 사모펀드였습니다. 애초에 경영보다는 투자 개념으로 접근했던 거죠. 고객들 돈을 받아 한국의 증권사 지분에 투자했으니 최대한 빨리 이익을 남기고 투자 원금과 수익을 회수해서 고객들에게 돌려주는 게 목표였겠죠. 심지어 막판에는 회사를 청산하려고까지 했습니다. 노동조합이 나서서 경영권을 넘겨받아 종업원 지주회사Employee Stock Ownership Plan, ESOP로 전환하긴 했지만 그때는 이미 껍데기만 남은 뒤였죠.

극단적인 사례를 들었지만 주주 자본주의의 현실이 이렇습니다. 아바의 노래 제목처럼 〈The winner takes it all〉, 주주들이 의사결정 구조를 장악하고 모든 걸 다 갖는 게 한국 자본주의의 작동 방식이니까요.

브릿지증권뿐만이 아닙니다. IMF 외환위기 이후 부도난 기업들 상당수를 정부가 공적자금을 투입해 살려냈다가 다시 시장에 내다 팔았죠. 그 기업들 대부분이 정도의 차이는 있지만 주주 자본주의의 제물이 됐습니다.

물에 빠진 외환은행 건져냈더니
"번 돈 다 토해내라"

외환은행은 벨기에에 본사를 둔 론스타펀드 4호에 팔려나갔죠. 원래 론스타펀드는 미국에 본사를 두고 있는데 4호의 본사를 굳이 벨기에에 뒀던 건 우리나라와 벨기에가 이중과세방지협약이 맺어져 있어서 우리나라에 세금을 내지 않아도 되기 때문이었죠. 벨기에는 자본이득에 세금을 매기지 않기 때문에 론스타는 외환은행을 사고팔아 번 돈으로 어디에도 세금을 내지 않을 수 있었던 겁니다.

어쨌거나 론스타가 들어오고 나서 외환은행의 주가는 많이 올랐습니다. 론스타가 경영을 잘해서라고 평가할 수도 있지만 애초에 터무니없는 헐값에 팔려나갔기 때문이죠. 론스타는 외환은행 지분 51.1%를 2조 1,548억 원에 사들였다가 배당으로 1조 2,130억 원, 그리고 지분 일부 매각으로 1조 1,928억 원, 그리고 하나금융지주에 나머지 지분을 모두 팔고 나가면서 4조 6,888억 원을 챙겼습니다. 성공한 투자였죠.

주주 자본주의를 신봉하는 사람들은 론스타 덕분에 외환은행이 부도 위기에서 벗어났고 실적이 개선됐으니 당연히 주주들이 그 이익을 나눠 갖는 게 정당하다고 말합니다. 극단적인 경우지만 론스타가 과반 지분을 확보한 이상 단기 실적에 치중하거나 배당을 늘리거나 최대주주가 마음먹은 대로 할 수 있습니다. 그렇게 할 수 있었으니까 외환은행이 살아날 수 있었던 거라고 말하는 사람들도 있겠죠.

만국의 주주들이여 단결하라

일자리는 꾸준히 줄어들고 노동조건은 갈수록 열악해지고 있습니다. 기업마다 산더미처럼 현금이 쌓여 있어 은행에서 돈을 빌릴 이유도 없죠. 아무도 위험을 떠안으려 하지 않으니까요. 은행들이 언젠가부터 기업 대출보다는 부동산 담보 대출에 목을 매는 것도 이런 이유에서입니다. 사회의 부가 주식시장을 통해 주주들에게 빠져나가고 있습니다. 주주 자본주의 때문에 경제의 성장판이 닫혔다고 하면 지나치게 과장하는 걸까요.

기업의 성장을 바라지 않는 주주는 없겠지만 주주의 욕망은 어쩔 수 없이 단기적입니다. 주주들은 10년에 걸쳐 100%의 이익을 내는 것보다 1년에 30%의 이익을 노립니다. 10년 뒤까지 남아 있을 수도 있겠지만 대부분의 주주들은 눈앞의 더 많은 이익을 좇아 주식을 사고팔죠. 극단적으로 말하면 이들은 기업의 미래에 관심이 없습니다. 기업이 안겨줄 당장의 이익에만 관심이 있을 뿐이죠.

그래서 주인과 대리인 이론에서는 주주를 주인으로, 경영자를 주주의 대리인으로 봅니다. 경영자들이 주주의 이익에 도움이 되지 않는 결정을 내릴 경우 이 이론에서는 이를 대리인 비용이라고 하는데요. 기업 지배구조 문제는 결국 이 대리인 비용을 어떻게 줄이고 대리인의 도덕적 해이를 막느냐가 됩니다. 경영자를 주주의 편에 서게 하려고 스톡옵션을 주기도 하죠. 주가가 오르면 너도 좋고 우리도 좋다, 그러니까 열심히 해라, 이런 말이겠죠.

재벌 개혁 문제로 돌아가면 이건희 또는 이재용 부회장은 주인이면서 경영자인데요. 여기서 다른 주인들, 이른바 소액주주들에게 대리인 비용이 발생하느냐를 따져볼 필요가 있겠죠. 사실은 소액주주들보다는 큰손들이 더 관심을 갖는 주제이기는 합니다만 결국 총수 일가와 다른 주주들의 이해관계가 얼마나 일치하느냐가 쟁점입니다. 소액주주 운동에서는 그렇지 않다고 보는 것일 테고요.

그런 맥락에서 장하성 교수는 골수 주주 자본주의 신봉자라고 할 수 있을 겁니다. 일찌감치 참여연대를 이끌고 소액주주 운동에 앞장섰고 직접 사모펀드를 조직해 실제 기업가치보다 주가가 낮은 기업들 지분을 확보해 지배구조 개선을 요구하기도 했습니다. 장하성 교수가 설립한 이른바 장하성 펀드에 외국 자본이 들어와 있다는 사실이 알려지면서 해외 투기자본과 손잡고 국내 기업들을 공격한다는 비난을 듣기도 했죠.

2006년에 설립된 장하성 펀드의 공식 이름은 라자드한국기업지배구조개선펀드KCGF입니다. 2006년 4월 미국 버지니아대학과 조

지타운대학재단, 한국의 하나금융지주 등 10개 기관 투자자들이 1,300억 원을 출자해 설립한 사모펀드인데요. 조세회피 지역인 버진아일랜드에 법인 등록이 되어 있고 실제 운용 주체는 미국의 헤지펀드 라자드자산운용이 맡았습니다. 장하성 교수는 이름을 빌려주고 투자 고문 자격으로 참여했죠.

흥미로운 대목은 라자드자산운용이 2003년 소버린자산운용이 SK그룹을 공격했을 때 투자자문을 맡았던 회사라는 겁니다. 장하성 교수가 소액주주 운동을 주도하면서 소버린과 손을 잡고 SK그룹을 공격했다는 비난을 받았었죠. 그런데 소버린과 같은 편인 라자드와 손을 잡고 펀드를 만든다? 기업 지배구조 개선이라는 취지와 무관하게 오해의 소지가 다분했습니다. 장하성 교수는 정작 그런 오해에 크게 신경 쓰지 않는 것 같았지만요.

지배구조도 개선하고 돈도 벌고?

장하성 펀드가 출범하던 무렵, 김상조 교수가 〈오마이뉴스〉 인터뷰에서 이런 말을 했었죠. "참여연대 내부에서도 장하성 펀드를 두고 여러 차례 논의를 했습니다. 펀드를 통해 보다 직접적인 운동으로 나타나니까 논란도 많았죠. 논쟁도 했고, 싸우기도 많이 했고……,

외국 자본의 앞잡이 아니냐는 이야기도 나왔는데……. 결론적으로 펀드를 안고 가기에는 참여연대의 리스크가 너무 크다고 생각했습니다."

김상조 교수는 아직까지도 소액주주 운동을 지지하는 입장이지만 앞서 살펴봤던 것처럼 참여연대에서 활동했던 이병천 교수 등은 비판적 입장으로 돌아섰습니다. 사회적으로 주주 자본주의에 대한 비판이 확산되면서 참여연대 내부에서도 소액주주 운동을 반성하는 목소리가 나왔고 언젠가부터는 소액주주 운동을 주주 행동주의라는 말로 바꿔 부르고 있습니다. 이때부터 장하성 교수의 외로운 싸움이 시작됐죠.

장하성 펀드의 첫 번째 목표는 대한화섬이었습니다. 폴리에스테르 섬유 제품을 만드는 대한화섬은 2005년 2,471억 원 매출에 146억 원의 당기순이익을 냈습니다. 장하성 펀드가 이 회사를 주목한 것은 자산가치가 4,600억 원에 이르는데 시가총액은 5분의 1 수준인 800억 원밖에 안 되기 때문이었습니다. 장하성 교수는 이 회사가 순환출자와 내부거래 등의 문제로 주가가 저평가되어 있다고 보고 지배구조 개선으로 주가를 끌어올릴 수 있다고 봤던 겁니다.

사실 장하성 펀드의 움직임은 SK그룹을 공격했던 소버린자산운용의 수법과 크게 다르지 않습니다. 장하성 펀드는 그해 4월 7일부터 8월 22일까지 45차례에 걸쳐 소리 소문 없이 대한화섬 주식 48억 9,723만 원어치를 사들입니다. 평균 매입 단가는 7만 1,591원. 그리고 다음날 우리의 목표는 대한화섬이라고 발표하죠. 6만 5,400원이었던 주가가 사흘 연속 상한가를 치더니 1주일 만에 2배, 그리고 한 달 뒤에는 23만 원으로 3배 가까이 뛰어오릅니다.

그 뒤로도 한동안 장하성 펀드가 손을 대는 종목마다 주가가 뛰어올랐죠. 대한화섬을 시작으로 대한제분과 동원개발, 벽산건설, 에스에프에이, 삼양제넥스, 성지건설, 크라운제과 같은 잘 알려지지 않았지만 주가가 낮은 기업들을 공략했습니다. 이때만 해도 강남 부자들이 장하성 펀드에 투자할 방법이 없느냐고 문의도 많았다고 합니다. 경영을 투명하게 하고 부실을 걷어내면 주가가 뛰어오를 거라는 장하성 교수의 주장을 사람들이 믿었던 거죠.

그러나 시장은 냉정했습니다. 한국 주식시장에는 5% 룰이라는 게 있습니다. 5% 미만은 상관없지만 5% 이상 지분을 보유하려면 금융감독원에 신고를 해야 합니다. 그래도 보통은 야금야금 주식을 사들이다가 5%가 넘는 순간 신고를 하게 되죠. 장하성 펀드가 손을 댔다는 뉴스가 뜨면 개인 투자자들의 관심이 집중되고 아무래도 기대 심리 때문에 주가가 뛰곤 했는데 시간이 지나면 제자리를 찾아가는 경우가 대부분이었습니다.

장하성 펀드라는 이름 값만으로 주가를 끌어올리는 데는 한계가 있다는 이야기입니다. 여러 가지 평가와 해석이 가능할 텐데요. 주주 행동주의를 표방했지만 정작 5%의 지분으로 할 수 있는 일이 많지 않았습니다.

일부 투자 기업들 주주총회에 참석해서 사외이사나 감사를 선임하도록 요구하고 이를 관철시키기도 했습니다. 그렇지만 이사회에 사외이사를 한 명 집어넣는 것만으로는 바꿀 수 있는 게 많지 않았습니다.

대한화섬 회장 일가의 부당 편취 의혹을 제기하기도 했지만 찻잔 속의 태풍에 그쳤습니다. 회장 일가와 특수 관계인들 지분이 무려 70.94%나 됐죠. 표 대결을 해봐야 달걀로 바위치기였습니다. 5% 조금 넘는 지분을 확보한 장하성 펀드가 지배구조 개선을 위해 할 수 있는 일은 많지 않거나 거의 없었습니다. 기껏해야 회계 장부 열람을 요구하거나 법원에 소송을 거는 정도였죠. 최대주주의 횡포에 맞서는 지지부진한 싸움이었습니다.

태광산업과의 오랜 전쟁은 장하성 펀드에게 상처만 남겼습니다. 태광산업은 2006년에 장하성 펀드와 나름의 신사협정을 맺기도 했죠. 계열사 지분을 정리해 태광그룹을 지주회사 체제로 전환하기로 약속했고 유휴 자산 활용 계획도 발표하기로 했습니다. 5% 지분이 불러온 마법이라는 떠들썩한 평가도 있었는데 태광산업이 약속을 지키지 않았고 경영진 퇴진을 요구했다가 받아들여지지 않자 대표이사 해임 청구 소송까지 냈지만 결국 패소했습니다.

국부 유출 걱정되면
더 많이 투자해라

장하성 펀드는 오히려 지배구조 개선보다는 이를 빌미로 배당에서 재미를 봤다는 평가를 받습니다. 동원개발 주주총회에서는 경영진이 주당 300원의 현금 배당을 제안했는데 이보다 50% 높은 주당 450원을 받아내는 데 성공했습니다. 펀드의 실적에는 도움이 됐겠지만 정작 이 펀드의 설립 목적과 운용 철학인 지배구조 개선을 통한 기업가치 증대와는 무관한 내용이었죠. 이 때문에 주주 행동주의가 고작 배당 많이 달라는 것이냐는 비판도 있었습니다.

지배구조 개선을 요구해도 막상 경영진이 반대할 경우 마땅한 대응수단이 없다는 것이 근본적인 한계였습니다. 주주총회에서 큰 소리로 경영진에 항의하는 건 주식 1주만 있어도 가능하지만 결국 표 대결에서 이기지 못하면 아무것도 관철시킬 수가 없는 게 현실입니다. 지배구조 개선을 요구하고 정작 주가급등을 틈 타 시세차익을 챙기는 외국계 사모펀드들과 다를 것이 뭐가 있느냐는 노골적인 비난도 쏟아졌죠.

장하성 교수는 2006년 〈한겨레〉와 인터뷰에서 "결국 돈 벌이가 목적이 아니냐?"는 기자의 질문에 "물론이다, 펀드가 돈 버는 게 목적이지, 당연한 이야기"라고 답변했습니다. "시민사회 운동하면 굶어야 되나? 개인 이익만 안 취하면 된다"고 항변하기도 했고요. 기업 지배구조 개선이라는 돈보다 더 중요한 목적이 있지만 돈 버는 게 죄악은 아니라는 거죠. "대한화섬 주주들에게 이 말을 꼭 하고 싶다, 장기적으로 보유하라"면서 자신감을 드러내기도 했습니다.

이 인터뷰에서 장하성 교수의 주주 자본주의 철학을 읽을 수 있습니다. 장하성 교수는 "수익을 추구하면 공익에 위배된다는 것은 원천적으로 맞지 않는 말"이라면서 "기업 지배구조 개선은 사회의 투명성을 확보하는 출발점이 된다"고 강조합니다. "일시적·단기적으로 공익과 충돌하거나 방향이 다른 경우도 있을 수 있지만 장기적으로는 기업 지배구조가 개선되므로 이런 충돌이 배제된다"는 이야기인데요. "월스트리트 앞잡이"라는 비난을 어떻게 생각하느냐는 질문에는 "동의하지는 않지만 기관 투자자들이 투자해서 여의도 앞잡이가 됐으면 좋겠다"고 받아치기도 했습니다. "(외국인들 국부 유출이 걱정되면) 우리나라 사람들이 더 많이 투자하면 되는 것 아니냐"면서 "스스로 투자할 생각은 하지 않고 이런 식으로 비난하는 건 꼬인 심리라고 볼 수밖에 없다"고 불쾌감을 드러내기도 했죠.

장하성 교수는 "기업 지배구조 개선은 노동자에게도 이익이 된다"고 주장합니다. "노사 대립과 충돌이 서로에 대한 불신 때문인데 사쪽은 정당한 주장을 해도 이런 약점 때문에 제대로 말을 못 하고, 노쪽은 개별 노조 이익만 중시하다 보니 다른 노동자들에게 해악을 끼치기도 한다"는 겁니다. 기업 지배구조가 개선되면 이런 것이 사전에 조정된다는 이야기죠. 지나치게 단순화한 느낌은 있지만 그만큼 지배구조 개선의 효과를 믿고 있다는 이야기겠죠.

그러나 장하성 펀드는 대한화섬이나 삼양제넥스 주식을 상당한 손해를 보고 처분한 것으로 추산됩니다. 주주 행동주의 또는 펀드 행동주의도 딱히 성과가 없었습니다. 2011년 태광산업 주주총회에서는 장하성 펀드가 미는 사람을 사외이사로 선임하라고 요구했는데 받아들여지지 않았죠. 2012년 남양유업 주주총회에서는 배당을 늘리라고 요구했지만 부결됐습니다. 대리점주들에게 횡포를 부려 논란이 됐던 그 남양유업인데 제대로 혼내주지도 못했죠.

장하성 교수는 "5% 지분이면 경영진 교체 빼고는 다 할 수 있다"면서 "70%를 가진 대주주보다 5% 주주가 회사를 더 좋게 만들 방안을 제시한다면 70%는 의미가 없어진다"고 주장하기도 했는데요. 현실은 그렇지 않았습니다. 안타깝지만 장하성 펀드의 실험은 실패했다고 보는 게 맞습니다. 지배구조 개선도 성과가 없었고 정작 투자 수익률도 높지 않거나 마이너스일 가능성이 큽니다.

자산운용 업계에 따르면 미국 캘리포니아 공무원 연금이 장하성 펀드에 1억 달러를 투자했다가 2012년 무렵 환매한 것으로 알려졌습니다. 장하성 교수는 그해 10월 〈조선일보〉와 인터뷰에서 "나는 단순히 펀드 어드바이저일 뿐, 펀드 청산에 대해서는 말할 게 없다"고 밝혔죠. 펀드를 실질적으로 운용했던 라자드코리아 관계자는 "펀드 청산 여부는 미국 본사에서 결정할 일"이라고만 밝혔습니다.

장하성 펀드는 이미 2010년 무렵부터 청산 수순에 들어간 것으로 보이는데 투자한 종목들이 대부분 거래량이 많지 않아 처분 과정에서 주가가 폭락한 것으로 추정됩니다. 주식을 매입할 때는 5%가 넘는 시점에 매입 단가까지 공개되는데 내다 팔 때는 정확한 매도 시점이나 단가가 확인되지 않기 때문에 직접 공개하지 않는 이상 수익 추정이 쉽지 않습니다. 등장은 화려했지만 퇴장은 쓸쓸했죠. 〈조선일보〉에 따르면 2012년 6월 말 기준으로 장하성 펀드의 3년 수익률이 3% 수준에 그쳤습니다. 1년 수익률은 -28%를 밑돌았습니다. 대주주 지분이 많은 기업은 피했어야 했는데 소액주주 운동의 성과를 과신했던 탓인지 명분을 내세워 적대적 개입을 남발했다는 지적도 있었고 애초에 목표 기업 선정부터 잘못됐다는 지적도 있었습니다. 시장도 냉혹했지만 시장 안팎의 평가는 더욱 혹독했습니다.

장하성 펀드의 외로운 싸움, 사방이 적이었다

장하성 교수 입장에서는 억울할 것도 같습니다. 한때 재벌 개혁의 선봉에 서 있었는데 이제는 투기자본의 앞잡이라는 비난까지 듣게 됐습니다. 심지어 동료 교수들도 멀리하면서 골수 신자유주의자 취급을 받고 있습니다. 운용보수를 전액 기부하겠다고도 했는데 말이죠. 야심차게 출범했던 장하성 펀드는 흐지부지 접다시피 한 상태고요. 이제는 소액주주 운동까지 폄훼당하고 있습니다. 특히 사촌동생인 장하준 교수가 가장 앞장서서 비판하고 있죠.

장하성 펀드를 보는 한국 사회의 시선은 복잡합니다. "소액주주 운동 한다더니 결국 돈 벌려고 한 거였어?"라는 원색적인 반응도 있었고 외국 자본과 손잡고 국내 기업을 공격한다는 감정적인 반응도 있었습니다. 지금이야 많이 달라졌지만 장하성 펀드가 처음 출범하던 때만 해도 비난보다는 기대가 더 컸습니다. 재벌 대기업을 직접 건드리지 않았기 때문에 소버린만큼 위협적이지도 않았고 뭔가 혁신적인 금융 기법을 보여줄 거라는 기대가 있었죠.

이를테면 그동안 외국 투기자본에 뺏기기만 했는데 이제 우리도 사모펀드로 돈 좀 벌어보자는 반응이 지배적이었습니다. 주주가치 극대화라는 마법을 부려줄 거라고 생각했던 걸까요. 장하성 교수의 젠틀한 이미지와 지금은 정치권으로 간 송호창 변호사나 김기식 참여연대 사무처장 등의 진정성을 믿었기 때문이기도 할 겁니다. 그러나 장하성 펀드는 그런 마법을 보여주지 못했습니다.

노동자들이 주주들의 이해에 기꺼이 동조하는 모순에 우리는 직면하고 있습니다. 노동자로서의 권리는 막연하지만 주주로서 얻게 될 더 많은 이익은 충분히 가시적이기 때문인데요. 좀 비약해서 이야기하면 내가 투자한 기업이 노동자들을 자르거나 비정규직으로 내몰고 하청 업체들을 쥐어짜야 주가가 오르고 배당을 더 많이 받을 수 있습니다. 노동자이면서 동시에 자본가가 되면서 나타나는 이율배반적인 상황이죠.

전국경제인연합회와 경제신문들은 장하성 펀드가 외국 자본과 손잡고 국내 기업을 공격한다고 호들갑을 떨었습니다. 재미있는 건 이 사람들이 평소에는 주주가치 극대화를 부르짖으면서 외국인 주주들의 공격을 비난하는 이중성을 보인다는 겁니다. 경영자는 주주의 대리인일 뿐이라고 주장하던 사람들이 자본의 국적을 따지면서 외국인 주주에 맞서야 한다고 모순된 논리를 펼치는 상황인데요. 사실 경제신문들이 걱정했던 건 대주주들, 특히 재벌 일가의 기득권이라고 보는 게 맞습니다. 한국 신문들은 광고주인 기업들, 더 정확하게는 기업이 아니라 오너 일가와 이해관계를 공유하고 있기 때문에 평소에는 시장 논리를 외치다가도 민감한 상황이 되면 기꺼이 오너 일가의 이해관계를 대변합니다. 그게 바로 이 언론 기업들의 핵심 수익모델이기 때문입니다. '너희가 뭔데 우리 기업들 (회장님의) 경영권을 위협해?' 이런 분위기였죠.

장하성 교수 등이 2006년에 쓴 논문이 2007년 사회과학연구네트워크SSRN가 발표한 '지난 10년 동안 가장 많이 다운로드된 논문 순위'에서 10위를 차지한 적도 있었습니다. 〈Does Corporate Governance Predict Firms Market Values? Evidence from Korea(지배구조로 그 기업의 시장가치를 예견할 수 있는가, 한국의 사례로부터)〉라는 제목의 논문인데요. 10년 동안 다운로드 건수가 4,719건. 유료 서비스라는 걸 감안하면 상당한 인기죠.

장하성 교수는 〈매일경제〉와 인터뷰에서 "이 논문은 현재 진행 중인 펀드의 활동과 관련된 연구결과"라며 "국내 현실에 활용할 수 있는 응용학문으로서의 의미가 있는 논문"이라고 소개했습니다. "나 자신이 학자보다는 펀드활동에 전념하는 인물로 더 많이 알려져 있는 것 같다"면서 "학문적 연구결과로서 인정받은 만큼, 교수로서는 더할 나위없는 영광"이라고 말하기도 했죠.

주주가치 극대화 논리의 태생적 한계

장하성 교수는 진보와 보수 양쪽에서 비판을 받았습니다. 진보적 성향의 인터넷 신문 〈참세상〉은 이렇게 비판하기도 했습니다. "재벌의 독점적 소유구조를 해체시켜 나가는 것은 기업의 소유를 민주적으로 변화시켜 기업의 사회적 역할을 확장해 나가기 위해서이지 기업의 사회적 역할을 망각하고 국내외 연기금, 사모펀드와 같은 투기자본의 탐욕을 만족시켜 주기 위한 것은 결코 아니다."

조원희 교수는 2006년 월간 〈말〉 기고에서 "장하성 교수 등은 주주 민주주의를 진정한 경제 민주주의로 포장하면서 주주권, 즉 사유재산권에 기반한 민주주의를(사실 이것은 마거릿 대처와 레이건 등 급진적 신자유주의자들의 슬로건인데) 운동의 아젠다로 은연 중에 설파하고 있다"고 비판하기도 했습니다. 소액주주 운동이 결국 미국식 신자유주의의 완성으로 귀결될 거라는 우려인데요.

조원희 교수는 "사모펀드와 헤지펀드 사이의 구별은 절대적인 것이 아니며 양자의 경계는 항상 유동적"이라면서 "JP모건의 분석에 따르면 세계 헤지펀드의 약 5%(약 500억 달러)가 주주 행동주의를 주요 수익모델로 삼고 있다"고 지적하기도 했습니다. "문제는 외국 자본이 아니라 주주 자본주의이며 해결책은 외국 자본에 맞서는 토종 자본의 육성이 아니라, 국내외 주주 자본주의에 맞서는 새로운 경제사회 시스템의 구축"이라는 지적입니다.

조영철 교수는 "주식 유통시장이 발달한 결과 주주는 기업 이해관계자들 가운데 가장 쉽게 기업을 떠날 수 있는 입장에 있다"면서 "가장 단기적이고 충성도도 가장 낮은 주주가 기업의 주인 행세를 한다면 기업의 장기 경쟁력에 부정적 영향을 미칠 가능성이 높다"고 지적합니다. "주주가 기업의 주인이라는 것은 법적 사실이 아니라 주주 자본주의 신봉자들의 규범적 가치관과 이념에 근거한 해석일 뿐"이라는 지적입니다.

사실 장하성 펀드는 소버린과도 상황이 달랐습니다. 소버린은 SK그룹의 약점을 제대로 잡았죠. 소버린은 2003년 4월 SK 주식을 14.99% 사들였습니다. 최태원 전 회장은 SK를 통해 SK텔레콤을 우회 지배하고 있었는데 만약 SK의 외국인 지분이 15%가 넘으면 SK가 외국인으로 분류되고 SK의 SK텔레콤 지분의 의결권이 제한받게 되는 상황이었습니다. 실제로 그런 상황을 의도했는지는 확인되지 않았지만 최 전 회장 입장에서는 알려질까 두려운 상황이었을 겁니다. 소버린은 돈도 충분했고 국내 굴지의 대기업과 맞짱 뜰 만큼 제대로 약점을 잡았습니다. 그런데 장하성 펀드는 잘나갈 때 3,000억 원이 넘었으니까 그리 큰 규모는 아니었죠. 장하성 펀드가 건드릴 수 있는 기업은 대한화섬 같은 작은 기업들뿐이었고 이 기업들은 SK보다 훨씬 더 지저분한 거래를 했습니다. '네가 뭔데 감히 내 회사에 감놔라 배놔라야? 해볼 테면 해보라'는 식으로 나오는 경우가 많았습니다.

김병권 새로운사회를여는연구원 부원장은 "장하성 펀드가 말하는 기업 지배구조 개선에는 노동 배제적인 대량 감원을 통한 비용 축소나 하청단가 인하를 통한 기업이익 증대 등의 문제점 개선은 아예 포함조차 되지 않았다"고 지적하며, "소액주주 운동이 외국 투기자본에게 시민운동이라는 아름다운 외피를 씌워줬다는 우려를 낳았는데 이는 단순한 기우가 아니었다"고 냉정한 비판을 쏟아내기도 했죠.

달리 생각해보면 장하성 펀드는 지배구조 개선이라는 거창한 명분을 내걸었지만 결국 영리 목적의 사모펀드였고 지배구조 개선 역시 주주가치 극대화의 수단일 뿐이었죠. 시민운동을 하던 때와 달리 당장 고객들 돈을 위탁 받아 운용하는 입장에서는 배당에 신경을 쓰고 단기적인 시세차익을 고민할 수밖에 없습니다. 사촌인 장하준 교수의 표현을 빌리자면 장하성 펀드는 애초에 인내하는 자본은 아니었습니다.

한동안 은둔하다시피 했던 장하성 교수는 2012년 대통령 선거 때 안철수 캠프에 합류하면서 언론에 모습을 나타냅니다. 선거를 앞둔 무렵 〈경향신문〉 인터뷰에서 "주주 자본주의를 비판하는 사람들이 대안 내놓는 걸 못 봤다"면서 "잘못됐으면 그걸 바로잡는 일을 해야 하는데 대안을 내놓는 사람이 없다, 그래서 지금까지 나를 주주 자본주의자라고 하는 사람에게 대꾸하지 않았을 뿐"이라고 서운한 속내를 드러내기도 했습니다.

"장하성을 주주 자본주의자라고 하면 오해하는 것이냐"는 질문에 "오해하는 정도가 아니라 엄청 왜곡하는 것"이라고 발끈하기도 했습니다. 이 인터뷰에서 장하성 교수는 스스로를 주주 자본주의자도 아니고 이해관계자 자본주의자도 아니고 한국적 자본주의자라고 규정했는데요. "한국 시스템에 맞는 더 나은 자본주의를 만들어 보겠다는 사람에게 주주 자본주의라는 딱지를 붙이는 건 옳지 않다"는 거죠. 많이 서운했던 모양입니다.

"나는 주주 자본주의자도 아니고 이해관계자 자본주의자도 아니다. 한국적 자본주의자다. 내가 주주 자본주의자라고 불리는 걸 부정 또는 긍정하거나, 이해관계자 자본주의라고 얘기해서 좀 좌파인 사람에게 칭찬받는 그런 것에는 관심이 없다. 영미식 자본주의의 대안은 한국식 자본주의다. 왜 우리 자본주의에 대해 말하지 않고, 쓸데없는 프레임에 넣느냐는 거다. 자본주의의 대안은 더 나은 자본주의다."

〈경향신문〉 인터뷰를 보면 그동안의 비난을 의식한 듯 주주 자본주의의 색깔을 빼려고 고심한 흔적이 보입니다. 재벌 해체라는 말을 도대체 누가 하더냐는 말은 김상조 교수 등도 합니다. 실제로 재벌이 없어지면 죽는다는 말을 꺼내려고 반대편에서 흘리는 경우가 많죠. 장하성 교수도 "삼성전자가 망하면 한국도 망한다, 삼성전자를 지켜야 한다"고 말합니다. 다만 "재벌이 전방위적 영향력을 행사하는 구조를 바꿔야 한다"고 강조합니다. 맺힌 게 많았던 모양이죠. "주주도 아닌 사람(소수 지분을 가진 총수 일가)이 기업을 움직이는 걸 바로잡겠다고, 10주 갖고 소액주주 운동에 나선 사람에게 주주 자본주의 딱지를 붙이는 것은 성실한 대안이 될 수 없다"고 말하는 대목에서는 조금 안쓰럽기도 한데요. 김상조 교수가 오히려 주주 자본주의가 뭐가 문제냐고 당당하게 반박하는 것과도 비교됩니다. 장하준 교수의 비판이 그만큼 아팠기 때문일까요.

장하성 교수는 2014년 9월 출간한 《장하성의 한국 자본주의》에서 이른바 한국식 자본주의의 실체를 설명합니다. 장하성 교수는 이 책에서 "한국 경제는 시장의 규칙이 제대로 갖춰지지 않은 천민 자본주의의 문제가 심각하고, 신자유주의 과잉 및 구자유주의의 결핍이 핵심 문제이며, 권력이 재벌에게 넘어갔는데도 이를 규제하지도 제어하지도 못하고 있는 것이 한국 경제의 또 다른 핵심 문제"라고 규정합니다. 한국 경제의 문제가 신자유주의의 과잉과 구자유주의의 결핍에서 비롯했다는 관점은 김상조 교수와 표현까지 거의 같습니다. 재벌 체제를 천민 자본주의로 규정하는 것도 마찬가지고요. 다만 장하성 교수는 "자유방임적 자본주의와 복지 정책의 실패로 위기를 초래한 선진국과는 달리 자본주의와 신자유주의적 정책을 제대로 실천해보지도 못한 한국의 경제 성장 과정을 이해해야만 한다"고 강조합니다.

군이 '한국 자본주의'라는 제목을 선택한 건 한국적 상황은 다르다는 사실을 강조하기 위해서였을 겁니다. "기형적인 경제 체제로 곪아터진 한국의 현실을 외면한 채 미국과 유럽의 관점에서 자본주의와 신자유주의의 모순과 실패로 빗대는 비판은 틀렸다"는 주장인데요. 주주 자본주의 비판을 의식한 듯 장하성 교수는 이 책에서 '정의로운 경제'를 강조합니다. 불평등의 자본주의가 정의로워지려면 평등의 민주주의가 제대로 작동해야 한다는 주장입니다.

장하성 교수가 군이 한국 자본주의는 다르다고 말하는 건 "한국은 시장경제를 제대로 해보지도 못했다"고 보기 때문입니다. 선진국들이 신자유주의를 도입할 때 한국은 계획경제를 하고 있었고 한번도 제대로 된 경쟁 시장을 가져보지 못했다는 거죠. 한국 경제의 문제는 신자유주의의 문제가 아니라 시장의 규칙이 제대로 갖춰져 있지 않아서라는 게 장하성 교수의 문제의식입니다. 그걸 천민 자본주의라고 부르는 거죠. "계획경제에서 시장경제로 전환한 결과 경제 권력이 정부에서 시장으로 이동되지 않고 재벌로 이동했다"는 접근은 이병천 교수나 큰 맥락에서 김성구 교수의 문제의식과도 맞닿는 것처럼 보입니다. 그러나 장하성 교수는 재벌에 대한 사회적 통제보다는 이제라도 아름다운 시장 질서를 세워야 한다는 데 주장을 집중하고 있습니다. 시장의 정의가 제대로 작동되면 재벌 같은 천민 자본주의는 발을 붙일 데가 없다고 보기 때문이겠죠.

장하성 교수는 재벌의 문제를 크게 4가지로 정리합니다. 첫째, 거시 경제적으로는 재벌 그룹들이 한국 경제에서 차지하는 비중이 과도하게 높고, 둘째, '모든 것을 다 한다, 그러나 모든 것을 다 잘하는 것은 아니다'로 요약되는 사업 구조의 문제, 셋째, 계열사 간의 출자를 통해 낮은 주식 소유 비율로도 총수 가족들이 경영권을 확보하는 소유 구조의 문제, 넷째, 투명성과 책임성이 없는 경영 행태의 문제 등입니다.

장하성 교수가 내놓는 대안은 경영권 확보를 위한 비업무용·무수익 자산의 순환출자를 제한하고 경영권 확보를 목적으로 주식을 소유하는 경우에는 반드시 50%+1주의 주식을 보유하도록 하는 계열사 주식 의무 매수 제도를 도입하자는 것 등입니다. 주주들이 사외 이사 후보를 지명하고 선택할 수 있는 집중 투표제를 의무화하고 노동자들의 이사회 참여를 제도적으로 보장하자는 등의 아이디어도 있습니다.

● 김정호_ 연세대학교 경제대학원 특임교수

part 8

다른 대안 있나,
재벌에 증오와 질투를 거둬라

김정호의 삼성 사용설명서

재벌에게 좋은 게 우리 모두에게 좋다.

1,000만 명이 재벌 덕분에 먹고사는데

재벌 총수 괴롭혀서 얻는 게 뭔가.

좌승희 교수를 처음 만났을 때 저는 신선한 문화적 충격을 받았습니다. 전국경제인연합회 부설 한국경제연구원 원장으로 있던 무렵이었는데요. 한 토론회에서 이런 이야기를 했습니다. "하늘은 스스로 돕는 자를 돕습니다. 세상도 그렇고 사회도 그렇고 시장도 그렇고. 이게 발전의 원리죠. 선진화된 나라들 잘 보면 이 이치가 사회 모든 부분에 작동됩니다. 모든 사람이 스스로를 돕는 성공하는 사람이 되는 과정이 발전의 과정입니다."

좌승희라는 이름이 귀에 익다는 느낌을 받으실 텐데요. 2004년 한 토론회에서 "성매매 금지법은 도덕적 가치를 제고하기 위해 인간의 성욕을 막는, 즉 인권을 침해하는 좌파적 정책"이라는 주장을 펼쳐 엄청난 논란의 중심에 섰던 인물입니다. 재계의 입으로 불리고 시장경제 전도사를 자처하는 사람이었지만 그렇게 바닥을 드러냈죠. 공연한 분란을 일으키고 다닌다는 이유로 결국 이듬해 한국경제연구원 원장에서 경질됐습니다.

좌승희 교수는 이른바 차별화 경제론을 강조했습니다. "경제적 불평등은 시장의 모순이 아니라 우리가 만들어내는 자생적 질서이며 이 힘이 우리가 사는 세상을 역동적이고 창조적이며 심지어 살맛나게 만드는 힘"이라거나 "경제적 불평등이 없는 사회는 하향 평준화로 가는 죽음의 사회이며 자유야말로 경제적 불평등 위협을 강화함으로써 모두를 번영의 길로 이끄는 수단임을 직시해야 한다"는 등의 아찔한 주장을 거침없이 쏟아냈습니다.

앞서 살펴봤던 김상조 교수도 스스로 신자유주의와는 다른 구자유주의를 확립하는 게 목표라고 말하지만 좌승희 교수 같은 사람들은 노골적으로 신자유주의가 뭐가 문제냐고 말합니다. 경쟁이 최선이고 시장이 가장 효율적이라는 데 거의 종교적인 신념을 갖고 있는 사람들입니다. 물론 신자유주의 신봉자들이라고 해서 머리에 뿔이 달린 것도 아니고 자본과 결탁한 기회주의자들도 아닙니다. 나름의 확고한 신념과 이론에 근거를 두고 있습니다.

구조 자체를 문제 삼는 나라는
한국밖에 없다

이른바 우파 경제학자들이 모여서 대담을 하고 정리한 《자본주의 대토론》이라는 책에 윤창현 교수의 주장이 비중 있게 실려 있습니다. 윤창현 교수는 "실제로 중요한 것은 소유·지배구조가 아니라 기업의 성과"라면서 "기업은 이익을 내야 한다"고 강조합니다. "이익을 못 내고 손해가 나면 퇴출당하고 수많은 투자자들의 돈이 다 날아가버린다"는 이유에서인데요. "소유·지배구조와 기업의 성과는 상관이 없다"는 결론을 내립니다.

심지어 "피라미드 구조나 순환출자 구조는 세계 어느 나라에나 다 있다"면서 "구조 자체를 문제 삼는 나라는 우리나라밖에 없다"고 말하면서도 기초적인 근거나 데이터를 제시하지 않습니다.

구조를 문제 삼지 말라고 하면 우리가 이 책에서 8장까지 오면서 살펴봤던 수많은 논쟁이 아무 의미가 없다는 이야기가 될 텐데요. 구조야 어떻게 됐든 돈만 잘 벌면 되는 것 아니냐는 이야기처럼 들립니다.

당연히 재벌 개혁에 대해서도 완강한 거부감을 드러냅니다. 출총제를 겨냥해 "주식 보유 비율을 규제하는 나라는 세계에 우리나라밖에 없다"고 비판합니다. "이런 제도가 20년 동안 유지됐는데 목표는 오로지 대기업을 규제하겠다는 것"이라면서 "김연아 같은 선수에게 '너 왜 혼자서 피겨스케이팅 잘하는 거냐, 다른 애들이랑 똑같이 해야지' 하면서 규제한다면 어떻게 세계 1등을 하겠느냐"고 반문하기도 합니다.

윤창현 교수는 월간 〈전경련〉 칼럼에 이런 글을 쓰기도 했습니다. "다른 회사에 출자하는 이유는 피라미드식 출자 또는 순환출자를 통해 지배력을 강화하려는 목적이 있을 수도 있지만 구조조정이나 신규 사업 진출, 전략적 제휴, 위험분산 등을 통해 기업의 가치를 높이려는 생산적 투자의 목적도 있다. 그런데 출총제는 사전적이고도 획일적인 규제로서 투자의 성격을 구별하지 않는다는 면에서 매우 무차별적이고 비효율적인 규제 방식이다."

앞서 살펴봤듯이 이런 주장은 절반 정도만 맞습니다. 출총제 때문에 생산적 투자를 하지 못하는 기업은 거의 없었고 실제로 출총제를 폐지했더니 투자가 더 늘어나지도 않았습니다. 출총제 부활을 요구하는 쪽에서는 출총제로 내부거래를 막는 데 한계가 있다는 사실을 알고 있었지만 어떻게든 규제를 남겨두고 싶어 했고 반대하는 쪽에서는 애초에 모든 종류의 규제가 싫었던 거죠.

팩트와 논리보다는 감정에 호소하는 이런 식의 주장은 지금까지 살펴왔던 첨예한 논쟁과는 겉도는 것처럼 보이지만 이런 주장이 날마다 보수 성향 신문들을 도배하고 있는 게 현실입니다. 기업이 잘되어야 나라가 잘된다, 규제를 풀어야 일자리가 늘어난다 등등 말이죠. 복잡한 설명도 필요 없습니다. 경제를 살린다는 구호로 이명박 정부가 등장하고 박근혜 정부가 정권 연장에 성공했던 걸 보면 모르시겠습니까.

이 책에 실린 대담에서 그나마 깊이가 있는 부분이 금산분리 완화를 둘러싼 논쟁인데요. 윤창현 교수의 이야기를 들어볼까요. "지분 10%를 소유한 주주가 이사회를 장악하지도 못한 상황에서 자신의 사회적 지위와 이력을 다 포기하고 형사 입건될 각오를 하고 범법을 저지르겠습니까. 금융감독원에 1,700명의 직원들이 은행 돈의 움직임을 다 들여다보는데 은행에 예치된 고객들 돈을 마음대로 꺼내 쓴다는 건 설득력이 없습니다."

"비판 세력이 우리 사회에 아직도 고질적으로 남아 있는 반기업 정서를 이용하는 측면이 있는 것 같다"고 말하는 대목에서는 깊은 간극을 확인할 수 있습니다. "재벌에게 은행을 준다, 재벌은 은행 돈을 빼먹는다, 그렇게 해서 은행도 죽고 재벌도 죽는다는 단순한 주장을 하나하나 뜯어보면 무리한 논리를 이용해서 다른 목적을 노리고 있다는 느낌마저 든다"고 털어놓고 있습니다.

윤창현 교수는 〈한국경제〉 기고에서 "출총제는 대표선수 발목잡기식의 아주 품질이 나쁜 규제"라고 비판했습니다. 이유와 상관 없이 출자를 제한하는 사전적 규제인 데다 일정 규모 이상 기업들을 차별하는 선별적 규제라는 거죠. 실제로 자산 규모 5조 원 이상 기업집단에 출총제를 적용했더니 4조 9,000억 원을 넘지 않으려 애쓰는 사례가 발견되기도 했습니다. "기업 성장을 촉진해도 시원찮을 상황에서 성장억제제를 투여한 셈"이라는 비판도 있었습니다.

금산분리에 대해서는 〈동아일보〉 기고에서 "은행을 소유할 능력이 있는 기업이면 직접 금융시장을 통해 얼마든지 자금을 구할 수 있는 상황이고 은행도 이 정도 기업이 대출을 요구한다면 얼마든지 대출해준다"면서 "이들이 은행업에 진출한다면 남아도는 자본을 금융산업에 투자해 이익을 내자는 차원이지 계열사에 일방적으로 자금을 대출해 자금을 빼돌리고 은행과 기업이 동시 파산한다는 식의 가정은 문제가 있다"고 지적하기도 했습니다.

론스타에 먹히느니 재벌의 사금고가 낫지 않나

지금은 국회의원이 된 안종범 성균관대 경제학과 교수는 한술 더 떠서 "(론스타의 '먹튀' 이후) 금산분리 완화를 비판하는 세력이 딜레마에 빠졌다"면서 "금산분리를 완화해서 은행이 재벌의 사금고가 되더라도 그 편이 나을지 아니면 (이대로 있다가) 투기적인 외국 자본에 노출되는 편이 나을지 선택하라고 하면 아무 대답도 못 하더라"고 비꼬기도 합니다. 앞서 살펴본 장하준 교수의 주장과 언뜻 비슷하긴 하지만 결이 많이 다르죠.

안종범 교수의 주장을 뒤집어 해석하면 외국 자본에 노출되느니 차라리 재벌의 사금고가 되는 게 낫다는 이야기가 됩니다. 이를테면 우리은행을 론스타에 넘기느니 차라리 삼성에게 넘겼어야 한다는 이야기가 될 텐데요. 놀랍지 않습니까. 박근혜 대통령의 선거 공약을 설계하고 집권 여당의 비례 대표로 국회의원에 당선되고 청와대 경제수석 비서관을 맡고 있는 사람의 수준이 이 정도라니 말이죠.

최승노 자유경제원 부원장은 〈조선일보〉 기고에서 "우리나라의 경우 대기업의 순환출자는 경영권 안정 문제와 깊은 관련이 있기 때문에 이를 존중해주는 사회적 분위기가 필요하다"면서 "대기업을 못 잡아먹어서 안달인 상태가 되다 보니 무분별한 규제가 남발되고 있다"는 주장을 펼치기도 합니다. "정부가 기업의 출자 방식까지 규제를 통해 제한하고 사전적으로 법률로 강제하고 나선 것은 명백한 월권"이라는 이야기인데요.

오너 경영이 성과가 더 좋다는 주장도 살펴볼 필요가 있습니다. 공정거래위원회에 따르면 오너가 직접 경영하는 그룹의 매출 증가율이 55.8%인데 전문 경영인이 경영하는 그룹은 34.5%밖에 안 되는 걸로 나타났습니다. 최승노 부원장 같은 경우는 이를 두고 "오너 경영의 수준이 월등히 높다는 근거가 될 수 있다"고 주장합니다. "오너 경영의 장점이 흔들리지 않도록 신속한 경영권 승계와 안정화가 필요한 시점"이라는 이야기죠.

한국경제연구원은 2012년 대통령 선거 직후 《경제민주화의 함정》이라는 제목의 책을 펴내기도 했습니다. 부제가 무려 "민주화·분배·동반성장, 화려한 구호 뒤에 숨어 있는 치명적 진실"인데요. 한국 사회 우파들의 이데올로기를 읽을 수 있는 나름 흥미로운 책이라고 할 수 있습니다.

좌승희 교수는 이 책에서 경제민주화를 노골적으로 조롱합니다. 경제가 하향 평준화하고 정체되고 국민경제가 몰락한다는 저주에 가까운 전망을 늘어놓고 있는데요. 이를테면 이런 식입니다. "경제와 기업을 민주화하게 되면 부와 소득은 다소 평등해질지 모르나 경제의 정체를 통해 모두가 다 하향 평준화되어 경제 양극화 해소는 고사하고 모두가 가난해질 수밖에 없다"는 겁니다. "경제적 차이와 차등·차별을 전제로 하는 경제의 작동 원리와 절대 평등을 전제로 하는 1인 1표의 민주주의 원리는 같이 갈 수 없다"면서 "경제는 결코 민주화 대상일 수 없다"는 논리를 펼치기도 합니다.

좌승희 교수는 "기업의 본질은 의사결정의 수직적 명령 질서라는 조직 원리에 있는 것이며, 이것이 시장과는 다른 기업의 존재 이유"라고 강조합니다. "기업의 의사결정 구조를 수평적 질서로 전환하고 구성원들이 경영에 참여하기 시작하면 시장 거래 대비 기업의 거래비용 절감의 이점이 사라지고 기업의 존재 이유 또한 사라지게 된다"는 논리인데요. 경제가 민주화의 대상이 아닌 것처럼 당연히 기업 역시 민주화의 대상이 아니라는 주장입니다.

이런 대목도 있습니다. "정부가 나서서 경제를 민주화해서 각자의 성과에 관계없이 경제적 부를 평등하게 배분하겠다고 하면 어떤 일이 벌어질까? 모든 국민들이 일 안 하는 태업에 나설 것은 불을 보듯 빤한 일이 아니겠는가. 그 결과는 하향 평준화를 통한 국민경제의 몰락이 아니겠는가? 결국 경제민주화는 그 민주적 평등의 이상이 아무리 높더라도 경제적으로는 국민들의 일할 동기를 약화시키는 결과를 초래함으로써 경제 정체를 불가피하게 한다."

안타깝게도 윤창현 교수는 체계적인 저술이 없습니다. 단편적인 주장을 담은 언론 기고는 좀 있고 TV토론 등에도 자주 출연하지만 그 주장을 뒷받침할 만한 논리 체계를 확인하기가 쉽지 않습니다. 윤창현 교수가 뉴라이트 진영의 싱크탱크 역할을 하고 있고 이분의 주장이 보수 성향 언론들에 확대 재생산되고 실제로 정책에 반영되는 경우가 많다는 걸 돌아보면 아쉬운 일입니다.

한국은 신자유주의 되려면 아직 멀었다

이제 본격적으로 김정호 교수의 주장을 살펴볼까요. 좌승희 교수가 물러나고 난 뒤 김정호 교수가 한국경제연구원 원장을 맡았죠. 김정호 교수의 이론은 2012년에 출간된 《다시 경제를 생각한다》에 비교적 잘 정리되어 있습니다. 김정호 교수는 이 책에서 노골적으로 이렇게 선언합니다. "나는 신자유주의자다." 우리가 지금까지 이어 왔던 논의의 한쪽 끝에 있는 그야말로 끝판 왕을 이제야 만났다고 할 수 있겠습니다.

김정호 교수는 2014년 9월, 세월호 농성을 끝내자는 릴레이 시위를 처음 제안했던 사람입니다. 트위터에 이런 글을 남겼죠. "도대체 이 나라 주인이 누구입니까. 세금 낸 사람들 아닙니까. 세금 내는 우리가 왜 눈치를 봐야 합니까. 아무리 겁이 나더라도 이대로는 안되겠습니다. 대한민국이 싸움꾼들의 독재가 판치는 세상으로 굳어지는 것은 막아야 하지 않겠습니까." 그리고 "세월호 농성 이제는 끝냅시다"라는 팻말을 들고 찍은 사진을 올렸습니다.

김정호 교수는 우파 성향의 젊은이들 모임인 자유대학생연합의 고문을 맡고 있습니다. 이 학생들이 일간베스트 회원들과 함께 단식 농성을 하고 있는 유족들 옆에서 이른바 폭식 투쟁을 하기도 했죠. 정치적 신념이나 관점의 차이를 넘어 "아무리 작게 잡아도 국민의 60%는 나와 비슷한 생각을 할 것"이라는 대목은 동의하기가 쉽지 않습니다. 솔직히 이런 사람을 한국의 경제학자들이라는 카테고리로 묶고 비교하는 게 과연 옳은지 의문이긴 합니다.

스스로 신자유주의자라고 말하는 김정호 교수는 한국은 (아직) 신자유주의 국가가 아니라고 말합니다. 왜냐하면 여전히 정부 개입과 규제가 너무 많기 때문입니다. 금융 상품 하나를 만들려고 해도 정부 허가를 받아야 하고 재벌에 대해서도 세계 최강급의 규제를 하고 있고 노동시장 역시 자유와 거리가 멀다는 이유에서입니다.

김정호 교수가 말하는 신자유주의는 정확히 어떤 의미일까요. 불필요한 규제를 폐지하고 무역 장벽도 철폐하고 재분배적 목적의 재정 규모를 축소하고 감세도 하고 중앙은행은 경기 부양에 욕심내지 말고 철저하게 통화가치 안정에 주력하라는 겁니다. 이 정도는 돼야 신자유주의 국가라고 부를 수 있다는 거죠.

민간 부분에 정부가 개입하는 정도를 비교해보면 한국은 신자유주의로 가려면 아직 멀었고 오히려 스웨덴이나 핀란드가 신자유주의에 더 가깝다는 주장인데요. 이런 기준에서 이명박 전 대통령도 결코 신자유주의자가 아니라는 평가가 나옵니다. 광우병 촛불 시위에 굴복해 비즈니스 프렌들리를 포기하고 상생이니 동반성장이니 하면서 시장에 과도하게 개입했다고 보기 때문입니다.

김정호 교수는 "한국 국민들이 지녀왔던 약간의 시장경제 정신마저 버리고 민주적으로 사회주의를 선택하게 될 날이 그리 멀지 않아 보인다"며 깊이 개탄하고 있습니다. 북유럽 사회민주주의 국가들도 복지정책을 축소하고 있는데 한국만 역주행을 하고 있다는 거죠. 김정호 교수는 이 대목에서 스웨덴 등의 국내총생산 대비 복지지출 비중이 한국의 3배 가까이 된다는 사실을 빠뜨리고 있습니다. 너무 많아서 줄이는 나라들과 이런 식의 비교는 애매하죠.

총수도 좋지만
주주들도 좋다

김정호 교수는 출총제와 관련, "출자와 투자는 다르다고 말하는 사람들이 있는데 이건 말도 안 되는 소리"라고 일축합니다. 기업들 투자는 장려돼야 한다면서도 계열사 신설과 인수합병 등의 형태로 이뤄지는 출자는 안 된다는 논리는 모순이라는 거죠. 그래서 "출총제를 부활해야 한다고 주장하는 사람들도 투자를 늘려야 한다는 데는 동의하지 않느냐"고 반문하기도 합니다. 김정호 교수는 출총제가 부활해도 투자를 못 하게 할 수는 없을 테니 노무현 전 대통령 시절처럼 수많은 예외조항이 생길 거고 결국 투자 허가제로 변질될 거라고 경고합니다.

물론 별도의 계열사를 만들어 출자하지 않고 내부에 신규 사업부문을 만들어 확장하는 방법도 있습니다. 그렇지만 그건 기업이 선택할 영역이고 정부가 나서서 계열사를 만들라 만들지 마라 결정할 문제는 아니라는 거죠. 그래서 김정호 교수는 "기업이 투자하는데 왜 정부의 허가를 받아야 하느냐"고 반문합니다. 기업 기밀일 수도 있고 정부 허가를 받다가 시기를 놓칠 수도 있다는 말이죠. 김정호 교수에 따르면 출총제로 중소기업을 보호한다는 명분도 현실성이 없습니다. 대기업과 중소기업의 영역이 크게 겹치지 않는 데다 대기업 진출을 막는다고 해서 중소기업이 육성되는 것도 아니고 골목상권 진출의 문제는 애초에 출총제와 거의 무관하기 때문이죠.

순환출자 역시 앞서 살펴봤지만 한국에만 있는 제도도 아니고 일본 상법을 본 떠 지주회사를 금지했던 한국적 특수성도 있습니다. 김정호 교수는 가공자본(회사 자본이 실제보다 과대 계상된 담보력-편집자주)을 문제 삼는 것 자체가 옳지 않다고 주장합니다. 이를테면 2010년에 안철수연구소가 노리타운스튜디오라는 계열사에 22억 5,000만 원을 출자했는데 그만큼 가공자본이 생긴 거죠. 돈은 그대로인데 두 회사의 자본금 합계가 늘어났으니까요.

김정호 교수는 "순환출자 때문에 가공자본이 생기는 건 아니고 순환출자가 없는 기업에도 가공자본은 존재하고 순환출자 고리를 끊는다고 해도 가공자본은 여전히 존재한다"고 지적합니다. "오죽하면 착하게 살려고 온 힘을 다하는 안철수의 기업도 가공자본을 만들지 않았느냐"고 비꼬기도 하고요. 가공자본이 무슨 의미인지도 모르고 출총제를 없애 가공자본을 해소하자느니 하는 황당무계한 주장을 늘어놓는다는 겁니다.

재벌 개혁 이슈가 정치적 구호로 소비되다 흐지부지됐던 걸 돌아보면 김정호 교수의 주장이 전혀 근거가 없다고 할 수는 없습니다. 기업이 새로운 사업에 진출하려 할 때 맨땅에서 투자를 끌어내기는 쉽지 않습니다. 개인(창업자)이 종잣돈을 묻고 시작하면 좋지만 기업 투자 규모가 크면 여러 기업들이 출자를 해야 합니다. "순환출자는 없는 돈으로 새로운 사업에 투자하기 위한 거의 유일한 방법이었다"는 게 김정호 교수의 주장이죠.

창업자 일가가 낮은 지분으로 투자도 하고 경영권도 지키려니까 순환출자를 비롯한 복잡한 출자구조가 만들어질 수밖에 없다는 설명입니다. 이건희 회장이 디스플레이 부품을 만드는 기업을 만들고 싶은데 돈을 다 내고 싶지만, 이건희 회장 재산은 대부분 계열사 주식이고 그걸 팔 수는 없죠. 그래서 계열사들이 공동으로 출자를 하게 되는 거죠. 그래서 만든 기업이 삼성디스플레이입니다.

현대자동차그룹의 경우 1997년 현대자동차가 부도 직전의 기아자동차 지분 33.9%를 인수합니다. 정몽구 회장이 현대차 지분을 5.2% 확보하고 있기 때문에 기아차도 정몽구 회장의 영향력 아래 놓이게 되죠. 그리고 자동차 부품 부문을 분사하는 과정에서 현대자동차와 기아자동차, 현대모비스의 순환출자 구조가 만들어집니다. 정몽구 회장도 이익을 봤지만 더 큰 이익이 기아차의 주주들과 한국 경제에 돌아왔다는 게 김정호 교수의 주장입니다.

외환위기 극복 과정에서 정부가 갑자기 부채비율을 낮추라고 요구했고 당장 부채를 줄일 수는 없으니 유상증자를 실시했는데 실권주가 무더기로 발생했고 계열사들이 그걸 떠안으면서 출자관계가 복잡해진 측면도 있습니다. 계열사 출자를 무작정 부정적으로 볼 건 아니라는 이야기죠. 사업을 확장하면서 창업자의 지분이 낮아지는 건 당연한 과정인데 적은 지분으로 그룹 전체를 지배한다고 비난하는 이중적인 상황도 벌어집니다.

그렇다면 기업이 성장하고 계열사가 늘어나면 창업자는 적당히 계열사들을 털어내야 하는 걸까요. 단순히 개인의 탐욕으로 보는 시각도 문제가 있습니다. 계열분리 명령제를 도입해야 한다는 주장도 있지만 기업집단이 너무 크면 안 된다는 주장도 도그마일 수 있고요. 규모의 경제가 있으니까 삼성전자가 반도체 사업에 그렇게 엄청난 투자를 할 수 있었다는 설명도 설득력이 있습니다.

이게 낙수효과가 아니면 무엇인가

김정호 교수는 "순환출자 구조에서 총수의 부당한 사익추구 행위가 일어날 수 있다는 우려는 순환출자가 아니라 100% 지분을 갖고 있지 않은 모든 기업에 해당된다"면서 "그런 행위가 일어나면 배임·횡령 등으로 법에 따라 처리하면 된다"고 지적합니다. 김정호 교수는 "실증 연구에 따르면 의결권 괴리와 경영 성과 사이에 의미 있는 연관성이 없었고 외환위기 이후에는 오히려 의결권 괴리가 클수록 성과가 좋은 것으로 나타났다"고 주장합니다.

김정호 교수는 "경영 성과가 좋은지 나쁜지를 따지기에 앞서 순환출자를 금지하고 의결권 괴리를 허용하지 않았다면 투자가 일어나기나 했을지 먼저 따져봐야 한다"면서 "새로 투자한 사업에 경영권을 유지하기 어렵다면 새로운 투자를 하고 싶은 마음도 그만큼 줄어들 수밖에 없다"고 지적합니다. 찬반 여부를 떠나 현실적인 지적이죠. 투자하고 싶으면 네 돈으로 해라, 이렇게 정리할 수 있는 문제는 아닙니다.

낙수효과가 없다는 주장에 대해서도 반박합니다. "재벌이 성공해서 경제의 모든 어려움이 사라지는 그런 낙수효과는 애초에 없다"는 거죠. 그렇지만 30대 재벌 계열사들의 임직원이 106만 명이나 되고 가족까지 포함하면 300만 명이 낙수효과를 봤겠죠. 이 사람들이 돈을 써서 내수를 살렸을 거고요. 협력업체들까지 더하면 1,000만 명 정도가 재벌의 영향권 아래 있다고 볼 수 있다는 게 김정호 교수의 주장입니다. 이게 낙수효과가 아니면 뭐냐는 겁니다.

협력업체들을 쥐어짜서 논란이 많았지만 어쨌거나 1차 협력업체들은 상당히 좋은 조건으로 거래를 합니다. 경제개혁연구소 통계를 봐도 2000년 이후 10년 동안 중소기업들 평균 순이익률이 2.4% 정도인데 대기업 하청을 받는 중소기업들은 순이익률이 4.65%나 됩니다. 정승일 대표도 〈미디어오늘〉 주최 토론회에서 "삼성전자나 현대자동차 1차 벤더 업체들 납품단가는 낮지 않다"면서 "동반 성장은 아니더라도 동반 진출 정도는 하고 있다"고 지적했었죠.

"문제는 2차와 3차 벤더, 그리고 하청도 하지 못한 동네 영세상인들인데 이들은 출총제나 순환출자 규제로 해결할 수 없다"는 겁니다. 역시 정승일 대표의 지적인데요. 현장에서는 오히려 1차 벤더 업체들이 2차 벤더 업체들을 착취하는 게 더 문제라는 이야기도 나오는데 이건 재벌의 경제력 집중과는 또 다른 이슈가 되겠죠. 양극화 문제를 해결하려면 단순히 재벌을 때려잡는 것을 넘어 좀 더 구조적인 해법이 필요할 거라는 이야기입니다.

김정호 교수의 주장에 동의하지는 않더라도 "사람은 보고 싶은 것만 본다"는 김정호 교수의 비판은 쉽게 넘기기 어렵습니다. 한국의 재벌 대기업과 총수들이 문제가 많다는 건 누구도 부정하지 않습니다. 다만 재벌 개혁으로 모든 걸 해결할 수 있는 것처럼 이야기하는 건 과장이거나 기만입니다. 정치권의 떠들썩한 논쟁은 적당히 감정에 호소하거나 결국 의지 없는 구호에 그치는 경우가 많았죠.

김정호 교수는 "1%도 안 되는 지분으로 99%를 지배한다고 총수 일가의 낮은 지분율이 문제가 되고 있는데 총수의 지분이 1%라면 배당 권리도 1%라는 말이고 나머지 99%는 다른 투자자들의 몫이라는 이야기"라고 지적합니다. 총수가 많이 챙겼으면 그보다 훨씬 많은 걸 나머지 99%들도 챙겼을 거라는 이야기인데요. 결국 이건희 회장에게 좋은 게 한국 경제에도 좋다는 논리로 비약하게 됩니다.

협력업체들을 포함해 1,000만 명이 재벌 덕분에 먹고살고 법인세와 소득세의 80% 이상을 직간접적으로 재벌이 부담하는데 또 얼마나 낙수효과가 필요하느냐는 이야기입니다. 김정호 교수는 "모든 국민이 재벌 기업에 취업하고 모든 중소기업이 재벌 대기업의 하청업체가 될 수는 없다"면서 "낙수효과는 지금 정도로 만족하는 게 좋다"는 결론을 내립니다. 논리 비약과 과장이 좀 심하다는 느낌이 드는 건 어쩔 수 없습니다.

국가가 못 한 책임, 왜 기업에 요구하나

한때 초과이익공유제가 뜨거운 화두가 됐던 적이 있었는데요. 정운찬 교수가 동반성장위원회 위원장을 맡고 있을 때 "대기업의 이익을 주주와 임직원뿐만 아니라 협력업체들까지 공유하게 만들겠다"고 밝혀서 떠들썩한 논쟁이 벌어졌습니다. 실제로 자동차 회사 롤스로이스 등은 연구개발 투자에 협력업체들을 참여시키고 판매 수익을 배분하고 있습니다. 그런데 이걸 국가 차원에서 기준을 정하는 게 옳으냐, 가능하기는 한 거냐, 이런 논란이 있었습니다.

김정호 교수는 "동반성장을 강조하다 보면 원가가 높아져 최종 제품의 경쟁력이 떨어질 수 있다"면서 "납품단가를 올려주라는 식의 동반성장은 동반추락으로 이어지기 십상"이라고 비판하고 있습니다. 기업에게는 끊임없이 생산성을 높이고 원가를 낮춰 이윤을 남기는 게 생존전략이기 때문이죠. "부품을 누구에게 얼마에 납품받을지에 대해서는 시장에 맡기는 수밖에 없다"는 이야기입니다.

사내 유보금 과세도 비슷한 이슈였죠. 기업들이 투자하지 않고 쌓아두고 있는 사내 유보금에 세금을 부과하자는 아이디어였는데요. 김정호 교수는 〈동아일보〉 기고에서 "사내 유보금 과세는 투자를 촉진하지도 조세 회피를 막지도 못한다"면서 "그저 재벌에 대한 증오일 뿐"이라고 반박했습니다. "총수만 괴롭힐 수 있다면 이익 같은 건 없어도 된다는 정서가 경제민주화 법안들을 관통하고 있다"는 비판이었는데요.

한국은행 통계에 따르면 2012년 기준으로 한국 기업들의 사내 유보금은 762조 원입니다. 대기업이 차지하는 비중은 80.8%였고요. 1990년의 26조 원에서 29배 가까이 늘어난 규모입니다. 사내 유보금 과세를 찬성하는 쪽에서는 사내 유보 성격의 조세 회피를 막는 차원에서라도 과세가 필요하다고 주장합니다. 투자와 소비 확대를 유인하는 효과도 있고 배당을 늘리는 효과도 기대할 수 있습니다. 해외에서도 사내 유보금에 과세하는 나라가 많습니다.

반대하는 논리는 이미 세금을 내고 남은 법인 소득에 이중과세를 하는 셈이 될 수도 있고, 기대하는 것과 달리 투자 활성화 효과가 낮을 거라는 겁니다. 사내 유보금이라고는 하지만 현금성 자산 비중이 적기도 하고요. 말 그대로 장기 투자를 위한 유보일 수도 있죠. 김정호 교수처럼 사내 유보나 배당 여부를 결정하는 것은 어디까지나 기업의 경영적 판단에 맡기는 것이 바람직하고 정부가 조세 정책을 통해 개입하는 것은 적절하지 않다는 주장도 많습니다.

홍헌호 소장은 〈미디어오늘〉 기고에서 "사내 유보금 과세가 성공하려면 적정 유보금을 초과하는 금액 대부분을 노동자 처우 개선에 쓰도록 유인해야 한다"고 주장한 바 있습니다. 노동자들에게 투자하는 기업에 인센티브를 주고 그렇지 못한 기업에 패널티를 부여하자는 아이디어인데요. 홍헌호 소장은 오히려 굳이 배당이나 투자에 인센티브를 줄 필요는 없다는 입장입니다. 내수가 활성화되면 투자는 저절로 활성화될 거라고 보기 때문이죠.

김정호 교수는 "기업이 성공해서 규모가 커지면 세상이 의심과 증오와 질투의 눈길을 보내고 공식적인 법과 제도 역시 불이익을 가하기 시작한다"면서 "성공한 자를 견제하고 실패한 자를 동정하는 것이 인간 본성의 자연스러운 일부이긴 하지만 그러다 보면 성공에 대한 동력이 줄어들 수 있어 걱정"이라고 밝히고 있습니다. "국가가 제대로 하지 못한 책임을 성공한 대기업에 떠넘기는 지경에 와 있다"고 개탄하기도 합니다.

물론 김정호 교수의 주장은 반박의 여지가 많습니다. 김정호 교수가 지적한 그런 문제들 때문에 순환출자를 해소하고 지주회사로 전환하라고 압박하는 것이죠. 지주회사가 대안이 될 수 있는지도 논란의 여지는 있습니다만 사회적으로 존중을 받으려면 최소한의 정당성을 확보하라는 겁니다. 순환출자를 통한 총수 일가의 지배력 강화를 어쩔 수 없다는 논리로 덮고 넘어가기는 명분이 부족합니다. 잘나가고 있으니까 내버려둬야 한다는 이야기밖에 안 되죠.

성공한 쿠데타는 처벌할 수 없다는 논리처럼 성공한 순환출자는 문제 삼지 않는다는 이야기가 될 수도 있겠죠. 그렇지만 실패한 순환출자는 누가 책임질 거냐는 의문을 짚고 넘어갈 필요도 있습니다. 대마불사라고는 하지만 대우그룹의 사례에서 보듯이 대마가 무너질 경우 국민경제 전체가 흔들리고 그 손실을 사회적으로 부담해야 하는 상황이 될 수도 있습니다. 재벌 시스템은 그 자체로 시스템 리스크가 되어 있는데 말이죠.

삼성에서 이재용 쫓아내면 다른 대안 있나

김정호 교수는 심지어 재벌의 3세 승계를 두둔하는 주장도 서슴없이 펼칩니다. 한국의 상속세 세율이 세계적으로 높은 수준이고 과도한 상속세가 오히려 탈법과 편법을 부추긴다는 논리인데요. 김정호 교수는 "상속세는 폐지하고 상속 받은 재산에 소득세 성격의 세금을 매기는 게 옳다"고 주장합니다. "자식에게 남겨주려는 욕구는 자연스러운 본능이면서 역사 발전의 원동력"이라는 등의 주장은 좀 손발이 오그라드는 느낌이긴 합니다.

김정호 교수에 따르면 2008년 기준으로 조사 대상 123개국 가운데 71개국에 상속세가 아예 없습니다. 상속세가 있는 52개국의 세율 평균은 21% 정도였는데요. 한국은 상속세 최고 세율이 50%입니다. 대기업 경영권 상속은 30% 할증률이 적용되기 때문에 65%를 내야 합니다. "오히려 다른 나라들은 경영권이나 가업의 상속을 다른 재산 상속보다 우대한다"는 게 김정호 교수의 주장입니다.

독일의 경우 개인 기업의 사업용 재산이나 주식회사 지분 가운데 25% 이상의 경우 22만 5,000마르크를 기본 공제 해주고 초과되는 금액 가운데 재산가액의 35%를 추가로 공제해줍니다. 영국에서도 사업체 관련 지분과 경영권 있는 지분 등을 상속하는 경우 세금 혜택을 줍니다. 상속세 때문에 경영권이 증발하거나 희석되는 것을 막기 위한 장치인데요. 한국은 거꾸로 어떻게든 경영권 상속을 막으려 한다는 게 김정호 교수의 설명입니다.

김정호 교수는 "상속 받은 재산에 세금을 전혀 안 내도 되게 하자는 게 아니라 상속 재산도 소득으로 보고 다른 모든 소득과 마찬가지로 소득세 성격의 세금을 내게 하는 게 공정하다"고 주장합니다. 세금 부담을 지우면서 경영권이 사라지는 일도 막으려면 상속재산을 자본이득 과세로 다루고 경영권을 처분할 때 그동안 이익을 본 만큼 세금을 부과하면 된다는 주장입니다.

김정호 교수는 "상속세를 폐지할 수 없다면 최고 세율을 소득세와 같이 35% 정도로 내리는 게 좋고 지배주주의 지위를 상속할 때 적용되는 30% 할증은 폐지해야 한다"고 주장하며, "폐지에 그치지 않고 독일이나 영국에서처럼 오히려 감면 대상으로 삼을 것을 제안한다"고 결론을 내리고 있습니다. "상속세 때문에 기업의 지배구조가 바뀌는 것은 사회 전체를 위해서도 바람직하지 않다"는 논리에서죠.

김정호 교수는 "대기업이 2세에게 주식을 넘겨주더라도 그 2세가 최종적으로 경영권을 가질 수 있을지는 주주총회의 결정에 달려 있기 때문에 무능한 2세가 경영권을 갖게 될 가능성은 적다"고 주장하지만 삼성그룹의 경우 순환출자를 통해 우호 지분을 확보하고 있기 때문에 무능한 2세가 경영권을 갖게 될 수도 있습니다. 이 대목에서 김정호 교수의 주장은 논리적 모순에 부딪힙니다.

경영권을 방어하기 위해 어쩔 수 없이 순환출자 구조로 갈 수밖에 없었다는 게 김정호 교수의 주장이었죠. 그러나 거꾸로 말하면 순환출자 덕분에 총수의 전횡을 막을 수 없다는 이야기도 될 수 있습니다. 김정호 교수 같은 사람들은 총수의 전횡 덕분에 이만큼 성장하지 않았느냐고 방어하겠죠. 그렇지만 거꾸로 총수의 전횡 때문에 심각한 위험에 빠질 가능성도 있습니다. 재벌 2세의 능력에 그룹의 명운이 좌우되는 일이 생길 수도 있다는 이야기죠.

상속 재산을 소득으로 분류하고 자본이득 과세로 다루자는 주장은 전경련 소속의 한국경제연구원이 미는 대안입니다. 실제로 조세연구원에서 진지하게 검토하기도 했는데요. 일단 한국에서 실제로 상속세를 내는 사람은 2009년 기준으로 1.5%밖에 안 됩니다. 공제 금액이 크기 때문에 상속 재산이 5억 원 미만이면 한 푼도 안 내고요. 5억 원 이상 10억 원 미만은 30%에 6,000만 원 공제, 30억 원 미만은 40%에 1억 6,000만 원 공제, 이런 식입니다.

50억 원이 넘으면 세율이 50%나 되죠. 4억 6,000만 원을 공제받긴 하지만 상속 재산이 수천 억 원 또는 수조 원 규모가 되면 세금도 어마어마하게 됩니다. 그래서 2009년의 경우 28만여 명이 상속세 부과 대상이었는데 실제로 낸 사람은 4,340명밖에 안 됐고 상위 312명이 전체 상속세의 3분의 2 정도를 냈습니다. 상속세가 부담된다는 불만이 나올 만도 하죠. 보편 과세가 아니라 형평성에 맞지 않다는 지적도 나오고요.

상속세가 자본이득 과세로 전환되면 과세 시점이 중요하게 됩니다. ① 상속이 개시된 시점에 이득이 발생했다고 보고 과세하는 방법이 있고 ② 상속을 받을 때는 과세하지 않고 처분할 때 시세차익에 과세하는 방법도 있습니다. ③ 시세차익을 상속시점의 재산가액을 기준으로 하느냐 ④ 애초에 상속인의 처음 취득가액을 기준으로 하느냐도 쟁점입니다. ①과 ②, 그리고 ③과 ④를 어떻게 조합하느냐에 따라 4가지 옵션이 가능하겠죠.

②와 ④ 조합의 경우 처분을 하지 않고 계속 보유하면 상속세를 받을 수 없다는 한계가 있습니다. ②와 ③ 조합의 경우 피상속인 이를테면 아버지 시절 불어난 자산에 과세를 하지 못하는 한계가 있고요. ①과 ③의 조합이나 ①과 ④의 조합은 상속 재산 전체가 아니라 아버지의 시세차익을 대상으로 부과하기 때문에 세율이 그대로고 취득원가가 낮게 잡혀 있다면 현행 방식과 크게 금액 차이가 없

을 수도 있습니다.

주주 자본주의로 재벌을 보호할 수 있나

장하준 교수의 《그들이 말하지 않는 23가지》가 나온 뒤 《장하준이 말하지 않은 23가지》라는 책을 나왔는데 여기에 이런 대목이 있습니다. "기업의 주인은 주주다. 주주의 목표는 이윤 극대화를 통해 장기적으로 기업의 가치를 극대화하는 것이다. 반면에 주주와 계약관계에 있는 경영자나 근로자는 일을 해야 할 적절한 보상체계가 존재하지 않으면 기업의 이익과 무관하게 자기 자신의 이해관계에 따라 행동하는 도덕적 해이에 빠질 수 있다."

한국경제연구원에서 나온 책이었는데요. 특히 흥미로운 지점은 "이와 같은 도덕적 해이가 나타나는 대리인 문제를 해소하기 위해 경영인이나 근로자가 기업의 이윤 극대화 및 주주가치 극대화라는 목표에 부응하도록 보상 체계가 설계된다"는 대목입니다. 이병천 교수는 《한국 경제론의 충돌》에서 이 대목을 인용하면서 "재벌의 이익을 충실히 대변해야 할 전경련에서 거리낌 없이 미국식 자본주의를 주장하다니"라며 비꼬고 있습니다.

주주 자본주의론이 재벌의 소유·지배 구조를 옹호하는 데 도움이 된다고 판단했던 것일까요. 사실 장하준 교수는 한때 한국경제연구원과 공동으로 논문 작업을 하기도 했죠. 재벌의 경영권을 보장해줘야 한다고 주장하니까 어느 정도 성향이 맞다고 생각했던 모양인데 언젠가부터 갈라서게 됩니다. 장하준 교수가 재벌주의자로 불리긴 했지만 전경련 입장에서도 같이 가기는 어렵다는 판단을 했던 것으로 보입니다.

그런데 전경련이 주주 자본주의를 두둔하고 나서는 건 좀 어처구니가 없죠. 장하준이 주주 자본주의를 비판하니까 '아, 그게 재벌에게 좋은 거구나'라고 생각했던 걸까요. 이병천 교수는 "장하준 교수를 비판하는 데 눈이 먼 나머지 너무 미국화되고 자신들의 존립 근거마저 허물어버릴 주장을 하고 있다"고 지적합니다. "전경련 부설 연구원에서 이런 책이 버젓이 발간된 걸 도무지 이해하기 어렵다"고 비꼬는 것도 정말 재미있습니다.

사실 재벌 체제는 주주 자본주의와도 상충합니다. 1% 지분을 갖고 있는 재벌이 배당을 챙기면 당연히 나머지 99%의 지분을 갖고 있는 주주들도 챙기겠죠. 주가가 오르면 재벌도 행복하고 주주들도 행복하고요. 그렇지만 주가를 일부러 떨어뜨리거나 배당을 안 주면서 자신들 이익을 늘리는 경우도 있습니다. 내부거래가 그룹 전체에는 좋을 수 있겠지만 계열사에 따라서는 상대적으로 손해가 될 수도 있고 피해를 보는 주주들도 있겠죠.

이병천 교수는 "주주 자본주의론은 1997년 외환위기 이후 자유주의적 민주정부의 지배적 개혁 이념이었으며 지식인 사회, 그리고 시민단체의 경제민주화론에도 크게 침투했다"면서 "개혁 자유주의 정부와 시민운동은 이 문제를 마치 주주 주권 및 공정경쟁 시장개혁으로 해결할 수 있는 것처럼 소유권 문제에 물 타기를 했고 이 때문에 경제민주화와 경제 정의의 논의가 뒤틀리게 됐다"고 지적합니다.

김대중·노무현 전 대통령 시절, 이른바 개혁 자유주의 정부와 전경련이 주주 자본주의라는 이데올로기를 공유하고 있다는 분석도 재미있습니다. 이병천 교수는 장하준 교수의 주주 자본주의 비판에 동의하면서도 재벌이 주주 자본주의를 받아들였다는 분석에 대해서는 "일면적이고 부적절하다"면서 반박합니다. 재벌이 주주 자본주의와 결탁한 게 아니라 주주가치와 무관하게 재벌가치를 극대화하는 시스템을 구축했다고 보기 때문입니다.

이병천 교수는 "개발주의의 자유화와 규제 완화, 민영화, 개방화가 추진되는 과정에서 지난 시기 국가의 막대한 지원과 위험의 사회화, 노동자·대중의 희생으로 성장한 재벌 대기업의 소유권은 실질적으로 재벌 가족에게 돌아갔다"고 강조합니다. 이런 맥락에서 보면 전경련이 기업의 주인은 주주라고 강조하는 건 거짓이거나 착각 또는 무지 때문일 겁니다. 애초에 집단 이기주의에 논리를 기대하는 것 자체가 무리였을 수도 있겠죠.

● **이건희**_ 삼성전자 회장

part 9

군림하되 통치는 하지 않는 절대군주의 카리스마

이건희의 삼성 사용설명서

겉으로 보이는 삼성은 인재경영과 자율경영,

책임경영이 정착돼 있고 전문 경영인에 의한

분권적 조직구조로 움직이는 것 같지만

실제로는 구멍가게식 소규모 기업에서

전형적으로 나타나는 전제적인 조직운영을

벗어나지 못하고 있다.

"사장이라는 것이 말하는 꼴을 봐라. 도대체 뭐라 카는지 아무 것도 못 알아 듣겠다. 니는 들리나?" 이건희 회장이 한남동 승지원에서 열린 그룹 임원 회의 도중 계열사 사장의 보고를 받다가 옆에 앉은 이학수 부회장에게 했다는 말입니다. 2005년 〈시사저널〉 기사에 실린 한 대목인데요. 보고하던 그 사장은 이마에 식은땀을 닦고 허리를 꼿꼿이 세운 다음 갓 입대한 신병처럼 우렁차게 소리를 쳐야 했다고 합니다.

"(이 회장 얼굴이) 호랑이 상인 데다가 한번 꾸짖기 시작하면 무서울 정도로 집요하게 혼내기 때문에 혼난 이는 나이나 직급과 상관없이 정신을 차리지 못한다"는 구조조정본부 임원의 이야기도 있었습니다. 한 임원이 야단을 맞고 혼이 빠져서 갑자기 회의실 옆 화장실 문을 열고 들어가더란 일화도 전해집니다. 삼성그룹 임원이면 나름 목에 힘깨나 주고 다녔을 텐데 얼마나 긴장하고 당황했으면 나가는 문도 못 찾을 정도였다는 말이죠.

일화로 읽는
이병철·이건희 이야기

기록을 보면 아버지 고 이병철 회장도 비슷한 스타일이었습니다. 회의 때 사장들을 '아무개군'이라고 불렀고 경영 실적이 안 좋으면 얼굴을 들지 못할 정도로 무섭게 호통을 쳤다고 합니다. 사장들은 어전회의라고 불렀고요. 직원들은 자조 섞인 표현으로 천황이라고 불렀습니다. 지방 출장을 갈 때면 비서들이 고속도로 통행료를 미리 지불하고 대기해 회장의 승용차가 요금소에서 멈추지 않고 통과하도록 했을 정도라는 일화가 전해집니다.

이건희 회장의 회의 스타일을 볼 수 있는 몇 가지 일화가 더 있습니다. 이건희 회장은 1987년 회장에 취임하고 한동안 외부 활동을 전혀 하지 않았습니다. 은둔의 경영자라는 별명도 이때 생겼는데요. 1993년 2월 미국 로스엔젤레스 출장 중에 임원들을 불러 모읍니다. 전자제품 매장에 갔더니 삼성전자 제품이 구석에서 먼지를 뒤집어 쓰고 있더라는 거죠. 그래서 호텔 행사장을 빌려 즉석에서 다른 나라 경쟁 제품들을 펼쳐놓고 평가 회의를 엽니다.

"이번에 LA에 온 전자 사장·임원들은 미국 전자제품 매장을 직접 둘러보고 우리 상품이 얼마나 천덕꾸러기가 되어 있는지 또 한쪽 귀퉁이에 얼마나 많은 먼지가 쌓여 있는지 똑똑히 보고 왔을 것이다. 2등은 현상유지밖에 안되고 못 큰다. 2등, 3등은 맨날 바쁘다.

10점 차로 2등 해봐야 아무 소용없다. 개방화·지구화 시대에 0.1점이라도 남이 잘하면 내가 진 것이다."

딱히 엄청난 인사이트가 담긴 말은 아니지만 메시지는 단순하고 명확합니다. 반말을 툭툭 내던지며 거칠게 훈계하는 이건희 회장의 제왕적 카리스마와 리더십을 엿볼 수 있습니다. 그리고 넉 달 뒤 이번에는 독일 프랑크푸르트에서 또 임원들을 불러 모읍니다. 삼성 사내방송 SBC에 보도된 냉장고 조립 라인 영상을 보고 화가 치밀어 오른 거죠. 200여 명의 삼성그룹 계열사 임원들이 비행기를 타고 모여들었다고 합니다.

유명한 그 한마디, "마누라 자식 빼고 다 바꿔"

이날 회의에서 그 유명한 말이 나오죠. 원문 그대로 옮겨봅니다. "바꾸려면 철저히 바꿔. 극단적으로 이야기해서 농담이 아니야, 마누라 자식 빼고 다 바꿔봐." 신경질적이면서도 단호한 이건희 회장의 화법. "2류 내지 2.5류, 잘해봐야 1.5류까지는 갈 수 있을지 모르겠다. 그러나 일류는 절대 안 된다 이거야. 지금 안 변하면." 장장 6시간 동안 쉬지 않고 훈시를 했다고 하죠. 삼성은 이날 강연을 프랑크푸르트 선언이라고 의미 부여를 하고 있습니다.

이건희 회장의 이날 훈시는 며칠 뒤 MBC에도 방송이 됩니다. 6시간 동안 말한 내용을 90분으로 줄이긴 했지만 반말을 쓰며 고압적으로 직원들을 찍어누르는 이건희 회장의 모습은 충격적이었습니다. 재벌 회장은 저렇구나 하는 걸 국민들이 알게 됐죠. 지상파 공영방송에서 특정 기업의 내부 행사를 이렇게 비중 있게 틀어줄 필요가 있느냐는 논란도 많았는데요. 어쨌거나 "마누라와 자식 빼고 다 바꿔라"라는 말이 사회적 화두가 됐죠.

이건희 회장이 1942년생이니까 쉰두 살 때였죠. 동영상을 찾아보면 이때만 해도 에너지가 넘치고 펄펄 끓는 열정이 느껴집니다. 4개월 동안 해외를 돌면서 툭하면 임원들을 불러 모아 열변을 토했다고 합니다. 무려 500여 시간, 녹취를 떠서 교본으로 만들려고 봤더니 A4 용지 8,500장이 되더라는 이야기도 있고요. 분량은 많이 줄었지만 이 교본은 10만 부가 인쇄돼서 배포됐습니다. 직원들이 아침마다 1시간씩 회장님 말씀을 윤독하는 진풍경도 벌어졌습니다.

이건희 회장이 이런 말도 했다고 합니다. "내 말을 적어도 50번 이상 반복해서 테이프를 통해 들어라. 외울 정도가 돼야 비로소 몸에 배고 실천이 가능하게 된다." 강준만 교수는《이건희 시대》라는 책에서 "삼성 사람들이 그 비디오를 보면서 드는 첫 번째 생각은 이건희가 삼성의 문제를 정확히 꿰뚫어보고 있다는 데 대한 경외감이 었을 것"이라고 분석하고 있습니다. 제왕처럼 군림하지만 실제로 존경을 끌어내는 카리스마가 있었다는 이야기죠.

김광호 당시 삼성전자 부회장이 이런 말을 했습니다. "그때 이건희 회장은 신들린 사람 같았다. 저녁에 시작한 강연과 회의가 새벽에 끝나기 일쑤였다. 이 회장은 평소 자신의 생각보다 상대방 의견을 주로 듣는 스타일이었는데 신경영 추진 당시는 정반대였다. 3~4일 일정으로 예상하고 출장 준비를 하고 갔는데 1주일, 2주일이 지나면서 가져간 속옷을 모두 빨아 호텔 베란다에 널어놓곤 했다."

이런 일화도 있습니다. 이건희 회장이 "양에서 질로 전환하자"는 화두를 던져서 그룹 내부에서도 말이 많았던 모양입니다. 결국 이수빈 비서실장이 임원회의에서 총대를 매고 "양과 질은 동전의 양면"이라고 슬쩍 분위기를 떠봤더니 이건희 회장이 화를 내면서 티스푼을 집어던졌다고 하죠. 회의실 분위기가 얼어붙었겠죠. 삼성은 이건희 회장의 이런 단호한 태도가 품질경영을 뿌리내리게 했다고 평가하고 있지만 고압적인 회의 분위기를 엿볼 수 있습니다.

호통경영·격노경영, 어디서 감히 말대꾸를

이학수 구조조정본부 본부장은 이렇게 기억하고 있습니다. "부회장 시절부터 또 회장 취임 후에도 경영에 관해 많은 지적을 해왔지만 이 지시들이 경영이나 생산현장에 제대로 적용되지 않아 이대로 나뒀다가는 망할지도 모른다는 위기의식을 갖고 몸소 박차고 나선 것이다. 세기말적 변화를 앞두고 초일류 기업과의 경쟁에서 살아남을 수 있는 경쟁력을 갖추지 않으면 생존을 보장받을 수 없다고 느꼈던 것 같았다."

프랑크푸르트 선언 이후 이른바 이건희 회장의 신경영이 시작됩니다. 아버지 이병철 회장의 구경영과 다르다는 의미일 텐데요. 이건희 회장을 중심으로 권력을 재편하는 차원에서 들고 나온 게 세계 일류 기업이라는 화려한 비전과 함께 위기의식이었습니다. 이대로는 안 된다면서 충격요법을 쓴 거죠. 일부러 해외에 나가 임원들을 불러 모으고 호통을 치면서 임원들에게 누가 권력을 쥐고 있는지 다시 확인시켜준 겁니다.

흔히 이건희 회장의 경영 스타일을 두고 보이지 않게 군림한다고 말합니다. 리모컨 경영이란 말이 나왔을 정도죠. 김상조 교수의 표현인데요. "이건희 회장은 자의 반 타의 반으로 군림하되 통치하지 아니한다는 입장을 취하며 실무 대부분의 전권을 이학수 부회장 등 전문 경영인에게 맡겼고, 이런 구조가 삼성 성공의 밑거름이 됐다"고 분석한 바 있습니다. 그렇지만 이건희 회장 취임 초기에는 확실히 달랐던 것도 같습니다.

프랑크푸르트 선언의 계기가 된 SBC 보도 영상에는 냉장고 생산 라인의 직원들이 규격에 맞지 않은 부품을 칼로 깎아내서 억지로 끼워 맞추는 장면이 담겨 있었습니다. 이건희 회장은 "썩었다,

완전히 썩었다"며 탁자를 내리치면서 호통을 칩니다. "암은 초기에 자르지 않으면 3~5년 내에 죽게 만든다"고 엄포를 놓기도 합니다. 이때부터 이건희 회장의 호통 경영 또는 격노 경영이 시작됐던 것 같습니다.

일본 오사카에서 열린 직원 교육에서는 이런 말도 합니다. "나는 내 청춘과 재산과 생명과 명성을 걸고서 여러분들보고 마음대로 해보라고 하는데 그 반도 못 따라오고 있다. 삼성전자는 20년 전부터 해온 이야기를 안 듣고 있다. 그동안 수백 번 속아온 것이다. 정말 이런 종류의 회의는 오늘로 마지막이다." 나를 믿고 따르라, 이런 사고방식은 일반적인 전문 경영인에게서는 찾아보기 어렵습니다. 그야말로 오너 리더십이라고 할 수 있겠습니다.

이와 관련된 사건으로 유명한 애니콜 화형식이 있죠. 1995년 3월의 일입니다. 회의 도중에 휴대전화 단말기 불량이 늘었다는 보고를 받고 "고객이 두렵지도 않나, 돈 받고 불량품을 팔다니"라고 했다는데 이건 아무래도 윤색이 된 것 같고요. 시중에 나간 제품을 모조리 회수해 공장 사람들이 전부 보는 앞에서 태워 없애버리라는 지시를 내렸다고 합니다. 실제로 구미 공장에서 휴대전화와 키폰, 팩시밀리 등을 산더미처럼 쌓아두고 불을 지르는 화형식을 거행하죠.

이건희 회장의 품질경영을 알리는 이벤트적 성격이 강했지만 효과는 상당했습니다. 실제로 제품을 회수했고 개발을 중지하고 생산라인을 세웠으니까요. 이기태 삼성전자 사장은 이렇게 말합니다. "내 혼이 들어간 제품이 불에 타는 것을 보니 말로는 표현할 수 없는 감정이 교차하더군요. 그런데 희안하게 타고 남은 재를 불도저가 밀고 갈 때쯤 갑자기 각오랄까, 결연함이 생깁디다. 그 불길은 과거와의 단절을 상징한 겁니다."

무한반복해서 듣는
회장님 말씀에 세뇌될 정도

삼성전자 부사장 출신의 에릭 김은 〈조선일보〉와 인터뷰에서 "삼성전자는 위계질서가 엄격하고 조직에 군사문화가 여전하다"고 평가하기도 했습니다. 이승협 교수는 "겉으로 보이는 삼성은 인재경영과 자율경영, 책임경영이 정착돼 있고 전문 경영인에 의한 분권적 조직구조로 움직이는 것 같지만 실제로는 구멍가게식 소규모 기업에서 전형적으로 나타나는 전제적인 조직운영을 벗어나지 못하고 있다"고 분석한 바 있습니다.

   삼성전자 전직 임원이 〈한겨레〉와 인터뷰에서 이렇게 말한 적도 있습니다. "천왕의 권위는 절대적이다. 신에 버금간다. 마찬가지로 이건희 회장의 권위도 신격화돼 있다. 하지만 직접 통치하지는 않는다. 통치는 구조조정본부가 한다." 삼성전자의 한 직원은 "처음

입사하고 난 뒤 일주일 동안 이건희 회장 어록이 담긴 비디오테이프를 계속 틀어주더라. 다 보고 났더니 이 회장이 마치 종교집단의 교주로 느껴졌다"고 털어놓기도 했습니다.

삼성 신입직원들의 매스게임을 촬영한 동영상이 화제가 된 적도 있었죠. 계열사 사장들 앞에서 멤버십을 과시하느라 보름 가까이 합숙을 하며 준비한다고 합니다. 수천 명이 일사분란하게 움직이며 만들어내는 화려한 카드 섹션은 언뜻 기괴하기도 하고 북한의 군사 퍼레이드 같다는 느낌도 줍니다. 전직 삼성전자 직원은 〈한겨레〉 인터뷰에서 "이건희 회장의 얼굴이 스탠드 한쪽 면을 가득 메우는 그 광경에 충격을 먹었다"고 말하기도 했습니다.

삼성그룹 구조조정본부 법무팀 팀장 출신의 김용철 변호사가 공개한 "이건희 회장 지시 사항"이라는 문건을 보면 이건희 회장이 굉장히 꼼꼼하게 때로는 시시콜콜하게 경영 전반을 직접 챙겼다는 사실을 확인할 수 있습니다. 2003년에 작성된 문건인데요. 자세히 들여다보면 회장님 지시사항이란 게 다분히 선언적이거나 규범적이고 대부분 인상비평 수준에 그치고 있다는 걸 알 수 있습니다.

이를테면 이런 식이죠. "소니 DVD플레이어를 써보니 열이 많이 나서 디스크가 저절로 튀어나오는 등 문제가 있더라, 우리 제품은 소비전력을 줄여서 그런 일이 안 생기도록 만들자." 그리고 며칠 뒤에는 "데논 플레이어를 써봤더니 열은 많이 나도 문제가 없더라, 벤치마크 테스트를 해보자, 뒤로 감기나 빨리 감기 같은 기능은 있는

데 써먹을 수가 없다, 왜 VTR처럼 만들지 못하나", 이런 이야기들이 지시사항에 꼼꼼히 담겨 있습니다.

서울대 호암생활관 관장에게 관련자를 보내서 시설 보수 등 개선점을 들어보고 지원방안을 검토해보라는 지시도 있고 노동조합을 설립하려는 움직임이 있다는 보고를 받고 분당 플라자를 매각하거나 위탁경영하는 방안을 검토해보라는 지시를 내리기도 합니다. 말레이시아 쌍둥이 빌딩을 지은 인력의 반이 퇴사했다는데 다시 스카웃하라는 지시를 내리기도 하고 심지어 곰팡이나 진드기를 박멸할 수 있는 기기를 개발해보라는 지시를 내리기도 합니다.

궁금한 건 바로 이 대목입니다. 삼성의 놀라운 성장이 과연 이건희 회장의 탁월한 경영 능력 때문이었을까요. 아니면 이건희 회장이 큰 그림을 그리면서 임원들이 제 역할을 할 수 있도록 방향을 잘 잡아줬기 때문일까요. 이건희 회장의 취향에 따라 무리하게 자동차 사업에 진출했다가 크게 말아먹었던 것처럼 자칫 곰팡이나 진드기 박멸 사업에 뛰어들 수도 있지 않았을까 하는 의구심도 듭니다.

이건희 회장이 직접 지시를 내려 휴대전화 단말기의 통화Send 버튼이 맨 아래에서 위로 올라갔다거나 2개의 디자인을 합쳐 이른바 이건희 폰이 탄생했다거나 하는 일화도 전해집니다만 실제 있었던 일인지 삼성 홍보팀의 소설인지는 확인할 방법이 없습니다. 추론할 수 있는 건 이건희 회장이 자신이 그룹 전체를 진두지휘하고 있다고 믿고 있을 거라는 겁니다. 뛰어난 영도력으로 말이죠.

옳으신 말씀만 넘쳐나는, 기업회의인지 국무회의인지

구조조정본부 출신의 한 관계자는 〈한겨레〉와 인터뷰에서 "이건희 회장은 회의에서 경영 현안보다는 국민소득 2만 달러 시대나 동북아 허브 같은 고담준론을 이야기해서 어느 때는 기업 회의인지 국무회의인지 헷갈릴 정도"라고 말하기도 했습니다. 계열사 임원들을 휘어잡고 있지만 정작 경영의 세부 사안에 직접적으로 개입하지는 않는다는 이야기죠. 그 임원들도 회장 앞에서 고개를 조아릴 뿐 회사에 돌아가면 막강한 권력을 행사할 테니까요.

이건희 회장은 "내 말 틀린 거 있어?"라고 묻곤 합니다. 당연히 "옳으신 말씀이십니다"라는 답변이 쏟아져 나오죠. 회의 도중에 쫓겨나 대기발령을 받는 일도 흔했다고 하고요. "경영 자질이 없다"거나 "쓸 만한 사람이 적다"는 등의 자존심을 긁는 발언을 서슴지 않는다고 합니다. 강준만 교수는 "말이야 바른 말이지 한국적 경영에서는 이런 게 잘 먹혀든다"고 평가하고 있습니다.

총수 한 사람의 독단적인 판단에 의존하는 의사결정 구조는 총수의 역량에 회사의 명운을 걸어야 합니다. 삼성그룹의 경우 군림하되 통치를 하지 않기 때문에 오히려 전문 경영인들이 책임 있는 경영을 할 수 있었다는 분석도 나옵니다. 실제로 이건희 회장이 갑자기 쓰러져 병원 신세를 지고 있는데도 그룹 경영에 아무런 위험 신호가 나타나지 않은 것만 봐도 알 수 있습니다. 비교적 건강할 때도 툭하면 해외에 나가 반년 가까이 머물기도 했죠.

역설적인 이야기지만 이건희 회장이 그동안 직접 경영 현안을 챙기지 않았기 때문에 경영 공백이 없다는 이야기가 될 텐데요. 군림하지만 정작 존재감이 크지 않았다는 이야기도 될 거고요. 그렇지만 이걸 좋게 말하면 계열사들이 각각 책임경영을 실시하고 있다고 포장할 수도 있겠죠. 회장 한 사람에 흔들리지 않도록 시스템이 자리를 잡았다고 평가할 수도 있을 거고요.

삼성 사장들은 이건희 회장의 생각을 읽어내는 데 목숨을 건다고 해도 지나치지 않다는 게 강준만 교수의 평가입니다. 중용되는 사람일수록 그런 능력이 탁월한 사람들이고 이런 사람들이 이심전심의 대리 체제 또는 시스템 체제를 가능하게 하는 전제 조건이라는 거죠. 강준만 교수는 "자존심 강한 이건희 회장이 대물림 총수라는 인식을 떨쳐버리고 재계의 리더상을 부각시키기 위해 무진 애를 써 온 것이 결실을 맺었다고 할 수 있다"고 평가합니다.

〈주간조선〉은 이건희 회장의 경영 스타일을 이렇게 평가한 적이 있습니다. "심사숙고한 뒤 행동하는 이건희 회장은 주로 큰 맥만 짚어주는 총론만 챙기고 각론은 전적으로 아랫사람에게 맡긴다. IMF 외환위기를 거쳐 빅딜이 시작됐을 때 그런 점은 분명하게 드러났다. 삼성차 매각 건조차도 비서실 고위 간부에게 결정권을 주고 아무런 언급도 하지 않았다. 막상 긴급한 의사결정이나 결론을 내려야 할 때 이건희 회장은 침묵하는 경향을 보인다."

잘되면 회장님 덕분, 실패하면 임원 책임

이승협 교수는 "이건희 회장의 개인적 결단에 기초한 삼성의 자동차 산업 진출은 삼성그룹 전체를 위기로 몰아넣었을 뿐만 아니라 한국 경제를 외환위기와 IMF에 의한 통제라는 사회적 파국으로 치닫게 한 요인이었다"고 지적합니다. 개인의 권위나 카리스마에 의존한 조직 운영은 자본주의 초기 또는 소규모 기업의 경영 방식이고 장기적인 안정성을 갖기 어렵다는 분석입니다.

실제로 여러 사례들을 살펴보면 삼성그룹에서는 잘된 건 모두 회장님 능력 덕분이고 잘못 된 건 임원들 탓으로 정리되는 경우가 많았죠. 이승협 교수는 "삼성의 성공 신화는 모두 이건희 회장에게 귀속되며 실패 사례는 조직의 실패로 귀결된다"면서 "이런 신화를 받아들이지 않는 조직 성원은 철저하게 배제된다"고 분석한 바 있습니다. 무시무시한 이야기죠. 고액 연봉이면 영혼을 다 꺼내놓고 충성할 사람이 얼마든지 있으니까요.

이런 분위기다 보니 실제로 삼성자동차 경영 실패는 전문 경영인들 탓이고 반도체 사업은 이건희 회장의 선견지명 덕분이었다는 황당무계한 이야기도 공공연하게 흘러나옵니다. 이건희 회장이 임원들의 반대를 무릅쓰고 반도체 사업에 진출했던 게 지금의 삼성전자를 만들었다는 거죠. 그러나 삼성그룹이 한국반도체를 인수한 건 1974년 이병철 회장 시절이었고 오히려 자동차 사업 진출은 이건희 회장의 강력한 의지였다는 게 숨길 수 없는 사실입니다.

물론 이병철 회장 시절 시작한 반도체 사업이 이건희 회장 시절 부쩍 성장한 것도 부정할 수 없는 사실입니다. 임원들이 반대했는데 이건희 회장이 개인 돈으로라도 인수하겠다며 의욕을 부렸다는 게 삼성의 공식 기록에 남아 있습니다. 신화의 완성이라고 할 만하죠. 삼성그룹에서 운영하는 블로그 '삼성투모로우'에는 이런 글이 실려 있습니다. 이건희 회장이 이런 말을 했다고 하죠.

"시대 조류가 산업사회에서 정보사회로 넘어가는 조짐을 보이고 있었고 그 중 핵심인 반도체사업이 우리민족의 재주와 특성에 딱 들어맞는 업종이라 생각하고 있었다. 우리는 젓가락 문화권이어서 손재주가 좋고, 주거생활 자체가 신발을 벗고 생활하는 등 청결을 매우 중요시 여긴다. 이런 문화는 반도체 생산에 아주 적합하다. 반도체 생산은 미세한 작업이 요구되고 먼지 하나라도 있으면 안 되는 고도의 청정 상태를 유지해야 하는 공정이기 때문이다."

반도체는 손재주로 만드는 게 아닐뿐더러 신발을 벗든 신든 클린룸은 애초에 일상 생활공간과 다르다는 건 반도체 산업에 조금이라도 이해가 있으면 알 텐데 말이죠. 어쨌거나 삼성전자의 반도체 사업은 초반에 악전고투를 거듭했습니다. 이건희 회장의 회심의 도전이었지만 자본 잠식에 부도 위기까지 내몰렸고 보다 못한 이병철 회장이 직접 나서서 "반도체는 내 마지막 사업이 될 것"이라고 전폭적인 지원을 아끼지 않았죠.

삼성전자는 1984년에 1라인을 짓고 곧바로 1985년 2라인을 지었습니다. 일본 미쓰비시연구소가 "반도체 산업은 내수가 뒷받침돼야 하는데 한국에는 기본 수요가 안 되고 산업 기반도 턱없이 취약하다"면서 삼성전자 실패를 단언하기도 했죠. 삼성전자 임원들 사이에서도 2라인을 너무 빨리 지었다는 말이 나왔고요. 매출 1억 달러도 안 되는 회사가 어떻게 10억 달러의 투자비를 조달하겠느냐는 냉소적인 반응도 많았습니다.

반도체 올인 지시했던
이건희의 뚝심

이병철 회장과 이건희 회장의 역량은 일본 경쟁업체들이 덤핑 공세로 밀어붙이면서 손실이 급증하던 1986년에 드러납니다. 손실이 이미 2,000억 원이 넘어선 상황에서 추가 선행 투자가 필요하다고 이건희 회장은 이병철 회장을 집요하게 설득했고 임원들의 반대를 무릅쓰고 라인을 증설하게 되죠. 반도체 사업에 투자를 집중한 게 이병철 회장의 판단이었는지 이건희 회장의 설득 때문이었는지는 기록에 따라 다릅니다.

2010년에 출간된《삼성전자 40년사》를 보면 1986년은 "이병철 회장의 판단이 흐려졌다"는 말이 나올 정도로 부정적인 여론이 많았던 것 같습니다. 임원들 사이에서도 "누가 이병철 회장을 말려 반도체 사업을 포기하게 해야 한다"는 말이 돌았다고 하니까요. 결국 임원들이 지시를 거부하고 공사에 들어갔다고 거짓말까지 하면서 6개월 가까이 미루다가 이병철 회장이 "내가 직접 착공식에 참석하겠다"고 밀어붙여 결국 그해 8월 착공에 들어갑니다.

천우신조였을까요. 일본의 덤핑 공세에 미국 반도체 회사들이 먼저 나가 떨어졌고 미국이 일본에 무역 제재를 가하면서 반도체 가격이 급등합니다. 그리고 그 이듬해 반도체 공급이 달리면서 경기가 살아나기 시작하고 라인을 풀 가동해도 주문을 맞추지 못할 정도가 됐죠. 1라인과 2라인으로 버티다가 3라인은 그해 10월에서야 완공됩니다. 이병철 회장은 반도체 경기가 살아나는 걸 못 보고 1987년 11월 세상을 떠난 뒤였습니다.

그게 직감이었을 수도 있고 뚝심이었을 수도 있습니다. 요행이었을 수도 있습니다. 분명한 건 하이 리스크 하이 리턴, 이병철 회장의 결단과 모험이 지금의 삼성전자를 만들었다는 거죠. 알려진 것처럼 경영 수업을 받고 있었던 이건희 회장의 강한 의지가 반영된 결과일 수도 있습니다. 굳이 평가절하할 이유는 없습니다. 장하준 교수 등은 선도적 모험 투자를 재벌 체제의 장점이라고 분석하지 않습니까.

이승협 교수도 이런 사실을 인정합니다. "경영자로서 강력한 리더십을 세우고 기업이 놓인 환경과 기업조직의 능력을 객관적으로 판단해 기업을 환경에 적응시켜 나가는 것이 이건희 회장 신경영의 핵심"이라는 겁니다. 이병철 전 회장 시절 안정과 관리 위주의 경영에서 벗어나 신속한 의사과정과 과감한 결정을 통해 치열한 경쟁에서 살아남는 개혁을 주도했다는 평가가 가능하겠죠.

그러나 김기원 교수는 〈역사비평〉 기고에서 "삼성그룹은 이건희 회장이 반도체 성장을 주도했다거나 불량 휴대폰을 소각시켜 품질경영을 달성했다는 등의 신화를 많이 퍼뜨려왔지만 대부분 과장됐거나 해프닝의 성격이 강하다"면서 "실제로 이 회장이 독자적으로 벌인 자동차, 영상, 골프웨어 사업처럼 실패한 사업이 많았다"고 비판합니다. 역시 잘된 건 회장님 덕분, 실패한 건 임원들 탓으로 정리된다는 거죠.

김기원 교수는 "이건희 회장이 '기업은 2류, 정부는 3류, 정치는 4류'라면서 안하무인이었던 1990년대 중반 삼성그룹은 아들에게 재산을 빼돌리느라 정신이 없었고, 자동차 진출 등 무리한 사업을 추진하느라 위기를 맞게 됐다"면서 "오히려 외환위기 이후 그룹 경영에 이건희 회장이 덜 끼어들면서 발전했다"고 비판합니다. "삼성 개혁의 본질은 이건희 회장의 황제 경영을 혁파하는 것"이라는 이야기입니다.

민주주의 위태롭게 하는
맘몬의 목에 고삐를

돌아보면 지난 2012년 대통령 선거는 경제민주화라는 유령이 이슈를 장악했습니다. 물론 박근혜 대통령이 당선되고 난 뒤에 헌신짝처럼 버려지긴 했지만 생산적인 논쟁도 많고 적어도 문제의식을 드러내는 단계까지는 갔다고 볼 수 있습니다. 그러나 이런 질문을 던져보겠습니다. 순환출자를 금지하면 정말 국민들 살림살이가 나아질까요. 출총제를 부활하면 재벌이 해체되고 일자리가 늘어날까요.

재벌 개혁은 여전히 한국 경제의 중요한 화두입니다. 한국 사회의 어느 누구도 건전한 상식을 가진 사람이라면 재벌 총수 일가의 탈법과 불법 행위를 눈감아주자고 말하지는 않습니다. 그러나 순환출자 금지와 출총제 부활이 한국 경제의 문제를 푸는 만능 해법이 아니고 재벌 문제의 근본적인 대안이 될 수 없다는 것도 인정해야 할 것 같습니다. 냉정하게 돌아볼 필요가 있습니다.

경제개혁연구소에 따르면 10대 재벌그룹 가운데 순환출자 구조를 갖는 7개 그룹이 순환출자를 해소하려면 9.3조 원이 듭니다. 삼성그룹이 1.2조 원, 현대자동차그룹은 6.2조 원인데요. 특히 현대차 그룹의 경우 3년 안에 순환출자 구조를 해소하기는 사실상 불가능할 것으로 보입니다. 박근혜 대통령이야 어차피 기존 순환출자를 인정하겠다고 밝혔지만 만약 문재인 후보가 당선됐다면 순환출자 해소를 명령할 수 있었을까요.

지주회사 체제가 대안인지도 의문입니다. 일찌감치 순환출자를 정리하고 지주회사로 전환한 SK그룹은 최태원 회장의 지분이 0.04%, 회장 일가 지분을 모두 더해도 0.06%밖에 안 됩니다. 그런데 계열사를 통한 내부 지분율은 48.8%나 되죠. LG그룹도 구본무 회장의 지분이 1.26%, 회장 일가 지분은 3.91%밖에 안 되지만 내부 지분율이 33.25%나 됩니다. 적은 지분으로 그룹 전체를 지배하는 상황은 오히려 지주회사에서 더 심각하다고 할 수 있습니다.

흔히 재벌 체제를 이야기할 때 오너 일가가 소수주주들의 이익을 가로챈다고 비판하지만 지주회사로 바뀌면 오너 일가와 소수주주들의 이해가 일치하게 됩니다. 계열사들에 일감을 몰아주고 하청업체와 비정규직 노동자들을 착취하는 고질적인 관행은 지주회사로 전환한 뒤에도 결코 줄어들지 않습니다. 오히려 주주들의 전폭적인 지지를 받는다는 게 차이라면 차이겠죠. 지주회사를 주주 자본주의의 가장 진화된 형태라고 부르는 것도 이런 이유에서입니다.

출총제 역시 마찬가지입니다. 출총제는 노무현 전 대통령 시절 완화됐다가 이명박 정부 들어 폐지됐죠. 새정치민주연합(옛 민주통합당) 역시 책임에서 자유로울 수 없습니다. 부당 내부거래 금지는 노무현 전 대통령 때 후퇴했다가 그나마 이명박 정부 들어 다시 강화됐죠. 새정치민주연합이 다시 집권한다고 해도 크게 다를 것 같지 않다고 보는 것도 이런 이유에서입니다. 재벌 눈치를 봤기 때문일 수도 있지만 현실적인 문제들이 많기 때문입니다.

재벌 개혁이 절실한 과제라는 사실을 부정할 수는 없지만 재벌 개혁만 하면 양극화가 해소되고 일자리가 늘어나고 성장률도 높아질 것처럼 선전하는 것은 너무나도 뻔한 정치적 말장난입니다. 재벌을 건드려서 고용 없는 성장과 양극화를 해결할 수 있다고 믿는 건 재벌이 하는 대로 내버려두면 저절로 경제가 살아날 거라고 믿는 것만큼이나 허망한 일이죠. 장하준 교수와 김상조 교수의 오랜 논쟁이 계속 겉도는 것도 이런 이유에서라고 생각합니다.

경제민주화를 한마디로 요약하면 시장에 대한 민주적인 통제라고 정리할 수 있을 겁니다. 자유방임의 시장이 민주주의를 위협해서는 안 된다는 문제의식에서 출발해서 필요하다면 정치가 경제에 적극적으로 개입해야 한다는 의미일 텐데요. 재벌 개혁도 중요하지만 고용 없는 성장과 소득 불평등 문제를 해결하지 못하면 경제민주화는 의미가 없습니다. 복지 전망이 없는 경제민주화는 거짓이고 비정규직 문제를 돌보지 않는 경제민주화는 위선이고 기만입니다.

순환출자 금지나 출총제 부활, 금산분리 강화 등 못지않게 중요한 것이 최저임금 인상과 비정규직의 정규직화, 그리고 노동자의 경영 참여 확보입니다. 노동자들의 열악한 현실을 방치하면서 재벌만 개혁하면 이들의 살림살이가 나아질까요. 재벌의 이익을 억제하면 죽어가던 중소기업들이 살아날까요.

학자들의 갑론을박과 정치인들의 요란한 구호, 언론의 호들갑보다 더 무섭고 끔찍한 것은 진보 진영의 무기력과 방관이라는 생각이 들었습니다.

곽정수 기자는 한 토론회에서 "삼성에 좋은 것이 대한민국에도 좋은 것이라는 등식은 성립되지 않는다"면서 "오히려 삼성이 잘못되면 우리 사회가 잘못된다, 그래서 우리는 삼성이 잘 되도록 힘써야 한다"고 지적했습니다. "

조국 교수는 김상봉 교수 등과 함께 쓴 《굿바이 삼성》에서 이렇게 정리합니다. "대한민국 헌법은 사적 소유와 재산권을 인정한다. 그러나 이것의 의미가 자본주의를 사적 이윤이 그 어느 다른 이해보다 우위에 있고 따라서 사회도 피고용인도 기업 경영에 어떤 영향도 미치지 못하는 일종의 사회 제도로 이해하라는 것은 아니다. 민주주의의 요청을 무시하고 민주주의를 위태롭게 하는 맘몬의 목에는 고삐를 채워야 한다."

자살한 이건희 회장 매부의
수상쩍은 기부

2006년 10월, 삼성화재 회장을 지냈던 이종기 씨가 일본의 한 호텔에서 숨진 채 발견된 사건이 있었습니다. 자살이었습니다. 향년 70세. 이병철 전 회장이 일본을 방문할 때마다 머물던 그 호텔이었죠. 이종기 씨는 이병철 전 회장의 넷째 사위입니다. 처남인 이건희 삼성전자 회장의 각별한 신임을 받았던 것으로 알려졌으나 말년은 비참했죠. 2000년 은퇴 이후 대외 활동을 접고 해외로 떠돌면서 극심한 우울증을 앓았던 것으로 뒤늦게 알려졌습니다.

〈중앙일보〉 대표이사 부회장까지 지냈던 그의 죽음이 〈중앙일보〉에 한 줄도 실리지 않은 것도 아이러니했습니다. 그의 죽음은 두 달 동안 알려지지 않고 있다가 그해 12월 그가 보유하고 있던 삼성생명 지분 4.7%를 삼성생명공익재단에 기부한다는 내용의 보도자료로 뒤늦게 밝혀졌습니다. 4.7%면 당시 시세로 5,312억 원 규모인데요. 부인과 자녀가 둘 있었지만 이들에게는 한 주도 물려주지 않았습니다.

흥미로운 대목은 이종기 씨의 부인 이덕희 씨가 2014년 이건희 회장의 형 이맹희 씨가 낸 상속 재산 분할 소송에서 상속인 명단에 빠져 있다는 사실입니다. 이맹희 씨가 낸 소장에는 이병철 전 회장의 부인인 고 박두을 씨가 유산의 27분의 6, 이창희, 이건희, 이순희 등 미혼 남매가 27분의 4씩, 그리고 출가한 상태였던 이인희, 이숙희, 이명희 등이 27분의 1씩 상속해야 한다는 내용이 있지만 이덕희라는 이름은 없었습니다. 이게 어떤 의미일까요.

〈중앙일보〉 편집부국장을 지냈던 이용우 씨에게 물어봤습니다. 이병철 전 회장의 집사 역할을 했다고 주장하는 그는 이렇게 설명합니다. "이종기 씨가 넘긴 삼성생명 지분은 1987년 이병철 전 회장이 죽고 난 뒤 상속세를 피하기 위해 차명으로 돌려놓은 재산 가운데 일부였는데 1993년 김영삼 전 대통령이 금융실명제를 실시하는 바람에 묶여 있다가 언론 보도 몇 줄로 재단으로 넘어갔다"는 겁니다.

정작 이종기 씨나 유족들은 이 지분을 만져보지도 못했다는 이야기인데요. 이용우 씨는 "이덕희 씨가 첫째 부인과 사이에서 낳은 딸이 아니라는 이유로 상속 소송에서 배제된 것 같은데 이런 대접을 받는 사람이 남편 명의로 돼 있는 5,000억 원이 넘는 주식을 삼성에 기부한다는 건 상식적으로 이해하기 어렵다"는 의혹을 제기합니다. 애초에 이종기 씨 명의만 빌렸을 뿐 이병철 전 회장의 숨겨진 차명 자산일 가능성이 크다는 겁니다.

이용우 씨는 "이종기 씨가 이건희 일가의 차명 재산 관리인 역할을 하면서 자신을 비롯해 여러 임원들의 이면 계약을 주도했을 가능성이 더 크다"고 주장합니다. 뒤늦게 이종기 씨의 지분에 관심이 쏠리는 건 2014년 2월 이맹희 씨 재판이 마무리되면서 이건희 회장의 차명 재산을 둘러싼 법적 분쟁이 모두 마무리됐기 때문입니다. 민사 재판이라 추적에 한계가 있었지만 이번 재판은 오히려 더 많은 의혹을 드러내고 서둘러 덮은 성격이 짙습니다.

드러난 게 전부가 아니다

이종기 씨의 지분을 둘러싼 의혹은 2007년 삼성 비자금 특별검사 때도 제기됐습니다. 특검은 이건희 회장이 1998년 이종기 씨를 비롯해 삼성그룹 전현직 임원들이 보유한 삼성생명 지분을 사들이는 과정에서 지나치게 낮은 가격에 거래된 사실을 확인하고 삼성생명의 배당금이 이 회장의 차명 계좌로 입금된 사실을 밝혀냈습니다. 특검은 이종기 씨를 제외한 35명의 전현직 임원들이 보유한 지분이 모두 이건희 회장의 차명 재산이라는 결론을 내렸죠.

이건희 회장과 에버랜드가 사들인 삼성생명 지분 34.4%는 이 회장이 차명으로 상속받은 재산이라는 게 특검이 내린 결론이었습니다. 상속세를 피하기 위해 아버지 이병철 전 회장 지분을 임원들 명의로 넘겨받았다가 헐값에 사들였다는 이야기인데요. 특검은 실제로 자금 이동 경로를 밝혀내는 데 실패했지만 여러 정황을 종합하면 이 임원들은 명의만 빌려줬을 뿐이고 주식 매매 대금은 그대로 삼성 계좌로 들어갔을 가능성이 큽니다.

실제로 이종기 씨가 기부한 지분도 차명 주식이었을 가능성은 여러 경로로 확인됩니다. 삼성물산 회장 출신의 현명관 씨는 특검에 출석해서 1988년에 삼성생명 주식을 차명으로 보유하게 됐다고 실토한 바 있고요. 이병철 전 회장이 세상을 떠난 건 1987년, 현 씨가 보유한 지분이 차명으로 보유한 이 회장의 상속 재산이라는 특검의 주장에 모순이 생깁니다. 이종기 씨 보유 지분과 현 씨 지분의 차이를 특검은 제대로 설명하지 않았죠.

이 때문에 김진방 교수는 이건희 회장의 숨겨진 차명 재산이 더 있을 거라고 보고 있습니다. 삼성전자 지분도 차명으로 보유하고 있는 게 있을 수 있고요. 상장기업의 경우 5% 이상 지분 거래를 금융감독원에 신고하도록 되어 있지만 비상장 주식을 쪼개서 사고팔 경우 추적이 쉽지 않죠. 실물 주식을 현금으로 거래하는 경우 매입 경로를 파악하는 데도 한계가 있고요. 특검은 정작 수사 의지가 없었습니다.

김진방 교수는 "지주회사 전환 과정에서 삼성전자와 삼성생명의 연결 고리가 끊기면 이 회장 일가의 지배력이 약화될 텐데, 그에 대한 대비가 있었을 거라고 본다"면서 "숨겨진 차명 주식으로 경영권을 방어하려 할 가능성이 크다"고 여전히 의혹을 거두지 않고 있습니다. 경제개혁연구소 강정민 연구원도 "삼성생명의 경우 지분 변동 과정이 비교적 잘 드러나 있지만 삼성전자는 드러나지 않은 이건희 회장의 차명 지분이 더 있을 수 있다"고 말합니다.

삼성그룹은 임원들이 개인적으로 보유한 주식이라고 주장하다가 말을 바꿨습니다. 특검은 결국 "이건희 회장이 이종기 씨를 제외한 삼성생명의 개인 주주 지분 전체가 1987년부터 차명인 상태로 이 회장이 상속받은 것임을 인정했다"면서 "1998년 12월 31일까지 차명 지분을 신고하면 증여세를 면제받을 수 있었지만 차명 재산의 존재가 약점으로 부각되는 것이 부담스러워 매매의 형식으로 사실상 실명화 절차를 밟은 것으로 파악된다"고 밝혔습니다.

이미 공익재단으로 넘어온 이종기 씨 지분만 차명 재산이 아니라는 삼성의 주장을 그대로 받아들인 것도 이해하기 어렵지만 삼성이 자진납부 형태로 제출한 차명 재산 목록을 그대로 인정해 결과적으로 임원들이 보유한 주식을 이 회장 소유로 명의 전환하도록 돕고 면죄부를 부여하는 결과가 됐죠. 추가로 차명 재산이 드러난다면 모르겠지만 현재로서는 이건희 회장의 차명 재산에 대한 법적인 문제는 모두 정리됐다고 보는 게 맞을 것 같습니다.

재미있는 건 그 다음부터입니다. 특검 이후 이건희 회장은 2008년 말과 2009년 초에 걸쳐 486명 명의의 1,199개 계좌에 분산된 삼성생명과 삼성전자, 삼성SDI 주식 등 4조 5,373억 원 상당의 차명 재산을 모두 명의 전환했습니다. 특검 이후 이건희 회장의 삼성생명 지분은 4.54%에서 20.76%로, 삼성전자 지분은 보통주가 1.85%에서 3.38%로, 우선주 0.05%를 더하면 전체 지분은 1.61%에서 2.94%로 늘어났습니다. 삼성SDI 지분도 새로 0.88% 확보했고요.

삼성생명 주식은 차명으로 보유하고 있었던 상속 재산이라는 게 이건희 회장의 주장인데 삼성전자와 삼성SDI 주식 등은 자금 출처나 매입 경로가 확인된 바 없습니다. 상속 재산이라고 볼 근거가 없다는 이야기죠. 그룹 차원에서 조성한 비자금이라는 의혹도 있었지만 특검 덕분에 고스란히 합법적인 이건희 회장의 재산으로 전환됐습니다. 울고 싶은 아이 뺨을 때려준 격이죠. 뒤늦게 일부 세금을 내긴 했지만 거의 손 안 대고 코를 푼 셈입니다.

이맹희 씨 상속 재판에서는 1987년 삼성전자 주요 주주 184명의 명부를 분석하는 과정에서 차명 주주로 의심되는 68명이 보유한 131만여 주가 새로 발견되기도 했습니다. 이들이 이병철 사망 직후 갑자기 한꺼번에 주주 명부에 오른 데다 주권의 일련번호가 연결돼 있어 조직적으로 관리되던 차명 주식일 가능성이 크다는 주장이었습니다. 의혹 수준일 뿐이지만 특검이 밝혀내지 못한 차명 재산이 얼마든지 더 있을 수 있다는 이야기죠.

이맹희 씨가 밝혀냈다고 주장한 131만 주는 전체 발행 주식의 4.7%, 1987년 기준으로 추산하면 393억 원 규모입니다. 삼성 임원들 월급이 300만 원이던 시절 1인당 평균 4억 5,000만 원 상당의 주식을 실물로 보관하고 있었던 것으로 밝혀졌는데요. 법원은 "상속 재산이라고 볼 근거가 부족하고 설령 그렇다 하더라도 빈번한 거래로 상속 재산이 그대로 남아 있다고 보기도 어렵다"는 논리로 이맹희 씨의 주장을 받아들이지 않았습니다.

삼성생명은 특검 이후 드러난 차명 주식이 이 회장 명의로 실명 전환된 뒤 2010년 주식시장에 상장합니다. 미리 짜놓은 각본처럼 삼성생명을 중심으로 한 지배구조의 골격이 확립됐죠. 이건희 회장과 에버랜드의 상장 차익은 8조 원에 이릅니다. 상장 차익 배분 문제를 두고 논란이 많았지만 삼성생명은 상장에 대비해 단계적으로 유배당 상품을 정리한 뒤라 상장 차익은 고스란히 주주들 몫이 됐고 보험 계약자들은 아무런 혜택도 받지 못했고요.

삼성생명이 보유한 삼성전자의 주가가 오르더라도 삼성생명 보험 계약자들은 아무런 혜택을 볼 수 없습니다. 삼성생명이 일반계정으로 보유한 주식에서 이익이 나면 고스란히 주주들의 몫이 되고 사차(수입 보험료와 지급 보험금의 차액)나 비차(사업비 지급 차액) 등에서 이익이 나도 보험 계약자들에게 돌려주는 일은 없습니다. 사내 현금 유보로 남거나 주주들에게 배당으로 돌아가죠.

이건희 회장 일가가 삼성생명 계약자들이 낸 보험료로 삼성전자를 지배하고 있지만 이건희 회장은 정작 삼성전자 지분이 3.4%밖에 안 된다는 사실도 놀랍습니다. 이 회장의 부인 홍라희 씨가 0.7%, 아들인 이재용 부회장이 0.6%, 다 해도 4.7%밖에 안 됩니다. 그런데도 이들 가족이 삼성전자를 쥐고 흔들 수 있는 건 삼성생명이 보유한 삼성전자 지분 7.6% 때문입니다. 삼성생명을 통한 우회 지배인 셈이죠.

훗날 역사에서 삼성 특검은 자본 권력이 법치주의를 무너뜨린 사례로 기록될지도 모릅니다. 전성인 교수는 "이건희 회장의 차명 재산이나 우회 지배 문제 등은 이미 법원 판단이 내려졌기 때문에 도의적으로 비판할 수는 있어도 법적으로 문제 삼기는 어렵게 됐다"면서 "법원이 이미 면죄부를 줬기 때문에 삼성그룹은 이제 어떻게 상속세를 최소화하면서 아들·딸들에게 지배권을 넘겨주느냐의 문제만 남아 있다"고 설명합니다.

● **이재용**_ 삼성전자 부회장

… # part 10

날로 먹는 재테크,
실력 검증 안 된 황태자

이재용의 삼성 사용설명서

44억 원을 4조 원으로

이재용의 재산 불리기 마법.

계열사 동원해 비상장 주식 헐값 매입……

삼성전자 지분은 0.6%뿐,

에버랜드·삼성생명 통해 우회 지배.

삼성 왕국의 황태자, 이재용 삼성전자 부회장의 재테크 기법은 그야말로 기상천외합니다. 재벌닷컴 추산에 따르면 지난해 6월 기준으로 아버지 이건희 삼성전자 회장이 12조 8,340억 원으로 1위, 정몽구 현대자동차그룹 회장이 6조 8,220억 원으로 2위, 그리고 이재용 부회장이 3조 4,840억 원으로 3위입니다. 아직 상속이 시작되지도 않았는데 말이죠. 이재용 부회장의 재테크 기법은 연구 대상일 뿐만 아니라 역사적 기록으로서도 의미가 있습니다.

이재용 부회장이 재산을 불리는 과정은 재벌 후계 작업의 교과서로 불릴 만큼 정교하고 치밀했습니다. 핵심은 비상장 계열사 주식을 싸게 사서 상장 직후 비싸게 처분하고 지배구조의 중심에 있는 기업 지분을 늘리는 겁니다. 보통 비상장 주식은 사고 싶어도 팔지 않으니 살 방법이 없죠. 게다가 부르는 게 값이라 괜찮겠다 싶은 기업들은 터무니없이 비싸기도 하고요. 그런데 이재용 부회장은 아주 적당한 가격에 알짜배기 계열사 주식들을 확보했습니다.

1995년, 이재용 부회장이 스물일곱 살, 삼성전자 부장이던 시절, 아버지 이건희 회장에게 60억 8,000만 원을 증여받은 게 종잣돈의 전부였죠. 이때 낸 증여세가 16억 6,000만 원, 나머지 44억 2,000만 원으로 비상장 기업이었던 에스원과 삼성엔지니어링 지분을 사들였다가 상장 직후 처분해 그야말로 돈을 긁어들입니다. 1년 만에 44억 8,000만 원이 560억 원으로 불어나는데요. 그룹 차원의 지원이 없었다면 불가능했을 일이죠.

일본 유학 시절, 저절로 불어난 종잣돈

좀 더 자세히 살펴볼까요. 이재용 부회장은 에버랜드가 보유하고 있던 에스원 주식을 1만 9,000원에 사서 30만 원에 팔았습니다. 삼성엔지니어링은 5,000~5,500원에 사서 5만 9,000원에 팔았고요. 에버랜드가 헐값에 주식을 넘긴 것도 문제지만 상장 직후 삼성생명이 집중적으로 에스원 주식을 사들인 것도 의심스럽습니다. 삼성엔지니어링 주식을 삼성생명과 삼성화재가 사들인 시점도 이 부회장이 지분을 내다 판 시점과 일치합니다. 우연치고는 절묘하죠.

물론 공개 시장에서 주식을 사고파는 걸 막을 방법은 없습니다. 그러나 수백 억 원어치 주식을 갑자기 내다 팔면 주가가 확 떨어지기 마련인데요. 삼성생명 등이 이재용 부회장이 쏟아내는 매물을 받아줬다는 의혹이 나오는 겁니다. 살 필요가 없는 주식을 샀거나 필요 이상으로 비싸게 샀다면 역시 삼성생명 주주들에게 배임이 되겠죠. 이재용 부회장의 시세차익을 올려주려고 주가 조작에 동원됐다는 의혹이 제기됐지만 검찰은 모두 무혐의 처리했습니다.

제일기획도 비슷한 수법으로 종잣돈 마련에 동원됐습니다. 이재용 부회장은 1996년 3월 제일기획 전환사채를 사들이고 유상증자에 참여해 20.75%의 지분을 확보한 뒤 1998년 11월 전량을 내다 팔아 140억 원의 시세차익을 남깁니다. 전환사채의 전환가격은

1만 원, 유상증자 가격은 5,000원이었는데 평균 매도 단가는 4만 8,802원이었죠. 이 과정에서도 이 부회장의 지분 처분 시점에 삼성화재가 주식을 대량 매입해 주가를 떠받쳤다는 의혹이 제기됐습니다.

이재용 부회장의 종잣돈은 3년 만에 44억 2,000만 원에서 700억 원 이상으로 불어납니다. 이 과정에서 1996년 12월 에버랜드 전환사채에 48억 3,000만 원을 투자하고 31.9%의 지분을 확보해 단숨에 최대 주주가 됩니다. 직책은 부장이었고 심지어 이때는 일본 와세다대에서 유학 중이었습니다. 물론 삼성 구조조정본부 직원들이 어련히 잘 알아서 사고팔고 해줬겠죠. 열심히 공부하고 있는데 자산이 눈덩이처럼 불어나는 상황이었습니다.

이때까지만 해도 에버랜드가 자연농원이던 시절이었고 놀이공원과 외식사업이 전부였지만 이때부터 이미 삼성그룹은 에버랜드를 중심으로 지주회사 전환을 염두에 뒀던 것으로 보입니다. 가족기업이나 마찬가지였고 부동산 자산이 많아서 지주회사로 가기에 좋다는 판단을 했겠죠. 몇 차례 지분 변동을 거치면서 지금은 본업보다 부업의 비중이 더 늘어나 사실상 삼성그룹의 지주회사 역할을 하고 있습니다.

에버랜드는 2013년 기준으로 매출이 2조 2,260억 원에 영업이익이 1,110억 원, 삼성그룹 계열사 가운데서는 규모가 큰 편이라고 할 수 없습니다. 1963년 12월 이병철 전 회장이 자본금 2억 5,000만원을 투자해 동화부동산이라는 이름의 개인 회사로 출발했죠. 1967년 중앙개발로 이름을 바꿨다가 1997년 에버랜드로 다시 바꿨습니다. 그리고 2014년 7월 제일모직으로 다시 이름을 바꾸게 됩니다. 이 부분은 뒤에서 다시 설명하겠습니다.

잘나가는 회사, 빚내서 회장 아들에게 지분 밀어주기

전환사채라고는 하지만 보름 뒤에 주식으로 전환한 걸 보면 사실상 지분을 매입하기 위한 편법이라고 보는 게 맞습니다. 전환사채 발행을 빙자한 헐값 매각이었던 거죠. 이재용 부회장과 두 동생들이 보유한 에버랜드(제일모직) 지분을 모두 더하면 45.6%가 됩니다. 놀라운 건 이재용 부회장이 에버랜드의 대주주가 된 뒤 에버랜드가 갑자기 삼성생명 지분을 사들이기 시작한다는 겁니다. 에버랜드의 삼성생명 지분은 20.7%로 뛰어오릅니다.

제일모직(에버랜드)→삼성생명→삼성전자→삼성물산·삼성카드·삼성SDI→제일모직으로 이어지는 순환출자 구조가 이때 뿌리를 내린 건데요. 이 과정에서 에버랜드가 전환사채를 이재용 부회장 등에게 헐값에 발행했다는 의혹이 제기됐습니다. 총자산이 8,387억 원에 이르는 회사의 지분 50.2%를 이재용 부회장과 동생들은 단돈 97억 원에 사들였죠. 문제는 이렇게 파격적인 조건인데 기존 주주들이 전환사채 청약을 포기했다는 겁니다.

나중에 에버랜드 사장 등을 상대로 제기된 배임 소송에서 법원은 에버랜드 주식 1주의 순자산가치가 22만 3,659원이라고 밝혔습니다. 이걸 9,000원에 넘겨 받았으니 거의 30분의 1 수준에 사들였다는 이야기가 되겠죠. 만약 여러분이 그때 에버랜드 사장이었다고 생각해보시죠. 22만 원에 팔 수도 있는 전환사채를 9,000원에 팔 이유가 있었을까요? 당장 돈이 필요하지도 않는데 말이죠.

그래서 에버랜드 사장을 맡았던 허태학 씨와 박노빈 씨가 배임 등의 혐의로 재판을 받았습니다. 곽노현 교수 등이 소송을 걸었죠. 이 사람들은 깃털일 뿐 이건희 회장을 직접 수사해야 한다는 이야기도 많았지만 결국 재판까지 갔습니다. 2000년에 고발한 사건을 2003년에 공소시효 만료를 하루 남겨놓고 기소해 2005년 1심과 2007년 2심에서 유죄 선고를 받았습니다. 2심에서는 각각 징역 3년에 집행유예 5년, 벌금 30억 원이 선고됩니다.

그런데 공교롭게도 2008년 삼성 특별검사가 시작되죠. 특검 결과 전환사채를 헐값에 발행한 건 구조조정본부의 지시였다는 사실이 밝혀집니다. 그래서 이건희 회장과 이학수 부회장 등이 배임 혐의로 기소되는데 정작 재판에 가서 이 부분은 모두 무죄가 됩니다. 기존 주주들에게도 전환사채를 인수할 권리가 주어졌다는 이유에서죠. 이재용 부회장에게 전환사채를 준 게 아니라 기존 주주들이

삼성 지배구조 요약

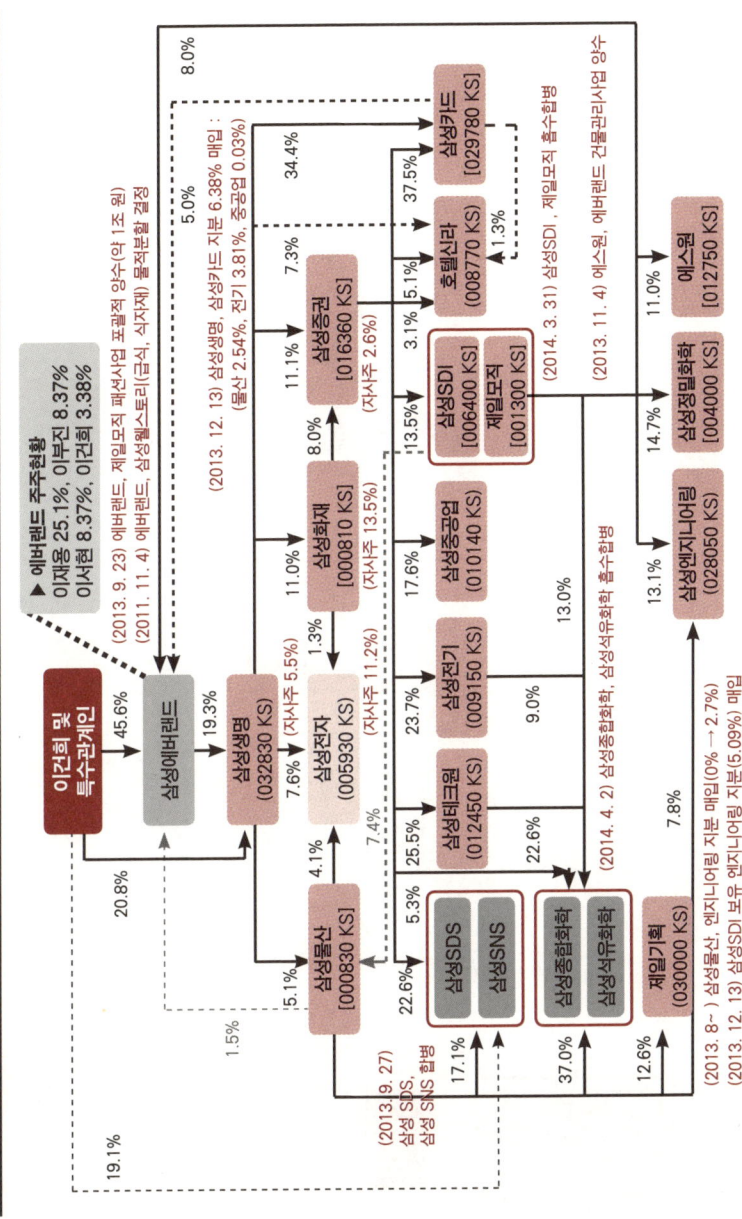

자료 : KDB대우증권

PART 10 날로 먹는 재테크, 실력 검증 안 된 황태자_ 이재용의 삼성 사용설명서

삼성그룹의 주요 순환출자

삼성그룹의 주요 순환출자

범례
금융사
상장사
비상장사

삼성

제일모직(에버랜드) → 삼성생명 → [삼성물산, 삼성카드, 삼성전자, 삼성화재] → [제일모직(에버랜드), 제일모직(에버랜드), 삼성SDI, 삼성전자] → [삼성물산, 삼성전기] → [제일모직(에버랜드), 제일모직(에버랜드)]

삼성전자 → 삼성SDI → 삼성물산 → 삼성전자

자료 : KB투자증권

포기했기 때문에 이재용 부회장에게 기회가 갔다는 겁니다.

허태학 씨와 박노빈 씨는 이미 유죄 판결을 받았는데 알고 보니 시키는 대로 했을 뿐인 깃털이라는 사실이 드러났고 정작 몸통인 이건희 회장 등은 기껏 재판까지 가서 무죄 선고를 받았으니 법원의 입장이 난처해졌죠. 결국 2009년 대법원에서 허태학 씨와 박노빈 씨를 무죄 취지로 파기환송하고요. 당연히 파기환송심에서 무죄 판결이 납니다. 특검이 얼마나 황당무계한 짓을 저질렀는지는 뒤에서 좀 더 자세히 살펴보겠습니다.

이재용 부회장의 돈줄, 삼성SDS의 기업 가치는 30조 원

삼성전자 지분을 확보하는 과정도 비슷했습니다. 1997년 3월 삼성전자가 인텔을 대상으로 발행했던 전환사채 90만 주를 사들였는데요. 전환가격이 4만 9,931원이었는데 그해 3월 24일 기준으로 삼성전자 주가는 5만 6,700원이었습니다. 시가와 차이는 크지 않았지만 역시 특혜 논란이 있었죠. 이 전환사채는 7년 뒤인 2004년 8월 주식으로 전환됐는데 8월 20일 기준으로 43만 4,000원, 449억 원에 사들인 전환사채가 3,906억 원어치 주식으로 불어났습니다.

종잣돈이 에버랜드와 삼성전자에 묶이자 이재용 부회장은 같은 수법으로 비상장 기업 삼성SDS에 손을 댑니다. 1999년 2월, 삼성 SDS가 230억 원 규모의 신주인수권부 사채를 발행하고 이걸 이재용 부회장 남매가 사들이는 거죠. 주식 전환가격은 7,150원, 그 무렵 장외시장에서 5만 4,750~5만 7,000원 정도에 거래되던 주식을 거의 8분의 1 가격에 사들인 셈입니다. 이재용 부회장은 이듬해 이 사채를 주식으로 전환해 지분 8.81%를 확보합니다.

삼성SNS의 전신인 서울통신기술도 같은 수법으로 이재용 부회장의 손에 넘어갔습니다. 1996년 11월, 전환가격 5,000원에 20억 원어치 전환사채를 발행했는데 이재용 부회장이 이 가운데 15억 2,000만 원어치를 사들여 주식 전환 이후 50.2%의 지분을 확보합니다. 그해 말 기준으로 주당 순자산가치가 1만 2,000원이었고 삼성전자가 주당 1만 9,000원에 지분을 인수한 적도 있었습니다. 이재용 부회장이 주당 5,000원에 샀다면 거의 4분의 1 가격에 산 셈이죠.

우여곡절 끝에 삼성SDS와 삼성SNS는 2013년 12월 합병하고 2015년 상장을 앞두고 있습니다. 한영회계법인은 두 회사의 합병 이후 삼성SDS의 시스템 통합SI 사업부문 내부거래가 2013년 1조 3,313억 원에서 2017년에는 1조 8,063억 원으로, 정보통신기술 아웃소싱ICTO 사업 부문도 내부거래가 6,523억원에서 8,550억원으로 늘어날 거라는 전망을 내놓았습니다. 내부거래 비중이 2017년이면 각각 85.3%와 95.0%까지 늘어나게 될 거라는 전망입니다.

이재용 부회장이 삼성SDS 주식 8.81%를 확보하는 데 들인 돈은 주당 7,150원, 단돈 47억 원이었습니다. 여기에 삼성SNS 지분을 매입하는 데 든 돈 15억 2,000만 원을 더하면 62억 2,000만 원. 그런데 합병 이후 장외시장에서 삼성SDS 주가는 30만 원을 웃돌기도 했습니다. 이재용 부회장의 지분 11.25%의 가치는 얼추 계산해도 3조 원이 넘습니다. 내부거래가 늘어나고 삼성SDS의 이익이 늘어나면 이재용 부회장의 자산가치도 치솟겠죠.

잠깐 복습을 해볼까요. 이처럼 이재용 부회장의 3세 승계 작업은 이미 2000년 초반에 마무리됐다고 볼 수 있습니다. 이재용 부회장은 계열사들이 보유하고 있던 에스원과 삼성엔지니어링, 제일기획 등 비상장 기업의 주식을 헐값에 넘겨받아 비싸게 되파는 수법으로 종잣돈을 마련했습니다. 그리고 그 돈으로 에버랜드(제일모직)와 삼성전자, 삼성SDS 등의 지분을 사들여 보유하고 있죠.

이 과정에서 전환사채나 신주인수권부 사채가 동원됐는데 이 기업들은 사채를 발행할 정도로 현금 사정이 좋지 않은 기업들이 아니었죠. 편법 승계 의혹이 제기됐지만 대부분 법원에서 면죄부를 받은 상태입니다. 앞으로 제일모직과 삼성전자 지분은 이재용 부회장이 삼성그룹을 지배하는 권력의 기반이 될 거고 삼성SDS 지분은 적절한 시점에 내다 팔아 현금화해서 다시 다른 계열사에 투자할 가능성이 큽니다.

삼성그룹 지배구조

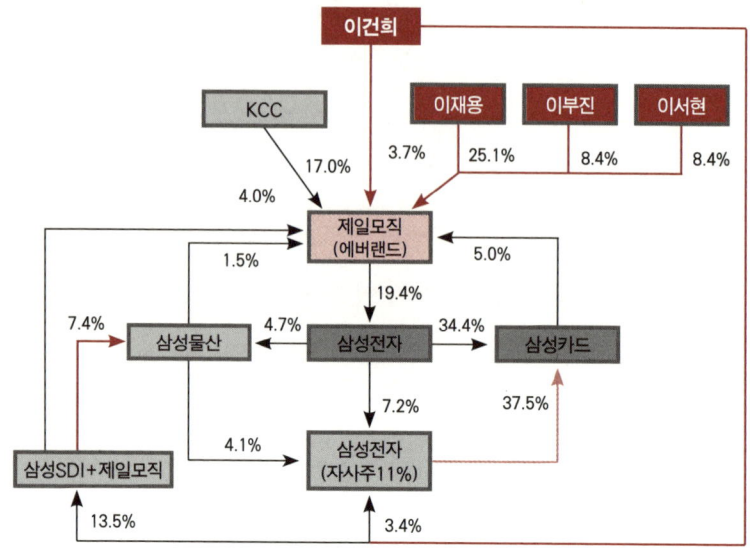

자료 : 키움증권 정리, Dataguide

회장 아드님 회사에 거래 밀어주기,
단가는 묻지 마

여기서 잠깐 삼성SDS가 어떻게 이렇게 빠른 속도로 성장할 수 있었는지 살펴볼 필요가 있습니다. CEO스코어에 따르면 삼성SDS의 2013년 내부거래 비중을 조사해봤더니 전체 매출 4조 6,329억 원

가운데 국내 계열사 매출이 3조 3,096억 원으로 71.4%나 됐습니다. 삼성SDS는 SI 사업을 하는 회사인데 삼성그룹 계열사들이 SI 외주 사업을 대부분 삼성SDS에 맡기고 있습니다. 끼리끼리 해먹는다는 이야기가 나올 만하죠.

구체적으로는 삼성전자에서 나온 매출이 1조 7,397억 원으로 전체 국내 내부 거래의 52.6%를 차지했고요. 삼성디스플레이에서 2,000억 원대, 삼성물산과 삼성중공업, 제일모직, 삼성생명, 삼성화재 등에서 각각 1,000억 원대 매출을 거둬들인 것으로 나타났습니다. 워낙 단가도 높게 쳐줘서 땅 짚고 헤엄치기라는 이야기도 나오죠. 재벌 그룹의 SI 계열사가 부당 내부거래의 온상이라는 건 사실 공공연한 비밀인데요. 삼성SDS는 그 비중이 훨씬 더 높습니다.

SKC&C는 2012년 64.8%에서 2013년에는 49.5%로 줄었고요. LGCNS도 44.1%에서 42.1%로 조금 줄었습니다. 삼성SDS는 2012년 72.5%에서 2013년 71.4%로 조금 줄긴 했지만 매우 높은 편입니다. 삼성SDS가 이재용 부회장의 돈줄이라는 것과 무관하지 않다는 관측이 많은데요. 부당 내부거래라는 이야기가 나오는 건 계열사들이 삼성SDS와 거래할 때 필요 이상으로 단가를 높게 쳐주고 있는 것 아니냐는 의혹 때문입니다.

내부거래 비중은 기준에 따라 조금씩 다른데 금융감독원은 2013년 삼성SDS의 내부거래 비중을 65.5%로 잡고 있습니다. 삼성그룹 계열사 내부거래만 4조 6,158억 원, 2012년 3조 4,462억 원에서 33.9% 늘어난 규모입니다. 해외 계열사들도 대부분 SI 사업을 삼성SDS에 위탁하고 있습니다. 삼성전자 베트남 법인이 4,072억 원, 삼성전자 브라질 법인이 1,762억 원어치의 일감을 밀어줬습니다.

흥미로운 대목은 이렇게 회사가 급성장하는데 직원 수는 크게 늘지 않았다는 겁니다. 2013년 삼성SDS는 매출 4조 6,329억 원에 영업이익이 3,286억 원을 기록했는데요. 2002년과 비교하면 매출 1조 5,511억 원에 영업이익 106억 원으로 가까스로 흑자를 내던 회사가 어마어마한 성장을 한 겁니다. 12년 동안 매출이 3배 이상, 영업이익이 30배 가까이 늘어나는 동안 직원 수가 6,448명에서 1만 3,767명으로 2배 가까이 늘어나는 데 그쳤습니다.

저는 몇 년 전 정보통신기술ICT 노동자들의 열악한 노동 현실에 대해 취재를 하다가 삼성SDS 등 대기업 SI 계열사들의 횡포를 보고 들으면서 혀를 내둘렀습니다. 중소 SI 업체에서 일하는 개발자 박아무개 씨는 거래업체에 나갈 때 삼성SDS라고 찍힌 명함을 들고 다닙니다. 거래업체들에서는 당연히 그가 삼성SDS의 직원인줄 알죠. 그런데 박 씨는 사실 삼성SDS의 하도급 업체 직원입니다.

삼성SDS가 수주한 사업 가운데 일부를 하도급 업체에 넘기는데 이 업체 직원들이 삼성SDS 직원인 것처럼 위장 취업을 하는 거죠. 박 씨는 거의 같은 일을 하는데 연봉은 절반밖에 안 됩니다. 그나마 박 씨 회사의 경우는 1차 하청 업체라 단가가 센 편이고 갑을 관계를 넘어 갑을병정무기까지 내려가는 경우는 월급 100만 원도 못 받고 일하는 개발자들도 많습니다. SI 사업이 사람 장사, 인건비 떼먹기 장사라는 말이 나오는 것도 이런 이유에서입니다.

이런 어처구니없는 일이 SI 업계에서는 이미 오래된 관행으로 굳어져 있습니다. 박 씨의 회사는 심지어 10년 넘게 삼성전자와 직거래를 해왔는데 삼성SDS가 중간에 끼어들었다고 합니다. "앞으로는 삼성SDS를 통해서 일을 받으세요." 그러더니 납품 단가도 크게 깎였습니다. 일거리가 아쉬운 탓에 울며 겨자 먹기로 낮은 가격이라도 일단 잡고 보자는 심정으로 뛰어들 수밖에 없다는 거죠. 그리고 그 부담은 고스란히 개발자들이 짊어지게 되는 겁니다.

최근 자료는 확보하기가 어렵지만 김주일 한국기술교육대학 교수가 2004년 소프트웨어 산업 종사자 1,057명을 대상으로 조사한 결과를 보면 2차 하도급의 경우 원청업체인 대기업이 전체 사업비용의 10~30%를 떼고 1차 하도급 업체가 3~15%를 떼고 나면 결국 2차 하도급 업체에는 87~55%가 남는 것으로 나타났습니다. 제가 취재한 결과로는 절반 이하로 떨어지는 경우도 비일비재하다는 게 업계 관계자들의 이야기였습니다.

그나마 2012년 소프트웨어진흥법이 통과되면서 대기업 SI 업체들은 공공부문 수주가 금지됐지만 그 전에는 대기업들이 싹쓸이하고 하청에 하청을 거치면서 단가가 반 토막으로 깎여 나가는 경우가 대부분이었죠. 삼성SDS 같은 대기업들은 어차피 돈이 안 되니까 적당히 헐값에라도 받아서 하청을 주면 되니까요. 30조 원에 이르는 삼성SDS의 기업가치에는 한국 SI 노동자들의 눈물과 한숨이 담겨 있다고 볼 수 있습니다.

이재용 작품 만들려다 안 되니 계열사에 떠넘기기

이재용 부회장은 삼성전자 부장으로 있던 2000년 e-삼성을 설립해 삼성그룹의 인터넷 사업을 총괄 지휘하면서 본격적인 후계자 수업에 나섭니다. 이듬해에는 입사 9년 만에 상무보로 승진합니다. 서른두 살이었죠. 재미있는 건 이때 이재용 부회장이 미국 하버드대 비즈니스스쿨 박사과정에 있었다는 겁니다. 보통 22년이 걸리는 임원 승진 코스를 해외 유학 기간 동안에 끝낸 겁니다. 그 와중에 인터넷 사업도 벌이고 말이죠.

그러나 안타깝게도 e-삼성은 손대는 사업마다 실패했습니다. 닷컴 열풍이 한창이던 무렵이었고 기회가 넘쳐나는 것처럼 보였죠. 벤처 지주회사 역할을 했던 e-삼성의 포트폴리오는 화려했습니다. 자본금은 100억 원으로 그리 크지 않았지만 웰시아닷컴, 올앳, 이누카, 크레듀, 오픈타이드, 시큐아이닷컴, 가치네트 등 그럴듯한 계열사들을 잔뜩 거느린 닷컴판 삼성그룹 같은 느낌이었죠.

그룹 차원에서 이재용 부회장의 작품으로 포장을 하고 싶었겠지만 실제로는 계열사들을 동원해 공모 형식으로 사업 아이디어를 제출 받아 그 가운데 괜찮은 것들만 추려 법인을 설립했던 것으로 알려졌습니다. 아이디어를 낸 계열사에서 법인 설립 작업을 총괄했고요. 그렇게 만든 계열사가 14개나 됐습니다. 개발 인력은 물론이고 서버와 장비 등을 삼성SDS에서 지원해 부당 내부거래 아니냐는 비판도 있었습니다.

e-삼성이 성공했으면 이 부회장은 일찌감치 능력을 인정받으면서 화려하게 후계자로 나설 수 있었을 겁니다. 그러나 닷컴 열풍은 금방 사그라들었죠. e-삼성이 뛰어들었을 때는 이미 벤처 열풍의 끝물이었습니다. 그리고 정작 플랫폼 사업에 뛰어들기보다는 적당히 눈에 띄는 서비스로 승부를 보려 했던 것도 실패 요인이었습니다. 지나서 돌아보면 닷컴 열풍 때 살아남은 기업들은 플랫폼을 장악한 기업들이었죠.

아니다 싶었던지 삼성그룹은 재빠르게 e-삼성을 철수합니다. 자칫 이재용 부회장이 덤터기를 쓸 수 있다는 판단 때문이었을 겁니다. 사실은 애초에 이재용 부회장의 작품도 아니었고 책임질 상황도 아닌데 말이죠. 미국 유학 중에 가끔 들어와서 조언을 하는 정도였다고 하는데 만약 e-삼성이 잘나간다 싶었으면 완전히 올인을 하고 대대적으로 포장을 했겠죠. 그나마 1년 만에 접은 게 현명한 판단이었다는 평가도 나옵니다.

e-삼성의 실패는 본인의 의사와 무관하게 이재용 부회장에게 깊

은 트라우마를 남겼습니다. 국제 망신이라는 이야기도 나왔습니다. 영국의 〈파이낸셜타임스〉는 "실패한 닷컴 기업을 살리는 쉬운 방법은 아버지의 재벌 회사에 떠넘기는 것"이라면서 "요즘은 하버드 비즈니스스쿨에서 이런 것도 가르치는 모양"이라고 비꼬기도 했죠. 이재용 부회장은 보유하고 있던 e-삼성과 계열사들 지분을 제일기획과 삼성증권 등 다른 계열사들에게 팔아넘깁니다.

참여연대에 따르면 e-삼성의 철수로 다른 계열사들이 입은 손실은 380억 원이 넘습니다. 금액은 그리 크지 않지만 휴지조각이 된 주식을 사들일 이유가 없었죠. 이재용 부회장의 손실을 떠안느라 손실을 입었다면 이 회사 주주들 입장에서는 배임이 됩니다. 당연히 구조조정본부 차원의 지시가 있었을 거라는 추측이 많았죠. 참여연대가 고발을 했지만 검찰 수사는 지지부진했고 정작 특검 수사에서 최종적으로 무혐의로 불기소 처분을 받습니다.

상속도 시작하기 전에 이미
실권 장악

이재용 부회장은 2003년에 상무로 승진한 데 이어 2007년에는 전무로, 2009년에는 부사장으로, 그리고 그해 12월에 곧바로 사장으로, 2012년에는 부회장으로 초고속 승진을 거듭합니다. 2008년 김용철 변호사의 삼성 비자금 폭로 이후 삼성전자 최고고객책임자 CCO에서 물러나 해외 시장을 개척하겠다고 밝혔으나 이듬해 곧바로 복귀했죠. 이재용 프로젝트라고 불렸던 중국 디스플레이 공장 신규 투자 역시 성과가 그리 좋지 않았습니다.

이건희 회장이 삼성전자와 삼성생명, 삼성물산 등에 상당한 지분을 확보하고 있는 것과 달리 이재용 부회장은 제일모직(에버랜드) 주식 25.1%가 핵심 자산이고 정작 삼성전자 지분은 0.57%밖에 안 됩니다. 이밖에 삼성SDS 지분 11.25%와 삼성자산운용 7.7% 등 비상장 기업 지분을 다량 확보하고 있는데요. 특히 삼성SDS가 상장하면 여기서 얻은 시세차익으로 3세 승계를 위한 실탄을 마련할 거라는 관측이 지배적입니다.

삼성SDS와 삼성SNS가 2015년에 합병 이후 상장하면 이재용 부회장의 지분은 11.3%, 6,578억 원 정도가 되는데요. 부당 내부거래 논란이 끊이지 않고 삼성SDS 지분을 인수하는 과정에서도 헐값 매각이라는 비판이 많았지만 이 지분이 향후 이재용 왕국을 건설하는 데 필요한 지분 맞교환의 종잣돈이 될 것으로 보입니다. 삼성SDS를 이재용 부회장의 돈줄이라고 부르는 것도 이런 이유에서죠.

결국 이재용 부회장이 시가총액 300조 원이 넘는 삼성그룹의 경영권을 확보하는 데 든 비용은 1995년 이건희 회장에게 60억 8,000만 원을 증여받으면서 낸 증여세 16억 6,000만 원이 전부입니다. 아버지에 비교하면 보유 지분은 그리 많지 않지만 순환출자 구조의 중심에 있는 삼성생명을 실질적으로 지배하는 제일모직(에버랜드)의 경영권을 확보하고 있기 때문에 영향력은 무시 못 할 수준입니다. 상속이 아직 시작도 안 된 지금도 말이죠.

순환출자의 마법, 900배로 뻥튀기 된 에버랜드

2000년 이전 이재용 부회장의 후계 작업이 종잣돈과 핵심 지분을 확보하는 과정이었다면 2000년 이후에는 에버랜드를 중심으로 순환출자를 강화하는 과정이라고 할 수 있습니다. 이재용 부회장을 비롯해 이부진, 이서현 등 남매가 46.04%를 보유한 에버랜드를 실질적 지주회사로 키워 3남매의 지분 가치를 늘리는 전략인데요. 20년 전부터 착실하게 설계된 시나리오를 따르고 있는 것으로 보입니다.

에버랜드가 일찌감치 1998년 삼성생명 지분을 사들인 것도 이런 장기적인 포석에서였을 가능성이 큽니다. 이재용 부회장이 에버랜드의 최대 주주가 된 직후 에버랜드는 삼성생명 주식을 주당 9,000원에 309억 원어치 사들여 20.7%의 지분을 확보하죠. 비상장 기업이었던 삼성생명 주식은 싸게 살 수 있으면서도 보험 가입자들의 위탁 자산으로 다른 계열사들 지분을 사들일 수 있으니까요. 삼성생명만 잡고 있으면 우회 지배가 가능하게 됩니다.

삼성생명은 야금야금 삼성전자 주식을 사들여 7.6%의 지분을 확보합니다. 취득 원가가 5,690억 원이었는데 주가 130만 원 기준으로 환산하면 보유지분의 가치가 13조 8,096억 원에 이릅니다. 흥미로운 건 이게 다 삼성생명 고객들 보험료를 받아 운용하는 자산이라는 겁니다. 삼성생명이 고객들 돈으로 삼성전자를 지배하고 그 삼성생명을 제일모직(에버랜드)이 지배하는 구조입니다. 제일모직은 이재용 부회장이 지배하고 있죠.

제일모직→삼성생명→삼성전자→삼성물산·삼성카드·삼성SDI→제일모직의 순환출자 구조에서는 제일모직을 지배하면 그룹 전체를 지배할 수 있게 됩니다. 결국 이재용 왕국의 아킬레스 건은 삼성생명이 보유한 삼성전자 지분을 어떻게 처리하느냐인데요. 박근혜 대통령이 이미 선거 공약으로 기존 순환출자는 인정하겠다고 했고 금융산업 분리가 쟁점인데 칼자루를 쥐고 있는 정치권도 비교적 이재용 후계 구도에 우호적인 분위기입니다.

다시 정리해볼까요. 삼성그룹 지배구조의 핵심은 삼성생명이 보유한 삼성전자 지분입니다. 정확하게는 삼성생명 보험 가입자들이 낸 보험료로 삼성전자를 지배하고 있는 상황인데요. 이걸 정리하기에는 삼성전자가 너무 커버렸죠. 삼성생명이 삼성전자 지분을 내다 팔지 않아도 된다면 이재용 후계 구도의 최대 관건은 이건희 회장이 보유한 삼성생명 지분 20.8%와 삼성전자 지분 3.4%를 무난히 물려받는 것입니다.

한국투자증권 분석에 따르면 제일모직은 2013년 말 기준으로 자산 가치가 8조 4,000억 원, 시장 가치는 5조 5,000억 원에서 최대 7조 원으로 추산됩니다. 이재용 부회장이 보유한 지분은 1조 5,140억 원, 여기에 삼성SDS와 삼성전자 지분 등을 더하면 얼추 4조 원에 육박합니다. 1995년의 44억 2,000만 원이 4조 원으로 900배 가까이 불어난 셈이죠. 더욱 놀라운 건 이 기상천외한 머니 게임이 아직 현재 진행형이라는 겁니다.

조승현 교수는 "이사회가 특수 이해관계인 등에게 주식 등을 발행할 때는 그 발행 요건을 보다 엄격하게 하고 주주총회에서 소액 투자자들의 발언권을 강화하는 방안이 필요하다"고 지적합니다. 조 교수는 "비상장 주식 평가 방법에 대한 보다 면밀한 검토가 있어야 하고 전환사채나 신주인수권부 사채 등의 발행이 경영권 승계 목적일 경우 누진하거나 배가해서 추징하는 입법과 함께 사법적으로 무효화하는 절차가 반드시 필요하다"고 주장했습니다.

제일모직(에버랜드) 주주현황

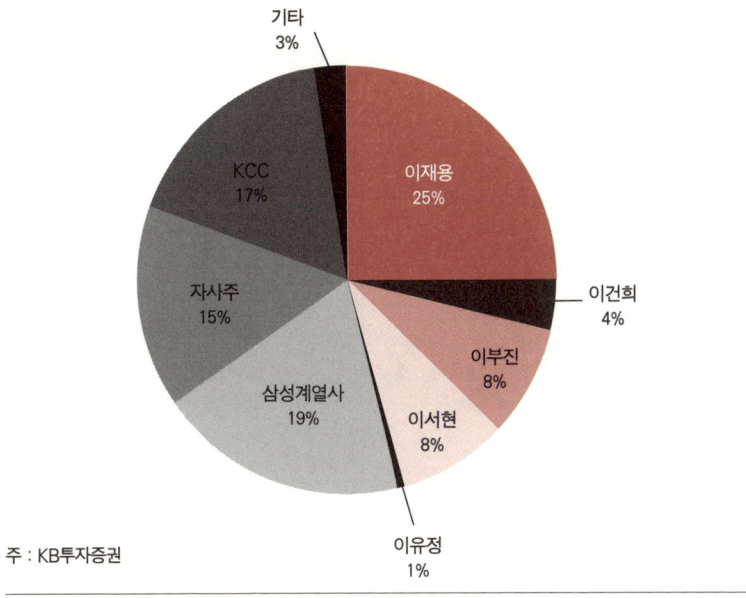

주 : KB투자증권

이재용 남매 보유 자산

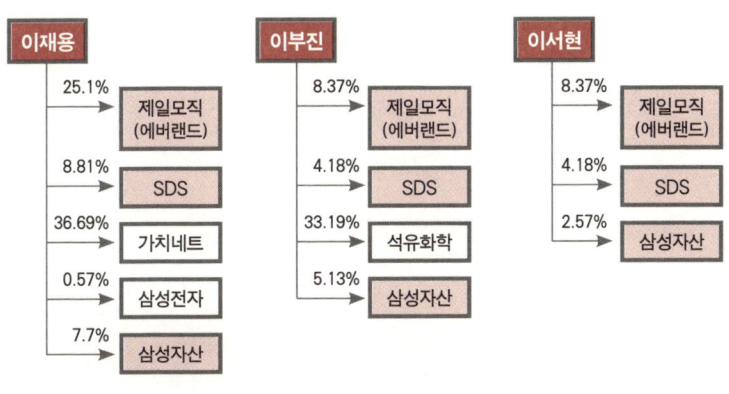

자료 : 이트레이드증권 리서치본부

지배구조 변화 예상

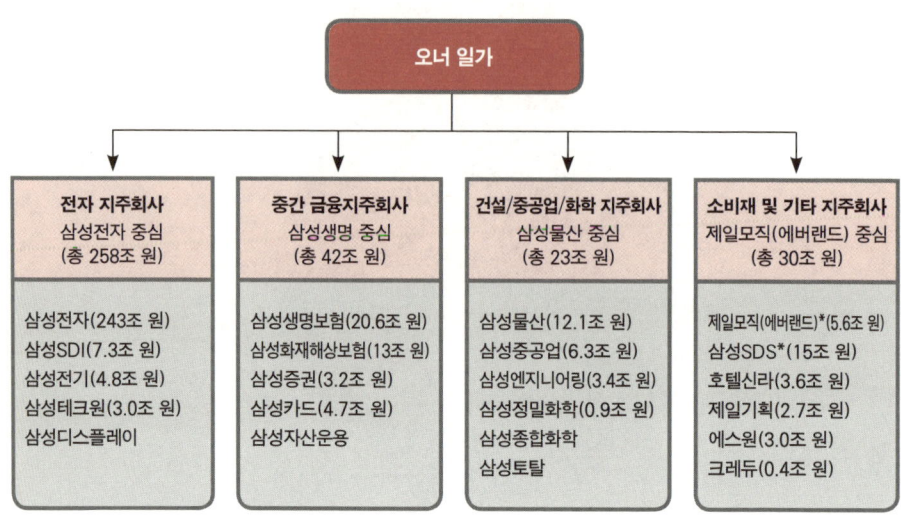

자료: KB투자증권 추정 및 정리
주: 시가총액은 2014년 6월 3일 종가 기준, 비상장 자회사인 삼성에버랜드 5.6조와 삼성SDS 15조 원
(Pstock 장외주가 가격 기준)은 별도 기준으로 추정함

최종 예상 지배구조

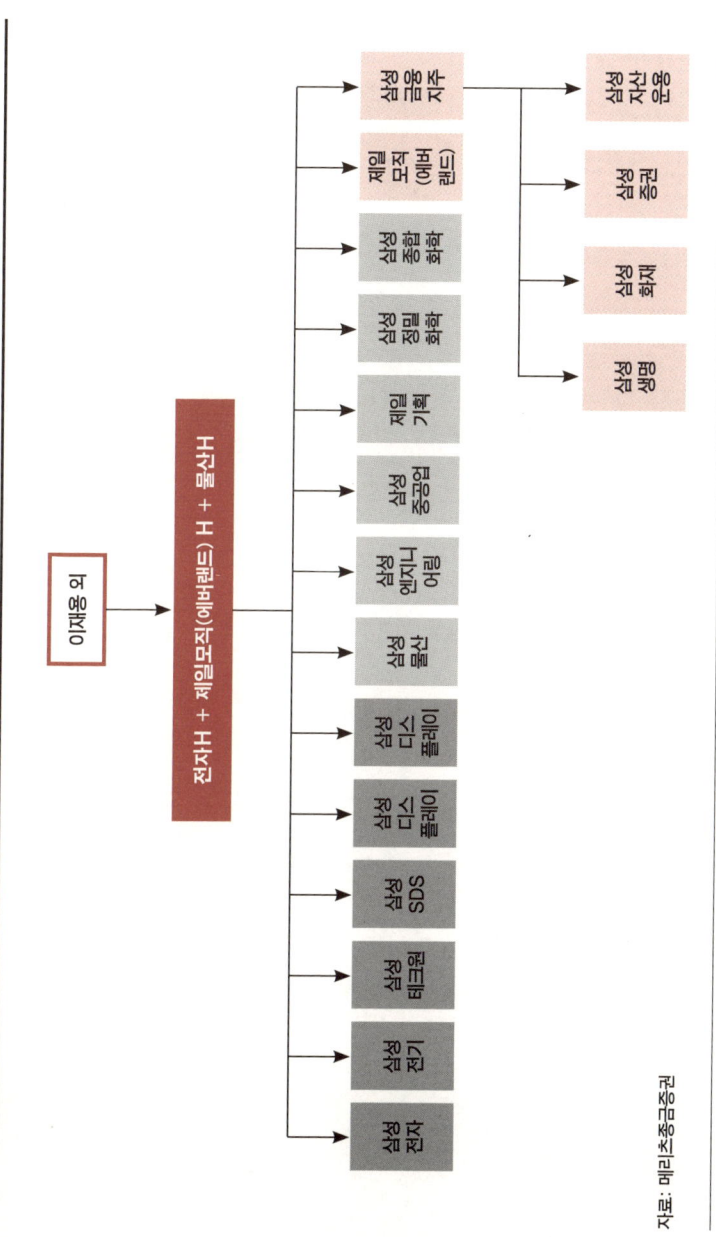

자료: 메리츠종금증권

PART 10 날로 먹는 재테크, 실력 검증 안 된 황태자_ 이재용의 삼성 사용설명서

부록

이재용 후계 구도 시나리오의 8가지 변수

사실 이재용 부회장의 후계 구도는 마무리 단계에 접어들었습니다. 삼성그룹의 지주회사 역할을 하고 있는 제일모직(에버랜드)의 최대주주고 제일모직을 중심으로 삼성생명과 삼성전자, 그리고 다른 계열사들을 지배하는 수직적 순환출자 구조가 이미 완성돼 있죠. 그러나 아버지의 재산을 물려받고 상속세를 내고 경영권을 그대로 넘겨받기까지는 몇 가지 해결해야 할 과제들이 있습니다.

먼저 배경 설명부터 해볼까요. 삼성그룹의 지배구조 개편에는 몇 가지 중요한 전제 조건이 있는데요. 첫째, 삼성생명이 보유한 삼성전자 지분을 처분하더라도 삼성전자에 대한 삼성그룹의 내부 지분 비율은 유지돼야 한다. 둘째, 상속세를 다 내고도 이재용 부회장 남매의 지배력이 아버지 시절보다 줄어들어서는 안 된다. 셋째, 순환출자 구조를 정리하더라도 지금처럼 모든 계열사들을 지배할 수 있어야 한다.

이런 상황이 바람직하다는 이야기가 아니라 이재용 부회장이라면 이런 전제 조건을 두고 지배구조 개편 시나리오를 검토할 거라는 분석입니다. 이 복잡미묘한 퍼즐을 맞추면서 삼성그룹 계열사들의 지분 변동 내역을 추적해보면 지배구조 개편의 방향을 가늠할 수 있습니다. 일단 이재용 부회장은 삼성전자와 삼성생명 가운데 어느 하나도 포기할 의사가 없는 것처럼 보입니다.

상속세 65%,
최대 6조 원은 어떻게

이재용 부회장이 아버지 이건희 회장에게 물려받을 재산이 어느 정도 되는지부터 살펴볼까요. 먼저 상장회사 지분은 삼성전자 지분이 3.4%, 삼성생명 지분이 20.8%, 제일모직(에버랜드) 지분이 3.7%, 그리고 삼성물산과 삼성종합화학 지분이 각각 1.4%와 1.1%씩 있습니다. 재벌닷컴 집계에 따르면 2014년 5월 기준으로 1년 평균 주가로 환산한 결과 이것만 해도 11조 7,180억 원에 이릅니다. 그리고 비상장 주식이 4,790억 원 정도 되는 걸로 평가됩니다.

여기에 부동산이 공시가격 기준으로 6,780억 원 정도 더 있는데 얼추 다 더하면 13조 원 정도가 됩니다. 상속세 최고세율 50%가 적용되지만 여러 가지 상속세를 줄이는 합법적인 수단이 있기 때문에 실제로 내야 할 상속세는 적게는 3조 원에서 많아봐야 5조 원 정도가 될 거라는 게 전문가들의 관측입니다. 이왕이면 상속 전에는 삼성전자와 삼성생명 등의 주가를 낮은 상태로 두는 게 유리하겠죠.

이재용 부회장의 재산은 3조 9,640억 원 정도로 추산됩니다. 상장회사 주식은 삼성전자 지분 0.6%가 1조 2,220억 원, 비상장 회사 주식으로는 제일모직 지분 25.1%, 삼성SDS 지분 11.3%, 삼성자산운용 지분이 7.7% 등 2조 6,900억 원, 그리고 기타 재산이 520억 원 정도 됩니다. 이걸로는 상속세 5조 원을 낼 수가 없죠. 제일모직과 삼성전자는 무조건 보유해야 하기 때문에 당장 팔 수 있는 지분은 삼성SDS 정도밖에 없고 말이죠.

어머니인 홍라희 여사도 재산이 상당합니다. 삼성전자 지분이 0.7%로 아들보다 더 많죠. 주식 1조 5,460억 원어치와 부동산 등 기타 재산이 310억 원, 모두 1조 5,770억 원으로 이재용 부회장의 절반 정도 규모입니다. 동생들, 이부진 호텔신라 사장과 이서현 제일모직 사장은 각각 1조 1,290억 원과 1조 640억 원 정도입니다. 둘 다 제일모직 지분이 8.4%씩, 삼성SDS 지분이 4.2%씩, 1조 원 정도 되고요. 부동산이 조금씩 있습니다.

이재용 부회장이 삼성그룹을 물려받으려면 그룹의 핵심인 삼성전자에 대한 영향력이 줄어들면 안 됩니다. 그런데 이재용 부회장의 삼성전자 지분은 0.6%밖에 안 되죠. 이건희 회장이 보유하고 있는 3.4%를 그대로 물려받을 수 있으면 좋겠지만 문제는 상속세입니다. 2013년에 상속법이 개정돼 주식 현물로는 낼 수 없고 현금으로 내거나 현금이 없으면 주식을 처분해서 현금을 만들어야 합니다. 5년 동안 나눠서 내는 것도 가능합니다.

이재용 부회장은 다른 재산을 처분해서 상속세를 내더라도 삼성전자 지분을 그대로 물려받으려 할 가능성이 큽니다. 아버지 어머니 지분을 다 더해도 많은 지분은 아니니까요. 이재용 부회장에게 가장 좋은 그림은 지금처럼 제일모직과 삼성생명으로 삼성전자를 우회 지배하면서 삼성전자 지분도 그대로 물려받는 건데요. 삼성생명이 보유한 삼성전자 지분은 상황에 따라 처분해야 할 가능성도 생각해야 합니다.

　유력한 시나리오는 크게 2가지입니다. 첫째, 삼성생명을 계열 분리하고 제일모직(에버랜드)을 중심으로 지주회사 체제를 구축하는 시나리오가 있고요. 둘째, 삼성생명을 통해 삼성전자 등에 영향력을 행사하는 구조를 유지하되 3남매가 사업부문을 나눠 맡는 시나리오도 가능합니다. 그러나 첫 번째 시나리오는 삼성생명이 보유한 삼성전자 지분이 골칫거리고 두 번째 시나리오는 공정거래법이나 금산분리 이슈 등이 발목을 잡을 우려가 있습니다.

불가능한 특명, 제일모직을 지주회사로

최근 움직임을 보면 이재용 부회장은 제일모직을 지배구조의 중심축으로 가져가되 삼성SDS 등의 지분을 상속세 납부에 필요한 실탄으로 쓸 가능성이 큽니다. 삼성SDS는 순환출자 구조에서 빠져 있어 지분을 내다 팔더라도 지배구조에 미치는 영향이 크지 않죠. 상속 시점까지 최대한 삼성SDS의 기업 가치를 높여 비싸게 팔아서 현금을 마련하는 전략으로 가려고 할 겁니다.

　좀 더 구체적으로 제일모직(에버랜드)이 2015년 봄에 상장할 계획이라는 발표부터 살펴볼까요. 2014년 5월 이건희 회장이 쓰러져 병원에 실려 간 뒤 한 달 뒤에 나온 갑작스러운 발표였습니다. 에버랜드가 상장해서 얻는 게 뭘까요. 지금처럼 제일모직을 통해 삼성생명과 삼성전자를 우회 지배하는 게 가장 손쉬운 방법일 텐데 말이죠. 가장 가능성 높은 추론은 제일모직을 지주회사로 전환하고 삼성전자 등과 합병을 모색하는 시나리오입니다.

일단 제일모직이 지주회사로 전환할 게 아니라면 굳이 상장을 할 이유가 없습니다. 상장을 한다는 건 뭔가 시장에서 가치를 인정받을 필요가 있다는 이야기일 테니까요. 지금까지도 지주회사 역할을 해왔지만 본격적으로 지주회사 전환이 시작되는 것 아니냐는 추측에 힘이 실립니다. 이재용 부회장이 상속세를 다 내고도 적은 지분으로 그룹 전체를 지배하려면 지금 같은 순환출자 구조로는 한계가 있다는 판단 때문일 겁니다.

거슬러 올라가면 이재용 부회장의 상속 작업이 본격화된 건 2013년 9월 무렵부터였습니다. 먼저 에버랜드가 제일모직의 패션사업부문을 인수해 제일모직으로 회사 이름을 바꿨죠. 인수대금은 1조 500억 원. 이에 앞서 삼성물산이 8월부터 장내에서 삼성엔지니어링 지분을 야금야금 사들여 1.8%를 확보했습니다. 삼성SDS와 삼성SNS의 합병을 발표한 게 그해 9월이었고요. 그리고 2014년 3월에는 삼성SDI와 제일모직이 합병을 선언했습니다. 2014년 4월에는 삼성종합화학과 삼성석유화학이 합병을 선언했고 2014년 9월에는 삼성중공업과 삼성엔지니어링도 합병을 선언했습니다.

이쯤 되면 도대체 어떻게 돌아가는 건지 감이 잡히지 않죠. 일단 제일모직이 패션 사업을 에버랜드에 넘긴 건 어차피 말만 제일모직일 뿐 패션 사업의 비중이 크게 줄어든 상태이기 때문에 크게 의미를 두기 어렵습니다. 제일모직의 첨단소재 사업을 삼성SDI에 넘긴 건 선택과 집중 전략으로 해석할 수 있을 거고요.

삼성SDS와 삼성SNS의 합병은 기업가치를 키워 상장 이후 이재용 부회장에게 최대한 현금을 몰아주려는 의도로 해석할 수 있습니다. 삼성종합화학과 삼성석유화학의 합병은 지주회사 전환을 앞두고 지배구조를 단순화하려는 차원일 가능성이 큽니다. 삼성중공업과 삼성엔지니어링의 합병은 조금 예상 밖이었는데요. 삼성물산이 삼성엔지니어링 지분을 계속 사들였기 때문에 삼성물산이 인수할 거라는 관측에 힘이 실렸죠.

삼성물산은 삼성그룹 순환출자 구조에서 중요한 역할을 차지합니다. 우선 삼성물산이 삼성전자 지분을 4.1%나 확보하고 있죠. 삼성전자가 삼성SDI 지분을 20.4%, 그리고 삼성SDI가 삼성물산 지분을 7.2% 보유하고 있습니다. 삼성물산→삼성전자→삼성SDI→삼성물산의 순환출자 구조를 이루고 있으면서 삼성물산과 삼성SDI가 각각 삼성엔지니어링과 삼성종합화학 등의 지분을 보유하고 있죠.

삼성 지배구조의 또 다른 아킬레스건, 삼성물산

문제는 정작 이건희 회장이 보유한 삼성물산 지분이 1.7%밖에 안되고 삼성생명이 보유한 4.8%와 삼성SDI가 보유한 7.2%를 다 더해도 13.7%밖에 안 된다는 겁니다. 이재용 부회장은 그나마 한 주도 없습니다. 삼성물산 자사주 6.4%를 더해도 겨우 20% 수준입니다. 이 때문에 삼성그룹이 적대적 인수합병의 공격을 받는다면 삼성물산이 목표가 될 거라는 관측도 있었죠. 이재용 부회장 입장에서는 삼성물산에 대한 영향력을 확대할 필요가 있습니다.

그래서 유력하게 거론되는 시나리오가 제일모직과 삼성물산이 합병하는 시나리오입니다. 삼성물산은 삼성전자의 2대주주입니다. 삼성생명이 계열 분리된다면 삼성물산이 지배구조의 중심에 놓고 판을 다시 짜야 한다는 이야기죠. 그나마 이재용 부회장이 제일모직의 최대주주니까 제일모직과 삼성물산을 합병할 수 있다면 삼성물산의 삼성전자에 대한 지배력을 그대로 가져올 수 있습니다.

이 시나리오를 뒷받침하는 근거가 많습니다. 당초 예상과 달리 삼성엔지니어링이 삼성물산과 합병하지 않고 삼성중공업과 합병한 걸 보면 건설 사업부문을 통합·강화하려는 시도로 이해할 수 있습니다. 합병 이후 삼성중공업과 삼성엔지니어링의 건설 사업부문을 따로 분할하고 여기에 삼성물산이 물산과 건설 사업부문으로 분할해 건설 사업부문을 넘기는 시나리오 말이죠. 삼성물산은 지주회사로 통합하는 시나리오라는 거죠.

문제는 이건희 회장 일가가 보유한 삼성물산 지분이 너무 적어서 제일모직과 합병하는 과정에서 지분이 희석될 수 있다는 겁니다. 제일모직 패션 사업부문을 인수한 것도 삼성물산과 합병에 대비해 제일모직의 기업 가치를 높이려는 시도로 해석할 수 있습니다. 증권가에서는 제일모직의 보유 부동산 등의 가치가 저평가되어 있어 자산 재평가를 거치면 1대 1 합병도 가능할 거라는 분석도 나옵니다. 제일모직이 독자적으로 상장하는 방안도 거론됩니다.

삼성SDI와 삼성전기, 삼성물산 등이 보유한 제일모직 지분을 이재용 부회장 등이 미리 사들이는 방안도 가능하겠죠. 이 경우 이재용 부회장 가족의 지분이 32.7%까지 늘어납니다. 거꾸로 이재용 부회장 등이 그룹 계열사들이 보유한 삼성물산 지분을 미리 사들이는 방안도 가능합니다. 삼성SDI와 삼성생명 등이 보유한 삼성물산 지분을 사들이면 이재용 부회장 가족의 지분이 최대 29.5%까지 늘어납니다. 자연스럽게 순환출자 문제도 해결되고요.

삼성전자가 지주회사로 전환하고 삼성생명을 계열 분리하는 시나리오도 함께 진행할 수 있습니다. 이건희 회장이 보유한 삼성생명 지분과 삼성생명이 보유한 삼성전자 지분을 맞바꾸는 거죠. 일단 이건희 회장은 삼성전자 지분이 늘고 삼성생명은 자사주가 늘어나겠죠. 삼성전자를 사업회사와 지주회사로 분할하고 이건희 회장이 보유한 사업회사 지분을 지주회사의 자사주 지분과 맞바꿉니다. 그럼 이건희 회장의 지주회사 지분이 늘어나겠죠.

이건희 회장의 지분을 모두 이재용 부회장에게 넘기지 않고 일부 또는 전부를 에버랜드에 증여하는 방안도 대안으로 거론됩니다. 어차피 에버랜드는 이미 이재용 부회장 남매가 꽉 잡고 있죠. 이건희 회장의 삼성전자 지분 일부를 이재용 부회장이 상속하고 일부는 제일모직에 증여하는 방식으로 쪼개면 상속세 부담을 줄일 수 있고 제일모직을 통해 계열사들에 미치는 영향력도 그대로 유지할 수 있습니다.

김칫국부터 마시는
중간금융지주회사

제일모직과 삼성물산이 합병해서 지주회사가 되고 그 밑에 삼성전자가 중간지주회사로, 그리고 삼성생명이 중간금융지주회사로 들어가는 시나리오도 검토해볼 수 있습니다. 제일모직+삼성물산이 삼성전자와 삼성생명을 지배하고 각각 제조업 계열사들과 금융업 계열사들을 수직적으로 지배하는 구조인데요. 이 시나리오의 문제는 아직 중간금융지주회사라는 게 법적으로 허용돼 있지 않다는 겁니다.

공정거래법에 따르면 일반 지주회사가 금융 자회사를 두는 건 불가능합니다. 애초에 제일모직+삼성물산 지주회사가 삼성생명을 자회사로 둘 수 없다는 이야기죠. 그리고 금융지주회사법에 따르면 비은행 금융지주회사가 비금융 자회사를 소유할 수 없습니다. 삼성생명이 금융지주회사로 전환하려면 보유하고 있는 삼성전자 지분을 모두 처분해야 합니다. 정권 차원의 특혜가 아니면 삼성전자와 삼성생명을 둘 다 가져가기는 거의 불가능하다는 이야기죠.

이건희 회장이 보유하고 있는 삼성생명 지분 일부를 공익재단에 증여해 우회상속하거나 제일모직에 증여해 간접 지배하는 방안도 가능할 겁니다. 삼성생명을 지주회사와 사업회사로 분리하고 삼성생명이 보유한 삼성전자 지분 일부와 이재용이 물려받게 될 사업회사 지분을 맞교환하는 방안도 거론됩니다. 삼성전자에 주력하되 삼성생명도 놓으려고 하지 않을 거라는 이야기죠. 동생들과 삼성생명을 나눠서 지배하는 것도 가능할 거고요.

정작 상속세는 크게 문제될 것 같지 않습니다. 앞서 살펴봤던 것처럼 삼성SDS를 과감하게 내다 팔고 나머지는 5년에 걸쳐 나눠서 내면 되는데요. 상속세가 3조 5,000억 원이라고 가정하고 삼성SDS 지분을 팔아 2조 원을 만들었다면 1조 5,000원이 남죠. 삼성전자가 배당을 조금만 늘린다면 물려받은 삼성전자 지분에서 나오는 배당만 그대로 세금으로 내도 충분히 해결될 것으로 보입니다.

이렇게 보면 삼성전자가 그동안 주주들에게 배당을 짜게 주면서 사내 유보금을 늘려왔던 것도 이재용 부회장의 후계 구도를 위한 포석으로 해석할 수 있습니다. 이재용 부회장이 상속을 받고 난 뒤에 배당을 늘려서 현금이 들어오면 그걸로 상속세를 내면 되겠죠. 주주들 입장에서야 누가 회장이 되든 주가가 오르면 행복해 할 테니까요. 배당까지 두둑하게 주면 불만이 없을 거고요.

이재용 부회장의 생각은 뭘까요. 외부의 관측은 무성하지만 삼성그룹은 아직 지주회사 전환을 공식화한 적 없습니다. 법적으로 불가능하다는 걸 알고 있을 테니까요. LG그룹이나 SK그룹에서 보듯이 지주회사로 전환하면 총수 일가의 지배력이 더욱 확대됩니다. 다만 지금은 중간금융지주회사 등이 법적으로 불가능한 상황이기도 하고 삼성생명이 보유한 삼성전자의 지분을 정리하는 과정에서 지배력이 오히려 위축될 우려도 있습니다.

이재용 부회장 입장에서는 지금이 가장 좋고 딱히 지주회사가 절실한 상황은 아니죠. 다만 문제는 이건희 회장이 쓰러져 누워 있기 때문에 마냥 미룰 수도 없다는 겁니다. 결국 국회에서 삼성 특별법이든 이재용 특별법이든 만들어서 중간금융지주회사를 허용해주거나 과도기적으로 금융산업 분리 규제를 완화해주거나 지주회사 요건을 완화해주지 않는 이상 일단 버티는 수밖에 다른 대안이 없는 상황입니다.

중간금융 지주회사

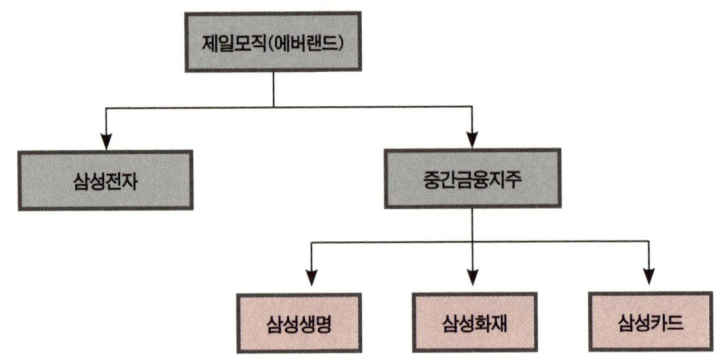

자료 : 한국투자증권

정권 따라 오락가락, 금융산업 분리 원칙

또 하나 변수는 지금은 삼성생명의 최대주주가 이건희 회장인데 상속 과정에서 이건희 회장의 지분을 그대로 물려받지 못하면 제일모직이 최대주주가 되고 자동으로 금융지주회사가 된다는 겁니다. 지금은 이건희 회장이 20.8%, 에버랜드가 19.3%로 이건희 회장 지분이 살짝 더 많아서 금융지주회사가 아닌데요. 제일모직이 삼성생명의 최대주주가 돼서 금융지주회사로 분류되면 비금융 계열사들을 내다 팔아야 하는 복잡한 상황이 됩니다.

다시 정리해볼까요. 제일모직이 지주회사가 되면 삼성생명을 정리해야 하고 금융지주회사가 되면 삼성전자를 정리해야 됩니다. 하나의 지주회사 아래 둘 다 가져갈 방법은 없습니다. 중간금융지주회사를 만들면 된다고 하지만 그건 아직 희망사항일 뿐이고요. 금융산업 분리 원칙에도 어긋납니다. 공정거래법을 바꾸려면 국회 의결을 거쳐야 할 텐데요. 그야말로 삼성을 위한 특별법이 될 텐데 여론의 반발이 만만치 않을 겁니다.

결국 이재용 부회장은 삼성전자가 더 절실하게 필요하지만 삼성생명도 포기할 수 없는 상황입니다. 오히려 이건희 회장이 보유한 삼성생명 지분을 그대로 상속받고 삼성전자 지분을 제일모직에 현물출자하고 유상증자에 참여해 제일모직 지분을 크게 높여 삼성전자를 간접 지배하는 방안도 거론됩니다. 이 과정에서 삼성생명의 삼성전자 지분 가운데 일부와 제일모직이 보유한 삼성생명 지분을 맞교환하면 제일모직의 삼성전자 지배력을 높일 수 있겠죠.

문제는 이런 과정을 거쳐도 제일모직의 삼성전자 지분이 6.72%밖에 안 된다는 겁니다. 그래서 삼성전자를 지주회사와 사업회사로 분할해서 제일모직이 삼성전자 지주회사를 지배하고 이 지주회사를 통해 삼성전자 사업회사와 다른 계열사들을 지배하는 시나리오도 나옵니다. 제일모직이 사업회사 지분을 지주회사에 현물출자·유상증자를 실시하면 지분을 최대 30%까지 끌어올릴 수 있을 거라는 분석도 가능합니다.

송원근 교수는 "비은행 중간금융지주회사를 인정하는 것은 산업자본의 금융자본 지배를 금지하는 금산분리 원칙을 위배하는 것이며, 더 근본적으로는 어떤 형태의 지주회사 제도든 그 자체로는 재벌 총수의 지배권을 약화시킬 수 없는 한계를 가진다는 점에서도 신중하게 고려할 문제"라고 지적했습니다. 그리고 "삼성 입장에서도 순환출자 고리가 모두 끊어지는 데다 비용 측면에서도 감당하기가 쉽지 않을 것으로 보인다"는 분석입니다.

전성인 교수는 "삼성이 원해서 중간금융지주회사로 간다면 막아야 하고 오히려 지금 시급한 건 금산분리 원칙을 철저하게 적용해 삼성그룹의 시스템적 위기를 차단하는 일"이라고 강조합니다. "일부에서는 지주회사가 삼성그룹의 지배구조 대안인 것처럼 거론하고 있지만 삼성 입장에서는 지주회사 바깥에서 금융 계열사를 통해 순환출자 구조를 유지하고 있는 지금 상황이 가장 만족스러울 텐데 굳이 변화를 서두를 이유가 없는 상황"이라는 분석이고요.

금산분리 강화는 박근혜 대통령의 선거 공약이기도 했습니다. 금융회사가 보유한 비금융 계열사 지분의 의결권 상한을 특수 관계인을 포함 15%까지 허용하되 금융회사의 의결권을 최대 10%에서 단계적으로 5%까지 줄이겠다고 했었죠. 삼성전자의 경우 금융 계열사 보유 지분이 8.74%, 특수 관계인 지분을 더하면 17.67%나 되기 때문에 이 가운데 1.07%의 의결권이 사라지게 됩니다. 호텔신라의 경우 같은 계산으로 의결권이 4.76%나 줄어들게 되고요.

당초 금융회사의 비금융 계열사 의결권을 전면 제한하기로 했다가 15%까지 허용하기로 한 것도 삼성그룹의 강력한 로비 때문이라는 게 업계의 정설이었습니다. 국회 분위기를 보면 그나마 남은 금융회사 의결권을 축소할 가능성은 낮습니다. 가뜩이나 삼성전자 실적이 휘청거리는 상황에서 과반 의석을 확보한 새누리당의 의지가 없다면 금산분리 규제가 지금보다 더 강화될 것 같지 않습니다.

보험업법 개정안이라는 폭탄

국회에서 논의가 지지부진하지만 보험업법 개정안도 중요한 변수입니다. 삼성생명은 삼성전자 지분을 7.6% 보유하고 있는데 이 개정안이 통과되면 이 가운데 상당 부분을 내다 팔아야 합니다. 이건희 회장은 그동안 삼성생명 보험 가입자들이 낸 보험금으로 삼성전자 지분을 사들여 삼성전자와 다른 계열사들을 지배해왔는데 이런 간접적인 지배구조가 불가능하게 된다는 이야기죠.

현행 보험업법에서는 보험회사가 취득원가 기준으로 자기자본의 60%, 총자산의 3% 이내에서 계열사 지분을 보유할 수 있습니다. 그러나 개정안에서는 취득원가가 아니라 시가로 계산하도록 바뀌는데요. 삼성생명이 보유한 삼성전자 등 계열사 지분의 취득원가는 4조 원이 안 되지만 시가로 계산하면 19조 원에 이르죠. 개정안이 통과되면 삼성생명은 이 가운데 15조 원 가까이를 처분해야 합니다.

2014년 6월 삼성생명이 보유한 삼성물산 지분을 삼성화재에 넘기고 삼성생명이 삼성화재가 보유한 삼성생명 지분을 넘겨받은 것도 보험입법 개정안 통과에 대비해 계열사 지분을 정리하고 삼성생명을 금융지주회사로 전환하려는 의도로 해석할 수 있습니다. 금융지주회사로 전환하려면 자회사 지분을 상장 기업의 경우 30%, 비상장 기업의 경우 50% 이상 확보해야 합니다.

삼성생명은 삼성화재 지분을 14.98%, 삼성증권을 11.14%, 삼성카드를 34.1%씩 보유하고 있는데 추가로 지분을 확보해야 합니다. 삼성카드의 최대주주는 37.45%를 보유한 삼성전자인데 삼성생명이 이 지분을 일부 넘겨받아 최대주주가 돼야 하고요. 이 과정에서 금융 계열사들이 보유한 비금융 계열사들 지분을 내다 팔아 현금을 마련할 가능성이 큽니다. 삼성생명은 삼성전자와 삼성중공업, 호텔신라 지분을 각각 7.6%와 3.4%, 7.3%씩 보유하고 있습니다.

김진방 교수와 인터뷰할 때 이런 질문을 던져봤습니다. "교수님이 이재용 부회장이라면 삼성전자와 삼성생명 가운데 어떤 걸 가져가겠습니까." 김진방 교수는 "저 같으면 금융을 선택하겠습니다"고 하던데요. 안정적이고 보유 지분에 비해 많은 지배력을 행사할 수 있으니까요. 가족 기업으로도 적절하고요. 반면 제조업은 변수가 많고 자자손손 물려주기에는 위험 부담이 크다는 이야기죠.

이은정 경제개혁연구소 연구원은 "삼성이 가장 원하는 방식은 삼성생명이 삼성전자 지분을 계속 보유하면서 지주회사로 전환하는 방식이겠지만 현행 법 체계에서 불가능하다"고 지적한 바 있습니다. 에버랜드가 보험지주회사가 되고 삼성생명이 자회사로 들어가 일반지주회사나 비금융회사를 손자회사로 지배하는 방식을 말하는 건데요. 그러려면 금융지주회사법을 개정해 보험사가 비금융회사를 지배할 수 있도록 하는 추가적인 법 개정이 필요합니다.

이상헌 하이투자증권 연구원도 제일모직의 지주회사 전환 가능성을 낮게 보고 있습니다. "포스트 이건희 시대에는 3세 경영인 혼자서 그룹 전체를 경영하기에는 리스크가 너무 크다"는 겁니다. 고 이병철 회장이 자녀들에게 전자(삼성)와 유통(신세계), 식품(CJ), 제지(한솔) 부문을 분할해 승계시켰듯이 포스트 이건희 시대도 이재용 남매에게 분할 승계하는 방식으로 갈 가능성이 크다는 분석입니다.

전자와 생명, 둘 중에 하나만 가질 수 있다면

김진방 교수는 이재용 부회장이 삼성전자와 삼성생명을 둘 다 갖는 건 어렵거나 매우 힘든 일이 될 거라고 보고 있습니다. 실제로 록펠러나 카네기는 1대에서 끝났지만 JP모건은 가족기업으로 성장했습니다. 김진방 교수는 "지금도 삼성생명을 거치니까 그룹 전체를 지배할 수 있는 것이지 삼성전자만으로는 불가능하다"고 지적합니다. 만약 이재용 부회장이 삼성생명을 버리고 삼성전자만 갖는다고 해도 지배력이 훨씬 약화될 거라는 이야기입니다.

반면 전성인 교수는 오히려 삼성생명이 훨씬 더 위험하다고 보고 있습니다. "본격적인 인구 고령화가 시작되면서 생명보험사들의 재무 건전성이 크게 악화될 가능성이 크다"는 분석인데요. 지금까지는 생명보험이 돈을 긁어모았지만 앞으로는 돈 나가는 일이 훨씬 많을 거라는 이야기죠. 국민연금이 기금 고갈 우려가 끊이지 않는 것처럼 민간 보험사들도 심각한 위기에 직면할 거라는 경고입니다.

이재용 부회장 입장에서도 삼성생명을 통한 우회 지배는 지속가능하지 않다는 판단을 할 수 있습니다. 삼성생명이 보유한 삼성전자 지분은 결국 고객들 위탁 자산입니다. 어느 상황이 되면 팔아서 현금으로 만들어 보험금으로 지급해야 한다는 거죠. 전성인 교수는 "국가 경제에 미치는 위험을 줄이기 위해서라도 삼성전자와 삼성생명의 계열 분리가 반드시 필요하다"고 주장합니다.

물론 이재용 부회장의 후계 구도를 준비하는 사람들도 이런 위험을 알고 있을 거라고 생각합니다. 금융산업 분리 규제도 있고 보험업법 개정안도 있고 삼성생명이 보유한 삼성전자 지분은 이번 기회에 어떻게든 정리하고 가는 게 안전하다는 판단을 하고 있을 거라는 거죠. 지주회사 전환에 관심이 없는 것처럼 언론 플레이를 하면서도 지주회사 전환에 대비해 금융 계열사와 비금융 계열사 지분을 정리하고 있는 것도 이런 이유에서입니다.

이부진·이서현 사장이 어떻게 될지도 궁금하시죠. 일단은 이재용 부회장을 중심으로 삼성전자와 삼성생명에 대한 영향력을 강화하는 데 집중할 가능성이 큽니다. 지주회사로 전환하고 경영권이 안정된 다음 일부 계열사들을 계열 분리해 독립할 거라는 이야기죠. 이부진 사장은 삼성물산 사업회사를 중심으로 삼성엔지니어링과 호텔신라, 삼성종합화학 등을 갖고 이서현은 제일모직 패션 부문을 다시 분리하고 제일기획을 얹어가는 시나리오가 떠돕니다.

애초에 제일모직이 지주회사로 전환할 가능성이 낮다는 분석도 있습니다. 이재용 부회장 혼자서 그룹 전체를 경영하기에는 리스크가 너무 크다고 보기 때문이죠. 고 이병철 회장이 자녀들에게 전자와 유통, 식품, 제지 부문을 분할해 승계시켰듯이 상속 과정에서 이재용 남매도 그룹을 분할 승계할 가능성이 크다는 분석입니다. 삼성전자와 삼성생명을 동시에 담기에는 무리수가 따른다는 거죠.

한동안 3남매가 제일모직을 공동 경영하면서 사업 부문을 책임 경영하다가 일정 시점이 지나면 출자 지분을 정리해 계열 분리를 시도할 것으로 보입니다. 한때 이건희 회장이 이부진 사장에게 마음이 기울었다는 소문도 있었습니다만 지금은 어느 정도 교통 정리가 끝났다는 분석이 지배적입니다. 무엇보다도 이재용 부회장이 제일모직과 삼성전자 등의 지분을 훨씬 더 많이 확보하고 있기 때문에 이제 와서 주도권이 뒤집힐 가능성은 낮습니다.

결국 이건희가 바라는 대로 갈 가능성이 크다

여러 전망을 종합하면 삼성그룹은 한동안 순환출자 구조를 유지하면서 제일모직을 중심으로 삼성전자에 대한 지배력을 확대하고 비상장 계열사 지분을 늘리면서 본격적인 후계 구도를 준비하고 있는 것으로 보입니다. 정치권에서 금산분리 완화는 기본이고 순환출자를 예외적으로 추가 허용하거나 상속세를 파격적으로 완화하는 특혜를 쏟아낼 가능성도 배제할 수 없습니다.

분명한 것은 정치적 배려가 없다면 이재용 부회장이 이건희 왕국을 그대로 물려받는 게 불가능할 뿐만 아니라 자칫 그룹이 공중분해될 수도 있다는 사실입니다. 그렇지만 이재용 부회장 주변을 보면 그다지 다급해 보이지는 않습니다. 어떤 계기를 기다리고 있는 것처럼 말이죠. 삼성 쪽에서 먼저 요청을 할지 정치권에서 누군가가 먼저 제안을 할지는 모르겠습니다. 어떤 식으로든 삼성 특별법에 대한 이야기가 나올 겁니다.

전성인 교수의 표현에 따르면 게임의 룰을 어기는 수준을 넘어 게임의 룰을 바꾸려는 시도가 진행 중입니다. 언젠가 인터뷰에서 전성인 교수가 했던 말로 정리하겠습니다. "불편하면 법을 바꿔서라도, 필요하다면 국회의원 300명을 모두 매수해서라도 수단과 방법을 다 동원해서 이재용 후계 구도를 만들려고 할 텐데요. 언론이 바람을 잡고 정치권도 눈치를 살피고 있습니다. 결국 이건희와 이재용이 원하는 대로 갈 가능성이 크다고 봅니다."

| 에필로그 |

신자유주의의 희생양에서 초국적 자본으로 변신한 재벌

"삼성은 왕조 체제다. 후계 구도도 이런 맥락에서 보면 된다."

제가 참여하고 있는 '삼성을 생각하는 언론인 포럼' 월례 모임에서 이런 이야기가 나왔습니다. 왕조 체제에서는 왕이 죽기 전에는 아들이 왕이 될 수 없죠. 병석에 누워 있어도 마찬가지입니다. 후계 이야기를 꺼내는 것조차 조심스럽죠. 실제로 삼성그룹에서는 이건희 회장의 형 이맹희 씨가 잠깐 회장 행세를 하다가 아버지 이병철 회장에게 버림받은 적이 있습니다. 모든 권력은 왕에게 집중돼 있고 왕세자는 왕의 살아생전에 2인자도 될 수 없습니다.

이병철과 이건희 회장은 평가하기에 따라 다르지만 삼성그룹을 세계적인 기업집단으로 키워낸 탁월한 경영자였습니다. 과연 이재용 부회장도 그럴까요. 왕조 체제에서는 아들이 왕이 되는 게 당연하지만 왕이 무능할 경우 나라 전체가 불행해집니다. 아들이 하나뿐이고 딸에게는 애초에 기회조차 없다면 더욱 선택의 여지가 없죠. 안타깝게도 이재용 부회장이 할아버지와 아버지 정도의 경영

능력을 갖추고 있는지는 검증된 바가 없습니다.

처음 기획했을 때 이 책의 원래 제목은 '삼성 사용설명서'였습니다. 이건희 회장의 사용설명서이기도 하고 언젠가 이재용 부회장의 사용설명서도 될 것이고요. 아울러 한국 사회가 삼성을 어떻게 사용하고 있고 사용해야 하는지에 대한 논의를 담아낼 생각이었습니다. 그런데 원고를 작성하다 《한국의 경제학자들》로 건너뛰게 된 건 이 사용설명서에 담긴 복잡한 논의 구조를 좀 더 집중적으로 살펴봐야겠다는 생각에서였습니다.

이를테면 10년 가까이 뜨거운 감자 취급을 받고 있는 금융산업 분리는 오히려 지엽적인 이슈입니다. 왜 분리를 해야 하느냐 그리고 분리하면 또는 분리하지 않으면 어떤 일들이 벌어지느냐를 먼저 논의해야 할 텐데요. 순환출자 금지 역시 마찬가지고요. 주장과 주장이 충돌할 뿐 조금도 앞으로 나아가지 못하고 있습니다. 서로의 입장 차이만 확인할 뿐 계속해서 같은 이야기를 반복하고 있기 때문이죠.

아이러니한 건 이재용 부회장의 후계 구도를 인정하느냐 마느냐를 실컷 논의하고 있는데 이미 후계 구도는 마무리 단계에 이르렀다는 사실입니다. 허용하느냐 마느냐와 관계없이 현행 제도에서도 충분히 이건희 회장의 왕국을 황태자에게 물려줄 수 있다는 이야기죠. 상속세도 다 내고 말이죠. 장하준 교수가 2014년 8월, JTBC 인터뷰에서 "금산분리 규제를 다 지키면서 상속세를 완납할 경우 경영권 방어가 불가능하다"고 말한 건 절반 정도만 맞습니다.

아마도 금산분리를 해야 하는 상황이라면 할 겁니다. 힘겨운 지분 맞교환을 계속하고 선택과 집중을 해야겠지만 삼성생명을 계열분리해서 삼성전자와 별개의 그룹으로 만드는 것도 가능할 거고요. 지주회사로 전환하면 일부 계열사에 지배력을 상실하더라도 전체적으로는 상당부분 지배력 승수가 높아지는 효과가 발생합니다. 회장의 지위를 잃는 일은 없을 거라는 거죠. 상속세도 삼성전자 배당 등을 최대한 우려내면 충분히 감당할 수 있는 수준입니다.

물론 쉬운 과정은 아닙니다. 그러나 언젠가는 상속을 해야 할 거고 상속세도 내야겠죠. 그리고 현행 제도에서도 2017년부터는 금산분리 원칙에 따라 삼성생명의 삼성전자 의결권이 줄어들게 됩니다. 당장 버티는 건 좋지만 어떻게든 변화가 필요한 시점이라는 이야기입니다. 만약 사회적 분위기가 금산분리를 강제로 적용해야 한다고 하면 힘들지만 그렇게 갈 수 없는 건 아닙니다.

순환출자 해소나 내부거래 금지 등도 삼성에게는 별다른 큰 위협이 안 됩니다. 여차 하면 지주회사로 전환하면 되고 내부거래 금지 역시 이익이 조금 줄어드는 정도일 테니까요. 이재용 부회장에게 최악의 시나리오는 보험업법 개정안이 통과된다거나 일부에서 주장하는 계열분리 명령제 같은 게 도입돼서 강제로 삼성그룹을 찢어놓는 상황인데요. 현실적으로 그렇게까지 갈 가능성은 높지 않습니다.

지금까지 우리가 이 책에서 살펴본 것처럼 한국 경제의 중요한 쟁점 가운데 하나는 자본 권력이 국가 권력과 결탁했거나 오히려 국가 권력을 주무르고 있다는 관점입니다. 다른 층위에서는 스스로를 잠식하는 시장의 탐욕을 어떻게 제어할 것인가의 문제가 있습니다. 재벌이 국가 권력과 결탁해 기득권을 강화하고 있다는 관점이나 재벌이 신자유주의와 결합해 국민경제에서 이탈하고 있다는 관점이 모두 가능하죠.

재벌과 타협을 하든 재벌의 약점을 공격하든 재벌이 국민경제에 복무하도록 유인하려면 재벌과 국가 권력의 결탁을 차단하는 게 우선입니다. 어느 쪽이든 결국 국가가 실행 주체가 돼야 할 테니까요. 재벌이 먼저 타협하자고 나설 이유도 없겠지만 지금까지 우리가 경험했듯이 정부와 국회는 재벌의 영향력에서 자유롭지 못합니다. 타협의 상대방이 같은 편이니 애초에 동등한 거래가 성립할 수가 없죠.

결국 삼성과의 싸움을 넘어 삼성이 이미 장악한 국가 권력과의 싸움이 돼야 할 거라는 이야기입니다. 소액주주 운동 정도로 이건희·이재용 부자를 움직일 수 없습니다. 법 위의 삼성, 그 서슬 퍼런 특검 수사도 헤쳐 나왔던 사람들이니까요. 아울러 재벌과 한국 사회가 공존하는 국가 차원의 성장 전략도 고민해야 하겠죠. "권력은 이미 시장에 넘어갔다"고 개탄하고 있을 때가 아닙니다.

신장섭 교수가 김우중 전 대우그룹 회장을 인터뷰해서 쓴 《김우중과의 대화》에는 이런 이야기가 나옵니다. 대우그룹이 무너졌을 때 한국 정부는 공적자금을 투입해 살려낸 다음 GM에 매각했죠. 그리고 10년 뒤 GM이 무너졌을 때 미국 정부도 GM의 지분을 인수해 유동성을 거의 무제한 공급해서 살려냅니다. 한국은 새로운 주인을 찾아줬지만 미국은 시장에 내놓았다는 게 차이죠.

김우중 전 회장은 대우그룹이 기획 해체됐다고 주장하고 있는데요. 논란의 여지가 있는 부분이지만 이른바 글로벌 스탠더드를 받아들여 기업의 부채비율을 강제로 낮추도록 하고 유동성 위기로 몰아넣었던 것은 사실입니다. 초국적 자본이 국가 권력을 장악한 결과라고 해석할 수도 있을 텐데요. 재벌이 희생양이 됐다는 분석도 어느 정도 유효하고요. 그렇지만 IMF 이후 17년 동안 재벌이 초국적 자본화됐다는 분석이 오히려 더 설득력을 갖습니다.

박형준 연구원이 지적한 것처럼 탈정치화된 시장도 존재하지 않고 탈정치화된 국가도 존재하지 않습니다. 완벽하게 잘 작동하는 효율적인 시장이 김상조 교수의 환상인 것처럼 신자유주의에 맞서 싸우는 국가를 기대하는 장하준 교수의 이론도 현실적이지 않다는 이야기가 되겠죠. 국가 권력과 결탁한 자본 권력, 또는 자본 권력에 지배당한 국가 권력을 사회적으로 통제해야 한다는 결론은 식상하지만 가장 원론적인 접근이기도 합니다.

왕이 무능하면 백성들이 고통을 받지만 삼성 같은 재벌 체제에서 회장이 무능하면 그룹 전체가 위기를 맞거나 아예 망할 수도 있습니다. 장하준 교수는 국민연금이 실질적으로 삼성전자를 지배하되 이재용 부회장에게 경영을 맡겨서 검증해보자는 제안을 했죠. 발상을 전환하면 이재용 부회장이 지배를 하되 경영에서 물러나는 그림도 가능할 겁니다. 할아버지와 아버지가 일궈온 그룹의 명운을 걸고 힘에 부치는 모험을 할 필요가 없다는 거죠.

재벌이 한국 경제의 성장 동력이었다는 관점과 오히려 경제력 집중으로 생태계를 무너뜨리고 있다는 관점이 충돌합니다만 분명한 건 3세 경영으로 들어가면서 삼성이 직면한 위험이 한국 경제의 시스템 리스크가 될 수도 있다는 겁니다. 흔히 대마불사라고 하지만 과거 경험으로 보면 대마가 무너지면 최종 대부자는 국가가 되죠. 국가적인 리스크 관리 차원에서라도 이재용 부회장의 경영권 승계 문제를 사회적 논의의 영역으로 끌어낼 필요가 있습니다.

지구 반대편의 스웨덴 모델이 해법이 될 수 없고 모든 문제를 일거에 쾌도난마하는 대타협이 현실적으로 가능하지 않다는 것도 분명합니다. 삼성의 영향력을 과소평가할 필요도 없지만 과대평가할 이유도 없고요. 다만 재벌 의존적인 성장 전략과 기득권을 유지·강화하는 분배 시스템을 전면적으로 다시 설계할 필요가 있습니다. 백가쟁명의 논쟁을 뛰어넘는 정치경제학적 상상력이 필요할 때입니다.

| 책 속 인명노트 |

● **김기원**_ 한국방송통신대학교 교수

"소인국의 걸리버는 다른 소인국과의 전쟁에서 큰 공을 세운다. 그런데 걸리버가 혹시 술에 취하거나 나쁜 마음을 먹으면 나라가 위태롭다. 그래서 결국 걸리버는 추방당한다. 삼성도 걸리버와 비슷하다. 술 취하지 않게 하는 일 못지않게 삼성이 나쁜 마음 먹지 않게 하는 일도 중요하다. 삼성의 덫을 해체하는 작업이 요청되는 바다."

● **김상조**_ 한성대학교 무역학과 교수, 경제개혁연대 소장

"기관 투자자가 상당한 정도의 지분을 장기간 보유하면서 경영진에 견제의 압력을 가하는 주주 행동주의를 실현할 때 비로소 이사회 중심의 내부통제 장치가 효과적으로 작동할 수 있는 것이다. 그런데 한국에서는 대부분의 기관 투자자가 피투자 기업과 직간접적인 이해관계로 얽혀 있기 때문에 소극적 투자자의 위상을 벗어나지 못하고 있다."

● **김성구**_ 한신대학교 국제경제학과 교수

"재벌의 사회화를 관철할 수 있는 정치적 힘이 뒷받침되지 않는다면 경제민주화는 1인 1표주의의 이념이 아니라 현실적으로는 재벌에 대한 사회적 통제와 제한으로 나갈 수밖에 없다. 재벌의 소유구조를 해체하고 자유경쟁 질서를 확립하는 것은 불가능하거나 위험한 길이기도 하다."

- **김상봉**_ 전남대학교 철학과 교수

"지금 우리가 기업을 민주화하지 못할 까닭이 무엇인가. 왕을 단두대에 올리고 선거를 치러 대통령과 국회의원들을 선출했던 프랑스 사람들처럼. 아니 바로 우리가 6월 항쟁으로 독재 정권을 무너뜨리고 대통령 직선제를 쟁취한 것처럼 우리 역시 우리 시대의 폭군인 재벌 총수들을 모두 몰아내고 노동자들이 선거를 통해 사장을 선출하면 안 될 까닭이 무엇인가."

- **김정호**_ 연세대학교 경제대학원 특임교수

"기업이 성공해서 규모가 커지면 세상이 의심과 증오와 질투의 눈길을 보내고 공식적인 법과 제도 역시 불이익을 가하기 시작한다. 성공한 자를 견제하고 실패한 자를 동정하는 것이 인간 본성의 자연스러운 일부이긴 하지만 그러다 보면 성공에 대한 동력이 줄어들 수 있어 걱정이다. 국가가 제대로 하지 못한 책임을 성공한 대기업에 떠넘기는 지경에 와 있다."

- **김진방**_ 인하대학교 경제학부 교수

"외국 투기자본의 경영권 위협 같은 건 실재하지 않는다. 핵심은 지배주주와 외부 주주와의 갈등인데 외부 주주에게 희생을 요구하고 지배주주와 정부가 사회적 타협을 끌어낸다는 건 전혀 불가능한 이야기다. 건강한 기업을 만드는 것은 지배주주의 기업가 정신이 아니라 오히려 외부 주주의 위협이다."

- **송원근**_ 경남과학기술대학교 경제학과 교수

"지주회사 전환이 오히려 재벌 체제를 더욱 공고하게 만드는 결과를 초래했다. 출자 관계가 정리된 것만으로 지배구조가 개선됐다고 보기 어렵다. 오히려 지주회사의 수익을 늘리기 위해 자회사들과 부당 내부거래가 늘어날 수도 있고 한 계열사의 부실이 다른 계열사에 확산되는 걸 막기도 어렵다."

- **신장섭_ 싱가포르 싱가포르국립대학교 경제학과 교수**

"미국은 전문경영 체제의 본산인 것처럼 알려져 있지만 가족경영 기업들이 전문경영 기업들보다 매출액 증가율이나 이익 증가율에서 더 좋은 성과를 올려왔다. 영국도 그렇고 프랑스도 그렇다. 개발도상국 기업들은 두말할 나위 없다. 가족경영 기업들이 보다 장기적인 안목에서 사업을 하기 때문이다."

- **신정완_ 성공회대학교 사회과학부 교수**

"소유 지배권을 특권적으로 보장받는 대가로 재벌 총수 가문이 제공해줄 수 있는 것은 무엇일까. 재벌 총수 가문의 소유 지배권을 보장해주는 대가로 투자와 고용 증대, 고율 조세 납부를 받아내자는 것은 막대한 현찰을 주는 대가로 액수도 얼마 안 되고 현금 회수 여부도 불확실한 어음을 받는 것과 비슷한 일일 것 같다.

- **유종일_ 한국개발연구원(KDI) 국제정책대학원 교수**

"재벌들 오너 경영에 장점이 있다고 일각에서 자꾸 주장하는데 지금 성공하고 살아남은 것만 갖고 이야기하니까 그런 거다. 자식에게 물려줬더니 개판 쳐서 망한 기업들이 얼마나 많은데. 정책적으로 현재 있는 법만 잘 지켜도 해결될 문제들이다. 일감 몰아주기나 이런 식으로 편법 상속하는 것을 철저히 차단하는 게 필요하다."

- **유진수_ 숙명여자대학교 경제학과 교수**

"가난한 부모가 맏아들을 대학에 보낸 선택이 잘못됐다고 단정할 수 없는 것처럼 정부의 선택과 집중 전략이 한국의 고도성장에 크게 기여한 것은 사실이다. 성공한 맏아들이 그래야 하듯이 기업과 부자들도 자신들의 성공 과정에서 암묵적인 비용을 지불한 국민들에게 보상을 해야 하는 것은 당연하다."

- **유철규**_ 성공회대학교 경제학부 교수

"IMF 외환위기 훨씬 전부터 한국 내부에서 신자유주의를 가장 적극적으로 도입하자고 주장했던 세력이 재벌이다. 한국에서 신자유주의의 특징 가운데 하나는 산업화시기의 국가 지원으로 말미암아 모호해진 사적 소유권을 확립해 노동에 대한 지배권을 확립하고 암묵적으로 재벌에 부여되던 사회적 책임을 회피하는 것이다."

- **윤창현**_ 서울시립대학교 경영학과 교수

"실제로 중요한 것은 소유지배구조가 아니라 기업의 성과다. 기업은 이익을 내야 한다. 이익을 못 내고 손해가 나면 퇴출당하고 수많은 투자자들의 돈이 다 날아가버린다. 소유지배구조와 기업의 성과는 상관이 없다. 피라미드 구조나 순환출자 구조는 세계 어느 나라에나 다 있다. 구조 자체를 문제 삼는 나라는 우리나라밖에 없다."

- **이병천**_ 강원대학교 경제학과 교수

"재벌이 지금까지의 주주 이익 극대화 지향 및 국제 금융자본의 요구와 거리를 두고 노동자와 하청 중소기업, 지역사회 등 여타 이해 당사자와 협력·공생 관계에 들어가는 사회적 시민기업 또는 동반자 기업으로 거듭날 때 비로소 논란 많은 재벌의 경영권 보호와 역사적 대타협, 노사정 사회적 합의 의제의 실마리도 풀릴 것이다."

- **이찬근**_ 인천대학교 무역학과 교수

"SK 사태에서 드러났듯이 재벌은 지배권 방어에 매우 취약하다. 재벌 개혁에 대한 논의 지형이 바뀌어야 한다. 소유지배 구조를 투명화·건전화하되 어떻게 기업의 지배권을 안정시킬 것인가라는 관점을 결합해야 한다. 초국적 투기자본을 상대로 기업의 사회적 사명을 왈가왈부할 여지조차 없기 때문에 이러한 시각 조정은 매우 중요하다."

- **장하성_ 고려대학교 경영대학원 교수**

"나는 주주 자본주의자도 아니고 이해관계자 자본주의자도 아니다. 한국적 자본주의자다. 왜 우리 자본주의에 대해 말하지 않고 쓸데없는 프레임에 넣나. 자본주의의 대안은 더 나은 자본주의다. 주주도 아닌 사람이 기업을 움직이는 걸 바로잡겠다고, 10주 갖고 소액주주 운동에 나선 사람에게 주주 자본주의 딱지를 붙이는 것은 성실한 대안이 될 수 없다."

- **장하준_ 영국 케임브리지대학교 경제학과 교수**

"경영권의 안정이 중요한 것이지 특정 인물의 경영권 승계 여부는 부차적인 문제다. 저 놈들 미우니까 '적의 적은 나의 친구'라는 논리로 외국 금융자본들이 들어와서 그것을 해체하고 잡아먹고 하는 것을 즐긴다는 것은 말이 안 된다. 최태원 잡혀 가고, 이재용 쩔쩔 맬 때 당장 기분은 좋을지 모르지만, 국민들 생활이 고달파질 수밖에 없다."

- **전성인_ 홍익대학교 경제학과 교수**

"제대로 된 주식시장이라면 장기적으로 주주가치가 훼손되는 상황에서 주가가 떨어져야 옳고 주주들이 계속해서 잘못된 판단을 하고 있다면 적대적 인수합병이 일어나는 게 맞다. KT의 경우 주주 자본주의가 문제가 아니라 오히려 주주 자본주의가 제대로 구현되지 않고 있기 때문에 문제다."

- **정승일_ 사회민주주의센터 공동대표, 복지국가 소사이어티 정책위원**

"지금 한국의 재벌 총수들은 권리는 있고 책임은 없는 황제경영을 하고 있는데 차라리 황제경영을 합법화하는 대신 책임도 확실히 지우자는 거예요. 기업집단법 같은 걸 만들어 재벌의 경영권은 안정시켜주자, 대신에 그에 상응하는 법적 책임은 물론이고 연구개발 투자와 노동권 보장, 부자 증세 등도 반드시 받아내도록 하자는 거죠."

- **정태인_ 새로운사회를여는연구원 원장, 성공회대학교 겸임교수**

"한국은 스웨덴처럼 타인과 정부에 대한 신뢰가 높은 사회가 아니다. 수탈할 수 있는데도 타협하는 자본이란 지구상 어디에도 존재하지 않는다. 극한의 경쟁 속에서도, 나와 내 아이만은 살아남을 수 있다는 헛된 꿈에서 이제 막 깨어난 일반 시민들이 시장 만능주의·주주 자본주의와 재벌의 연관을 직시하게 할 때만 우리가 꿈꾸는 복지 국가도 가능해질 것이다."

- **좌승희_ 한국개발연구원(KDI) 국제정책대학원 초빙교수**

"경제적 불평등은 시장의 모순이 아니라 우리가 만들어내는 자생적 질서이며 이 힘이 우리가 사는 세상을 역동적이고 창조적이며 심지어 살맛나게 만드는 힘이다. 경제적 불평등이 없는 사회는 하향 평준화로 가는 죽음의 사회이며 자유야말로 경제적 불평등 위협을 강화함으로써 모두를 번영의 길로 이끄는 수단임을 직시해야 한다."

- **홍기빈_ 글로벌정치경제연구소 소장**

"좌파들은 뭔가 깨부숴야 한다, 뭔가 휘두르고 투쟁해야 한다는 강박을 갖는 것 같은데, 현실적인 힘과 정치적인 힘을 구분할 필요가 있다. 스웨덴 복지국가 모델은 일정 부분 양보하면서 정치적으로 더 큰 걸 끌어내는 전략 때문에 가능했다. 계급적 이해관계를 넘어 연대를 끌어내는 발상의 전환이 필요하다는 이야기다."

- **홍종학_ 새정치민주연합 국회의원, 전 경원대학교 경제학과 교수**

"국가기구와 관료기구의 공공성이 담보되지 않는다면 장하준 교수 등이 제시한 대안은 사회민주주의로 가는 게 아니라 국가사회주의로 귀결될 수 있다. 재벌에게 당근을 준다면 그에 걸맞은 통제 수단도 확보해야 한다. 스웨덴 모델이라는 것도 대기업 체제를 인정하는 대신 무거운 세금을 물리고 경영 투명성을 보장하는 체제가 됐기 때문에 가능했다."

| 참고문헌 |

《가난한 집 맏아들》, 유진수, 한경BP, 2012년.

《개혁의 덫》, 장하준, 부키, 2004년.

《경제민주화가 희망이다》, 손석춘·유종일, 알마, 2012년.

《경제민주화》, 유종일 외, 모티브북, 2012년.

《경제민주화 멘토 14인에게 묻다》, 김상조 외, 퍼플카우, 2013년.

《공장은 노동자의 것이다》, 금강화섬노동조합, 삶이보이는창, 2006년.

《국가의 역할》, 장하준, 부키, 2006년.

《굿바이 근혜노믹스》, 정승일, 북돋음, 2013년.

《굿바이 삼성》, 김상봉·김용철 외, 꾸리에북스, 2010년.

《금융 세계화와 한국 경제의 진로》, 조영철, 후마니타스, 2007년.

《김우중과의 대화》, 신장섭, 북스코프, 2014년.

《기업은 누구의 것인가》, 김상봉, 꾸리에북스, 2012년.

《다시 경제를 생각한다》, 김정호, 21세기북스, 2012년.

《무엇을 선택할 것인가》, 장하준 외, 부키, 2012년.

《박근혜 정부 경제·복지 정책의 방향과 과제》, 김진방 외, 한울아카데미, 2014년.

《박정희의 맨 얼굴》, 유종일 외, 시사인북, 2011년.

《비그포르스, 복지 국가와 잠정적 유토피아》, 홍기빈, 책세상, 2011년.

《묻어둔 이야기》, 이맹희, 청산, 1993년.

《사다리 걷어차기》, 장하준, 부키, 2004년.

《산타와 그 적들》, 이경숙, 굿모닝미디어, 2013년.

《삼성가 사람들 이야기》, 이채윤, 성안북스, 2014년.

《삼성뎐》, 이용우, 감고당, 2013년.

《삼성가의 사도세자 이맹희》, 이용우, 평민사, 2012년.

《삼성 비서실》, 박세록, 미네르바기획, 1997년.

《삼성전자 40년사》, 삼성전자, 2010년.

《삼성을 생각한다》, 김용철, 사회평론, 2010년.

《세계화 시대 한국 자본주의》, 참여사회연구소, 한울, 2007년.

《신 국부론》, 좌승희, 굿인포메이션, 2006년.

《신자유주의와 공모자들》, 김성구, 나름북스, 2014년.

《신자유주의 이후의 한국경제》, 새로운사회를여는연구원, 시대의창, 2009년.

《유종일의 진보 경제학》, 유종일, 모티브북, 2012년.

《외환위기와 한국 기업 집단의 변화》, 장세진, 박영사, 2003년.

《이건희 개혁 10년》, 김성홍·우인호, 김영사, 2003년.

《이건희 그가 남긴 말》, 김옥림, 북씽크, 2013년.

《이건희 27법칙》, 김병완, 미다스북스, 2012년.

《이건희 시대》, 강준만, 인물과사상사, 2005년.

《자유주의는 진보적일 수 있는가》, 유종일·홍종학 외, 폴리테이아, 2011년.

《자본주의 대토론》, 박효종·윤창현 외, 기파랑, 2009년.

《장하준, 한국 경제 길을 말하다》, 장하준, 시대의창, 2007년.

《재벌 3세 대해부》, 매일경제 산업부, 매경출판, 2008년.

《재벌 개혁은 끝났는가》, 김기원, 한울, 2002년.

《재벌 개혁의 현실과 대안 찾기》, 송원근, 후마니타스, 2008년.

《재벌들의 밥그릇》, 곽정수, 홍익출판사, 2012년.

《재벌, 한국을 지배하는 초국적 자본》, 박형준, 책세상, 2013년.

《존경받는 기업, 발렌베리가의 신화》, 장승규, 새로운제안, 2006년.

《종횡무진 한국 경제》, 김상조, 오마이북, 2012년.

《주식회사 이데올로기》, 마조리 켈리, 북돋음, 2013년.

《주식회사 한국의 구조조정》, 장하준 · 신장섭, 창비, 2004년.

《창틀에 갇힌 작은 용》, 이찬근, 물푸레, 2001년.

《키친아트 이야기》, 정혁준, 청림출판, 2011년.

《쾌도난마 한국경제》, 장하준 · 정승일, 부키, 2005년.

《투기자본과 미국의 패권》, 이찬근, 연구사, 1998년.

《투기자본의 천국 대한민국》, 이정환, 중심, 2006년.

《한국 경제 새 판 짜기》, 김상조 · 유종일 · 홍종학 등, 미들하우스, 2007년.

《한국 경제, 패러다임을 바꿔라》, 신장섭, 청림출판, 2008년.

《한국 경제가 사라진다》, 이찬근 외, 21세기북스, 2004년.

《한국 경제론의 충돌》, 이병천, 후마니타스, 2012년.

《한국 경제의 배신》, 강수돌 · 이정환, 굿모닝미디어, 2013년.

《한국 사회, 삼성을 묻는다》, 대안연대회의 기획, 후마니타스, 2008년.

《한국 신자유주의의 기원과 형성》, 지주형, 책세상, 2011년.

《한국의 재벌》 시리즈, 김진방 외, 나남출판, 2005년.

《한국 자본주의》, 장하성, 헤이북스, 2014년.

《한국 재벌사》, 이한구, 대명출판사, 2010년.

《한국 경제를 읽는 7가지 코드》, 좌승희 외, 굿인포메이션, 2005년.

한국의 경제학자들
이건희 이후 삼성에 관한 7가지 시선들 한국 자본주의의 미래를 진단한다

지은이 | 이정환

초판 1쇄 인쇄일 2014년 9월 26일
초판 1쇄 발행일 2014년 10월 2일

발행인 | 박재호
종이 | 세종페이퍼
인쇄·제본 | 한영문화사
출력 | ㈜상지피앤아이

발행처 | 생각정원 Thinking Garden
출판신고 | 제 25100-2011-320호(2011년 12월 16일)
주소 | 서울시 마포구 양화로 156(동교동) LG팰리스 1207호
전화 | 02-334-7932 팩스 | 02-334-7933
전자우편 | 3347932@gmail.com

ⓒ 이정환 2014 (저작권자와 맺은 특약에 따라 검인은 생략합니다)
ISBN 979-11-85035-12-3 13320

- 책은 저작권법에 따라 보호받는 저작물이므로 무단 전재와 복제를 금합니다.
- 이 책의 일부 또는 전부를 이용하려면 저작권자와 생각정원의 동의를 받아야 합니다.
- 이 도서의 국립중앙도서관 출판시도서목록(CIP)은 서지정보유통지원시스템 홈페이지(http://seoji.nl.go.kr)와 국가자료공동목록시스템(http://www.nl.go.kr/kolisnet)에서 이용하실 수 있습니다.(CIP제어번호: CIP2014027272)
- 책값은 뒤표지에 있습니다. 잘못된 책은 구입하신 곳에서 바꿔드립니다.

만든 사람들
기획 | 민신태
편집교정 | 김명효
표지 디자인 | 이석운·김미연
마케팅 | (주)콘텐츠클라우드